나만의 주제별
영단어 학습 플래너

VOCA PLANNER

중등 필수

신문섭 · 안세정 · 황우연

 DARAKWON

신문섭 혜화여자고등학교 교사
서울대학교 사범대학 영어교육과 졸업

안세정 중경고등학교 교사
서울대학교 사범대학 영어교육과 졸업

황우연 잠일고등학교 교사
서울대학교 사범대학 영어교육과 졸업원

VOCA PLANNER 중등 필수

지은이 신문섭, 안세정, 황우연
펴낸이 정규도
펴낸곳 (주)다락원

개정판 1쇄 발행 2025년 1월 2일

편집 정연순
디자인 박나래, 포레스트
영문 감수 Rachel Somer

다락원 경기도 파주시 문발로 211
내용 문의 (02)736-2031 내선 501
구입 문의 (02)736-2031 내선 250^·252
Fax (02)732-2037
출판 등록 1977년 9월 16일 제406-2008-000007호

ISBN 978-89-277-8099-1 54740
978-89-277-8097-7 54740 (set)

http://www.darakwon.co.kr
다락원 홈페이지를 방문하시면 상세한 출판 정보와 함께 MP3 자료 등의 다양한 어학 정보를 얻으실 수 있습니다.

주제별로 핵심 어휘만 쏙쏙 뽑은
VOCA PLANNER
중등 시리즈 확장판 소개

✩ **VOCA PLANNER 중등 시리즈 확장판**은 중등 기본 단계를 새롭게 추가하여 〈중등 기본〉, 〈중등 필수〉, 〈중등 심화〉 총 3단계로 확장 구성했습니다. 중학생이 꼭 알아야 할 필수 어휘를 좀 더 촘촘하게 학습할 수 있습니다.

✩ 최신 교육 과정 권장 어휘 및 주요 중학 교과서를 분석하여 중요 어휘만 담았습니다.

✩ 소주제로 주제를 세분화하여 어휘의 뜻을 주제에 맞게 연상하며 학습할 수 있습니다.

✩ 새롭게 추가된 **Review Plus** 코너를 통해 예문 속 중요 숙어·표현 복습 및 혼동어 학습을 할 수 있습니다.

✩ 플래너 기능이 담긴 **미니 단어장**이 새롭게 추가되어, 휴대하며 어휘를 학습할 수 있습니다.

VOCA PLANNER 중등 시리즈 확장판 단계

중등 기본

표제어 800개 수록
대상 예비중~중1 | 예비중·중학생이 기본적으로 알아야 할 초급 어휘

중등 필수

표제어 1,000개 수록
대상 중1~중2 | 중학생이 기본적으로 알아야 할 초·중급 어휘

중등 심화

표제어 1,000개 수록
대상 중3~예비고 | 중학 고급~예비고 수준의 어휘

VOCA PLANNER 특징 및 활용법

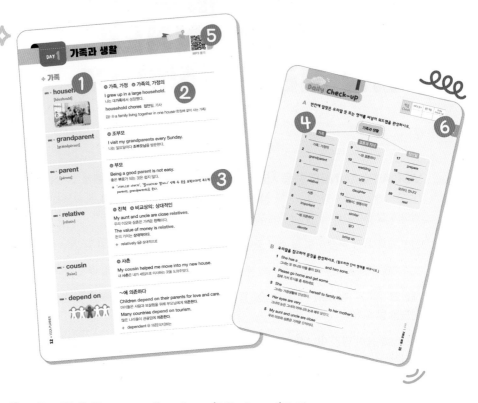

① 소주제별로 관련 표제어가 묶여 있어 어휘 뜻 암기에 효과적

소주제로 묶여 서로 연관된 어휘들의 뜻을 연상하면서 암기합니다.

② 표제어의 뜻을 잘 보여주는 최적의 예문

어휘의 뜻을 잘 보여주는 예문을 읽어보며 어휘의 쓰임을 익힙니다.

③ 어휘 학습에 도움을 주는 다양한 팁

비슷한 단어의 뉘앙스 차이, 영영 풀이, 동·반의어, 파생어 등 팁을 읽어 보며 어휘를 자세히 익힙니다.

④ 워드맵과 문장 빈칸 채우기로 확실한 복습

소주제에 맞게 분류한 워드맵과 본문에 나온 문장의 빈칸 채우기 연습으로 어휘를 확실하게 복습합니다.

⑤ Day별 4가지 버전의 MP3 듣기 활용

〈표제어 개별/전체 듣기〉로 표제어의 뜻을 떠올려보고, 〈표제어+우리말 뜻 듣기〉로 뜻 확인 후,
〈표제어+우리말 뜻+예문 듣기〉로 예문까지 모두 들으며 어휘의 쓰임을 확실하게 학습합니다.

⑥ Day별 학습 진도 체크 표

하루하루 해야 할 학습 진도표에 학습했는지 여부를 체크하면서 학습하세요.

✎ 학습하기 전 알아두기

n 명사 | **v** 동사 | **a** 형용사 | **ad** 부사 | **prep** 전치사 | **pron** 대명사 | **conj** 접속사
★ 팁 표시 | 🔊 예문의 핵심 표현 정리 | 📖 영영 풀이 표시 | 🔤 어원 표시 | ✚ 파생어 표시

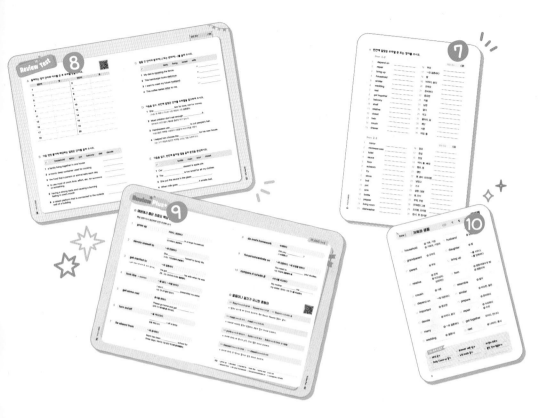

⑦ **매일매일 누적테스트**

Days 1-2, Days 2-3 방식으로 하루씩 누적한 테스트로 앞에 학습한 어휘도 누적하여 복습합니다.

⑧ **다양한 문제 유형으로 구성한 Review Test**

매 PLAN마다 받아쓰기, 영영 풀이, 동·반의어, 문장 빈칸 완성 등 다양한 문제를 통해 핵심 어휘들을 한 번 더 점검합니다.

⑨ **중요 숙어·표현 및 혼동어를 점검하는 Review Plus**

두 PLAN 마다 예문 속에 있는 중요 숙어나 표현을 한 번 더 확실히 점검하고, 표제어와 연관된 혼동어를 함께 학습합니다.

⑩ **휴대용 미니 단어장**

미니 단어장 속의 To-Do List에 할 일을 체크하면서 어휘를 암기합니다.

온라인 부가자료 (www.darakwon.co.kr)

다락원 홈페이지에서 무료로 다양한 부가자료를 다운로드하거나 웹에서 이용할 수 있습니다.

- **각종 추가 테스트지 제공**
- **4가지 버전의 MP3 듣기 파일**

  표제어 전체 듣기 | 표제어 개별 듣기 | 표제어+우리말 뜻 듣기 | 표제어+우리말 뜻+예문 듣기

- **5가지 유형의 문제 출제가 가능한 문제출제프로그램 제공**

  영어 단어 쓰기 | 우리말 뜻 쓰기 | 영영 풀이 보고 어휘 쓰기 | 문장이나 어구 빈칸 채우기 |
  음성 받아쓰기(단어를 듣고 단어와 우리말 뜻 쓰기)

VOCA PLANNER 중등 필수 목차

PLAN 1 가정생활

DAY 1 가족과 생활 012
DAY 2 집 016
DAY 3 주방 020
DAY 4 음식 024
Review Test 028

PLAN 2 학교생활

DAY 5 학교 032
DAY 6 교육과 학습 036
DAY 7 친구 040
Review Test 044
Review Plus 046

PLAN 3 장소와 위치

DAY 8 장소 050
DAY 9 교통 054
DAY 10 위치와 방향 1 058
DAY 11 위치와 방향 2 062
Review Test 066

PLAN 4 개인 생활

DAY 12 성격 070
DAY 13 감정 074
DAY 14 생각 078
DAY 15 의사소통 082
Review Test 086
Review Plus 088

PLAN 5 신체와 건강

DAY 16 몸과 감각 092
DAY 17 신체 묘사 096
DAY 18 신체 활동 100
DAY 19 건강과 질병 104
Review Test 108

PLAN 6 휴가

DAY 20 여행 112
DAY 21 쇼핑 116
DAY 22 기념일 120
Review Test 124
Review Plus 126

PLAN 7 자연

DAY 23 자연과 지리 130
DAY 24 날씨 134
DAY 25 동물 138
DAY 26 식물 142
Review Test 146

PLAN 8 문화 예술

DAY 27 방송과 영화 150
DAY 28 건축과 음악 154
DAY 29 미술 158
Review Test 162
Review Plus 164

PLAN 9 일상과 여가

DAY 30 시간   168
DAY 31 일상생활   172
DAY 32 취미   176
DAY 33 스포츠   180
Review Test   184

PLAN 10 문학과 언어

DAY 34 문학과 출판   188
DAY 35 연결어구   192
DAY 36 중요 부사와 어구   196
Review Test   200
Review Plus   202

PLAN 11 수와 양

DAY 37 사물   206
DAY 38 수치   210
DAY 39 수량과 크기   214
Review Test   218

PLAN 12 사회

DAY 40 종교와 역사   222
DAY 41 사회 문제   226
DAY 42 법과 규칙   230
DAY 43 도덕 예절   234
Review Test   238
Review Plus   240

PLAN 13 산업과 경제

DAY 44 산업   244
DAY 45 직장과 직업   248
DAY 46 소비와 저축   252
Review Test   256

PLAN 14 과학과 환경

DAY 47 과학   260
DAY 48 기술   264
DAY 49 지구와 우주   268
DAY 50 환경   272
Review Test   276
Review Plus   278

Answer Key   280
Index   295

VOCA PLANNER 학습 계획표

매일매일 계획을 세워 Day별로 날짜를 쓰면서 단어를 외워보세요. 한 책을 다 학습한 후 2회독하면 더욱 더 중등 필수 어휘를 내 것으로 만들 수 있어요.

		1회독			2회독		
PLAN 1	Day 1	년	월	일	년	월	일
	Day 2	년	월	일	년	월	일
	Day 3	년	월	일	년	월	일
	Day 4	년	월	일	년	월	일
PLAN 2	Day 5	년	월	일	년	월	일
	Day 6	년	월	일	년	월	일
	Day 7	년	월	일	년	월	일
PLAN 3	Day 8	년	월	일	년	월	일
	Day 9	년	월	일	년	월	일
	Day 10	년	월	일	년	월	일
	Day 11	년	월	일	년	월	일
PLAN 4	Day 12	년	월	일	년	월	일
	Day 13	년	월	일	년	월	일
	Day 14	년	월	일	년	월	일
	Day 15	년	월	일	년	월	일
PLAN 5	Day 16	년	월	일	년	월	일
	Day 17	년	월	일	년	월	일
	Day 18	년	월	일	년	월	일
	Day 19	년	월	일	년	월	일
PLAN 6	Day 20	년	월	일	년	월	일
	Day 21	년	월	일	년	월	일
	Day 22	년	월	일	년	월	일
PLAN 7	Day 23	년	월	일	년	월	일
	Day 24	년	월	일	년	월	일
	Day 25	년	월	일	년	월	일
	Day 26	년	월	일	년	월	일

		1회독			2회독		
PLAN 8	Day 27	년	월	일	년	월	일
	Day 28	년	월	일	년	월	일
	Day 29	년	월	일	년	월	일
PLAN 9	Day 30	년	월	일	년	월	일
	Day 31	년	월	일	년	월	일
	Day 32	년	월	일	년	월	일
	Day 33	년	월	일	년	월	일
PLAN 10	Day 34	년	월	일	년	월	일
	Day 35	년	월	일	년	월	일
	Day 36	년	월	일	년	월	일
PLAN 11	Day 37	년	월	일	년	월	일
	Day 38	년	월	일	년	월	일
	Day 39	년	월	일	년	월	일
PLAN 12	Day 40	년	월	일	년	월	일
	Day 41	년	월	일	년	월	일
	Day 42	년	월	일	년	월	일
	Day 43	년	월	일	년	월	일
PLAN 13	Day 44	년	월	일	년	월	일
	Day 45	년	월	일	년	월	일
	Day 46	년	월	일	년	월	일
PLAN 14	Day 47	년	월	일	년	월	일
	Day 48	년	월	일	년	월	일
	Day 49	년	월	일	년	월	일
	Day 50	년	월	일	년	월	일

PLAN

1

가정생활

DAY 1 가족과 생활

DAY 2 집

DAY 3 주방

DAY 4 음식

household 가족, 가정
marry ~와 결혼하다
prepare 준비하다

roof 지붕
furniture 가구
floor 바닥; 층

가족과
생활

집

가정
생활

주방

음식

refrigerator 냉장고
bottle 병
recipe 조리법, 요리법

sweet 달콤한, 단
flour 밀가루
dish 접시; 요리

MP3 듣기

✚ 가족

0001 • household
[háushould]

ⓝ 가족, 가정 ⓐ 가족의, 가정의

I grew up in a large **household**.
나는 대**가족**에서 성장했다.

household chores 집안일, 가사

📖 ⓝ a family living together in one house (한집에 같이 사는 가족)

0002 • grandparent
[grǽndpèrənt]

ⓝ 조부모

I visit my **grandparents** every Sunday.
나는 일요일마다 **조부모님**을 방문한다.

0003 • parent
[pérənt]

ⓝ 부모

Being a good **parent** is not easy.
좋은 **부모**가 되는 것은 쉽지 않다.

★ '어머니와 아버지', '할아버지와 할머니' 양쪽 두 분을 표현하려면 복수형 parents, grandparents로 쓴다.

0004 • relative
[rélətiv]

ⓝ 친척 ⓐ 비교상의; 상대적인

My aunt and uncle are close **relatives**.
우리 이모와 삼촌은 가까운 **친척**이다.

The value of money is **relative**.
돈의 가치는 **상대적이다**.

✚ relatively ⓐⓓ 상대적으로

0005 • cousin
[kʌ́zn]

ⓝ 사촌

My **cousin** helped me move into my new house.
내 **사촌**은 내가 새집으로 이사하는 것을 도와주었다.

0006 • depend on

~에 의존하다

Children **depend on** their parents for love and care.
아이들은 사랑과 보살핌을 위해 부모님에게 **의존한다**.

Many countries **depend on** tourism.
많은 나라들이 관광업에 **의존한다**.

✚ dependent ⓐ 의존[의지]하는

0007 · important
[impɔ́ːrtənt]

ⓐ 중요한

Your family is more **important** than your job.
당신의 가족은 당신의 일보다 더 **중요하다**.

➕ importance ⓝ 중요성

0008 · devote
[divóut]

ⓥ 바치다, 쏟다

She **devoted** herself to family life.
그녀는 가정생활에 **전념했다**.

🔁 devote oneself to ~: ~에 전념하다

📖 to use most of one's time, effort, energy, etc. for someone or something (시간, 노력, 에너지 등의 대부분을 누군가나 무언가에 쓰다)

♣ 결혼과 자녀

0009 · marry
[mǽri]

ⓥ ~와 결혼하다

I asked her to **marry** me.
나는 그녀에게 나와 **결혼해달라고** 했다.

He got **married** to his wife when he was 29.
그는 29세 때 아내와 **결혼했다**.

🔁 get married to ~: ~와 결혼하다

➕ marriage ⓝ 결혼 생활, 결혼

0010 · wedding
[wédiŋ]

ⓝ 결혼(식)

wedding ring 결혼반지
The **wedding** took place in a church.
결혼식은 교회에서 거행되었다.

0011 · husband
[hʌ́zbənd]

ⓝ 남편 ↔ wife 아내

They lived together as **husband** and wife for fifty years.
그들은 **남편**과 아내로 50년 동안 함께 살았다.

0012 · daughter
[dɔ́ːtər]

ⓝ 딸 ↔ son 아들

She has a **daughter** and two sons.
그녀는 **딸** 하나와 아들 둘이 있다.

0013 · bring up

~를 키우다, ~를 양육하다

He **brought up** three children by himself.
그는 혼자서 세 아이를 **키웠다**.

📖 to take care of and teach a child (아이를 보살피고 가르치다)

0014 · twin
[twin]

ⓝ 쌍둥이(중의 한 명) ⓐ 쌍둥이의

She is a mother of **twins**. 그녀는 **쌍둥이**의 엄마이다.
He is my **twin** brother. 그는 내 **쌍둥이** 형이다.

0015 · resemble
[rizémbəl]

ⓥ 닮다 ⊟look like

I don't **resemble** my sister in any way.
나는 언니와 전혀 **닮지** 않았다.

0016 · similar
[símələr]

ⓐ 비슷한, 닮은 ⟷different 다른

Her eyes are very **similar** to her mother's.
그녀의 눈은 그녀의 어머니의 눈과 매우 **닮았다**.

✛ similarity ⓝ 유사, 닮음

♣ 집안일

0017 · prepare
[pripéər]

ⓥ 준비하다

He just began to **prepare** dinner.
그는 막 저녁 식사를 **준비하기** 시작했다.

✛ preparation ⓝ 준비

0018 · repair
[ripéər]

ⓥ 수리하다 ⊟fix ⓝ 수리

You need to **repair** the bike right now.
너는 지금 당장 자전거를 **고쳐야** 한다.

His old house is under **repair**.
그의 오래된 집은 **수리** 중이다.

0019 · get together

모이다, 만나다

Everyone in my family **gets together** on Christmas Eve.
우리 가족 모두는 크리스마스 이브에 **모인다**.

✛ get-together ⓝ 모임, 파티

0020 · rest
[rest]

ⓝ 1 나머지 2 휴식

I will remember this moment for the **rest** of my life.
나는 이 순간을 **남은** 평생 기억할 것이다.

Please go home and get some **rest**.
집에 가서 **휴식**을 좀 취하세요.

A 빈칸에 알맞은 우리말 뜻 또는 영어를 써넣어 워드맵을 완성하시오.

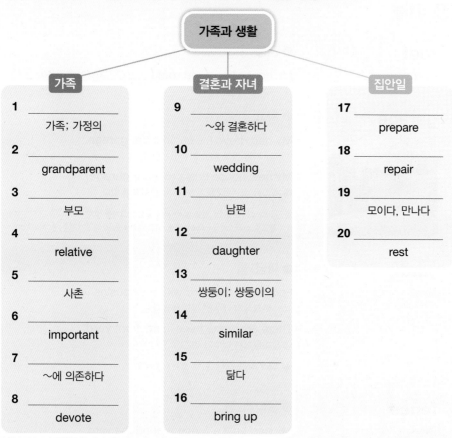

가족과 생활

가족

1 _____
가족; 가정의

2 _____
grandparent

3 _____
부모

4 _____
relative

5 _____
사촌

6 _____
important

7 _____
~에 의존하다

8 _____
devote

결혼과 자녀

9 _____
~와 결혼하다

10 _____
wedding

11 _____
남편

12 _____
daughter

13 _____
쌍둥이; 쌍둥이의

14 _____
similar

15 _____
닮다

16 _____
bring up

집안일

17 _____
prepare

18 _____
repair

19 _____
모이다, 만나다

20 _____
rest

B 우리말을 참고하여 문장을 완성하시오. (필요하면 단어 형태를 바꾸시오.)

1 She has a _____ and two sons.
그녀는 딸 하나와 아들 둘이 있다.

2 Please go home and get some _____.
집에 가서 휴식을 좀 취하세요.

3 She _____ herself to family life.
그녀는 가정생활에 전념했다.

4 Her eyes are very _____ to her mother's.
그녀의 눈은 그녀의 어머니의 눈과 매우 닮았다.

5 My aunt and uncle are close _____.
우리 이모와 삼촌은 가까운 친척이다.

MP3 듣기

♣ 집 외부

0021 • **roof** [ru:f]	ⓝ 지붕 My house has a red **roof**. 우리 집은 **지붕**이 빨간색이다.

0022 **garage**
[gərɑ́:ʒ]

ⓝ 차고
My dad drove his car into the **garage**.
아빠는 차를 몰고 **차고**로 들어가셨다.
My new house has a two-car **garage**.
내 새집은 차 두 대를 세울 수 있는 **차고**가 있다.

★ garage는 보통 집 건물 옆에 붙어 있는 차고지를 말한다.
참고로 parking garage는 돈을 내고 주차하는 주차장 (건물)을 의미한다.

0023 • **yard**
[jɑ:rd]

ⓝ 마당, 뜰
I played in the **yard** with my cousins.
나는 **마당**에서 내 사촌들과 놀았다.
There are some trees in my front **yard**.
내 앞**마당**에는 나무가 몇 그루 있다.

★ backyard는 '뒤뜰'로 한 단어로 붙여 쓴다.

0024 • **fence**
[fens]

ⓝ 울타리, 담
My dad built a **fence** around the yard.
아빠는 마당 둘레에 **울타리**를 치셨다.

0025 • **balcony**
[bǽlkəni]

ⓝ 발코니
The **balcony** has a beautiful view of the sea.
그 **발코니**에서 아름다운 바다 경치가 보인다.

▣ a raised platform that is connected to the outside wall of a building (건물 외벽에 연결된 높이 올린 단)

♣ 가구 및 소품

0026 • **furniture**
[fə́:rnitʃər]

ⓝ 가구
a piece of **furniture** 가구 한 점
I bought some **furniture** for my new house.
나는 새집에 들여놓을 **가구**를 좀 샀다.

0027 • **drawer**
[drɔ́ːər]

ⓝ 서랍

the top / bottom **drawer** of a desk
책상 맨 위 / 맨 아래 **서랍**

Her son opened the **drawer** and took out a letter.
그녀의 아들은 **서랍**을 열고 편지 한 통을 꺼냈다.

0028 • **couch**
[kautʃ]

ⓝ 긴 의자, 소파 = sofa

The **couch** is soft and comfortable.
그 **소파**는 부드럽고 편안하다.

couch potato
소파에서 TV만 보는 사람(게으르고 비활동적인 사람)

📖 a long piece of furniture that two or three people can sit on
（두 세 사람이 앉을 수 있는 긴 가구）

0029 • **closet**
[klɑ́ːzət]

ⓝ 벽장, 옷장

She has a **closet** full of clothes and shoes.
그녀는 옷과 신발로 가득 찬 **벽장**이 있다.

0030 • **shelf**
[ʃelf]

ⓝ 선반; (책장의) 칸

He put the vase on the **shelf**.
그는 꽃병을 **선반** 위에 놓았다.

the top **shelf** of a bookcase 책장 맨 위 **칸**

★ 복수형은 shelves이다.

0031 • **blanket**
[blǽŋkit]

ⓝ 담요

an electric **blanket** 전기 **담요**
She has two **blankets** on her bed.
그녀의 침대에는 두 개의 **담요**가 있다.

0032 • **lamp**
[læmp]

ⓝ 램프, 등

turn on / off a **lamp** 등을 켜다 / 끄다
The **lamp** was on the table next to the couch.
등은 소파 옆 탁자 위에 있었다.

0033 • **mirror**
[mírər]

ⓝ 거울 ⓥ (거울처럼) 잘 보여주다, 반영하다

She stared at her face in the **mirror**.
그녀는 **거울**에 비친 자신의 얼굴을 응시했다.

Art **mirrors** our culture and society.
예술은 우리의 문화와 사회를 **잘 보여준다**.

0034 · frame
[freim]

ⓝ 1 액자, 틀 2 (건물·차량의) 뼈대

A small picture frame hangs on the wall.
작은 그림 **액자**가 벽에 걸려 있다.

The frame of the house needs to be repaired.
그 집의 **뼈대**는 수리될 필요가 있다.

♣ 실내

0035 · floor
[flɔ:r]

ⓝ 1 바닥 2 층

I can't sleep on the bare floor.
나는 맨**바닥**에서 잠을 못 잔다.

My room is on the second floor.
내 방은 2**층**에 있다.

0036 · ceiling
[síːliŋ]

ⓝ 천장

The house has high ceilings.
그 집은 **천장**이 높다.

0037 · stair
[stéər]

ⓝ 계단

go up / down the stairs 계단을 오르다 / 내려가다
His daughter stood on the stairs and said goodnight.
그의 딸이 **계단**에 서서 안녕히 주무시라고 말했다.

0038 · toilet
[tɔ́ilət]

ⓝ 변기

Did you flush the toilet? 변기에 물 내렸니?

★ toilet이 영국 영어에서는 '화장실'의 뜻으로도 쓰이지만, 미국 영어에서는
  '변기'를 뜻한다. 미국에서는 집 안의 화장실은 bathroom, 공공장소는 bathroom,
  restroom 등으로 쓴다.

0039 · bedroom
[bédrùːm]

ⓝ 침실

bedroom furniture 침실용 가구
The bedroom has a view of the lake.
침실에서 호수가 보인다.

0040 · living room
[líviŋ ruːm]

ⓝ 거실

We were sitting on the couch in the living room.
우리는 **거실**에서 소파에 앉아 있었다.

★ 그 밖의 실내 공간: attic 다락방, basement 지하실, kitchen 부엌,
  laundry room 세탁실

Daily Check-up

A 빈칸에 알맞은 우리말 뜻 또는 영어 단어를 써넣어 워드맵을 완성하시오.

집

집 외부

1 _____
   roof

2 _____
   마당, 뜰

3 _____
   garage

4 _____
   fence

5 _____
   발코니

가구 및 소품

6 _____
   가구

7 _____
   drawer

8 _____
   벽장, 옷장

9 _____
   couch

10 _____
   선반; 칸

11 _____
   램프, 등

12 _____
   blanket

13 _____
   mirror

14 _____
   액자, 틀; 뼈대

실내

15 _____
   floor

16 _____
   천장

17 _____
   stair

18 _____
   변기

19 _____
   living room

20 _____
   침실

B 우리말을 참고하여 문장을 완성하시오. (필요하면 단어 형태를 바꾸시오.)

1 I can't sleep on the bare _____.
   나는 맨바닥에서 잠을 못 잔다.

2 My dad drove his car into the _____.
   아빠는 차를 몰고 차고로 들어가셨다.

3 She stared at her face in the _____.
   그녀는 거울에 비친 자신의 얼굴을 응시했다.

4 Her son opened the _____ and took out a letter.
   그녀의 아들은 서랍을 열고 편지 한 통을 꺼냈다.

5 We were sitting on the couch in the _____.
   우리는 거실에서 소파에 앉아 있었다.

MP3 듣기

0041 · kitchen
[kítʃin]

ⓝ 부엌, 주방

She is making breakfast in the **kitchen**.
그녀는 **부엌**에서 아침 식사를 만들고 있다.

soup **kitchen** 무료 급식소

✤ 주방 시설과 가전

0042 · sink
[siŋk]
sink-sank-sunk

ⓝ 싱크대, 개수대   ⓥ 가라앉다

My dad was washing the dishes in the kitchen **sink**.
아빠는 부엌 **싱크대**에서 설거지를 하고 계셨다.

The boat **sank** to the bottom of the river.
그 배는 강바닥으로 **가라앉았다**.

★ 미국에서는 sink를 '세면대'의 뜻으로도 쓴다.

0043 · microwave oven
[máikrɔweiv ʌvn]

ⓝ 전자레인지

You can look into a **microwave oven** while your food is cooking.
음식이 요리되는 동안 **전자레인지** 안을 들여다볼 수 있다.

★ microwave 단독으로 '전자레인지'의 뜻으로 쓸 수 있다.

0044 · refrigerator
[rifrídʒərèitər]

ⓝ 냉장고   ⊜ fridge

Put the fruit in the **refrigerator** to keep it fresh.
과일을 신선하게 유지하기 위해서 **냉장고**에 넣어라.

★ freezer 냉동고

0045 · dishwasher
[díʃwɑ̀:ʃər]

ⓝ 식기세척기

I showed her how to use the **dishwasher**.
나는 그녀에게 **식기세척기**를 사용하는 방법을 보여주었다.

0046 · stove
[stouv]

ⓝ 1 난로, 스토브   2 가스레인지

sit around a **stove** 난롯가에 둘러앉다
Please turn down the heat on the **stove**.
가스레인지의 불을 줄여 주세요.

★ 그 밖의 주방 가전: electric rice cooker 전기밥솥, toaster 토스터기, blender 믹서기

✤ 주방 용품

0047 • **bottle**
[bάːtl]

ⓝ 병

a **bottle** of juice 주스 한 **병**
There were several empty **bottles** in the kitchen.
부엌에 빈 **병** 몇 개가 있었다.

0048 • **plate**
[pleit]

ⓝ 1 (납작하고 둥근) 접시 2 (요리의) 한 접시분

a cake **plate** 케이크 **접시**
My younger brother ate a whole **plate** of pasta.
내 남동생은 파스타 한 **접시**를 모두 먹었다.

0049 • **pot**
[pɑːt]

ⓝ 냄비, 솥

There was a **pot** of water on the stove.
가스레인지 위에 물이 담긴 **냄비**가 있었다.

The **pot** calls the kettle black.
냄비가 주전자 보고 검다고 한다. (똥 묻은 개가 겨 묻은 개 탓한다.)

📖 a round, deep container used for cooking
(요리에 사용되는 둥글고 깊은 용기)

0050 • **pan**
[pæn]

ⓝ (손잡이가 달린) 팬, 냄비; 프라이팬

Use a **pan** to make an omelet.
오믈렛을 만들려면 **팬**을 사용해라.

★ frying pan 프라이팬

0051 • **bowl**
[boul]

ⓝ 1 (우묵한) 그릇 2 한 그릇(의 양)

a salad **bowl** 샐러드용 **그릇**
Can I have another **bowl** of soup?
수프 한 **그릇** 더 주시겠어요?

📖 a wide, round container for holding food
(음식을 담는 넓고 둥근 그릇)

0052 • **tray**
[trei]

ⓝ 쟁반

The **tray** was full of bread and chocolate.
쟁반에는 빵과 초콜릿이 가득 있었다.

0053 • **jar**
[dʒɑːr]

ⓝ (잼·꿀 등을 담아 두는) 병, 단지

a honey **jar** 꿀단지
She found the **jar** in the cupboard.
그녀는 찬장에서 그 **병**을 찾았다.

0054 • **scissors**
[sízərz]

ⓝ 가위

a pair of scissors 가위 한 자루
Can you pass me the scissors?
그 가위 좀 줄래?

✧ 조리와 양념

0055 • **recipe**
[résəpi]

ⓝ 조리법, 요리법

a recipe book 요리책
I found a great recipe for pumpkin soup.
나는 호박 수프를 만드는 훌륭한 요리법을 알아냈다.

📖 a set of instructions for making food
　(음식을 만드는 설명들)

0056 • **boil**
[bɔil]

ⓥ 1 끓다, 끓이다 2 삶다

Boil the water before drinking it.
물을 마시기 전에 끓여라.
boil an egg 달걀을 삶다

0057 • **fry**
[frai]

ⓥ 튀기다, (기름에) 굽다

Heat the oil and fry the chicken for 10 minutes.
기름을 달구고 닭고기를 10분 동안 튀겨라.
fry an egg 달걀을 부치다

0058 • **sugar**
[ʃúgər]

ⓝ 1 설탕 2 당분

a spoonful of sugar 설탕 한 스푼
Ice cream is high in fat and sugar.
아이스크림은 지방과 당분이 많다.

0059 • **pepper**
[pépər]

ⓝ 1 후추 2 고추; 피망

I like the aroma of freshly ground pepper.
나는 갓 갈아 놓은 후추 냄새를 좋아한다.
red pepper 빨간 고추/피망

0060 • **sauce**
[sɔːs]

ⓝ 소스, 양념

Pour the tomato sauce over the pasta.
파스타 위에 토마토 소스를 부어라.
soy sauce 간장

Daily Check-up

A 빈칸에 알맞은 우리말 뜻 또는 영어 단어를 써넣어 워드맵을 완성하시오.

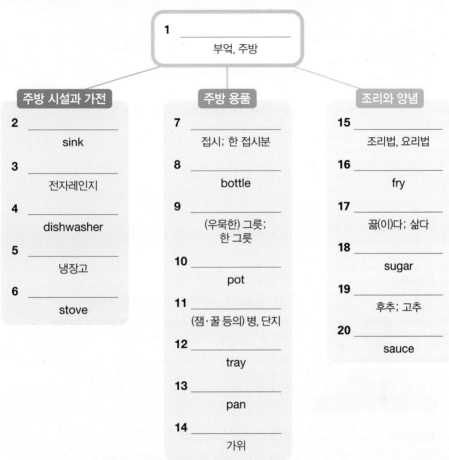

1 _____
부엌, 주방

주방 시설과 가전

2 _____
sink

3 _____
전자레인지

4 _____
dishwasher

5 _____
냉장고

6 _____
stove

주방 용품

7 _____
접시; 한 접시분

8 _____
bottle

9 _____
(우묵한) 그릇;
한 그릇

10 _____
pot

11 _____
(잼·꿀 등의) 병, 단지

12 _____
tray

13 _____
pan

14 _____
가위

조리와 양념

15 _____
조리법, 요리법

16 _____
fry

17 _____
끓(이)다; 삶다

18 _____
sugar

19 _____
후추; 고추

20 _____
sauce

B 우리말을 참고하여 문장을 완성하시오. (필요하면 단어 형태를 바꾸시오.)

1 Ice cream is high in fat and _____.
아이스크림은 지방과 당분이 많다.

2 I found a great _____ for pumpkin soup.
나는 호박 수프를 만드는 훌륭한 요리법을 알아냈다.

3 Please turn down the heat on the _____.
가스레인지의 불을 줄여 주세요.

4 There were several empty _____ in the kitchen.
부엌에 빈 병 몇 개가 있었다.

5 My dad was washing the dishes in the kitchen _____.
아빠는 부엌 싱크대에서 설거지를 하고 계셨다.

MP3 듣기

✦ 맛

0061 • **bitter**

[bítər]

ⓐ 1 (맛이) 쓴   2 쓰라린   3 혹독한

The medicine has a **bitter** taste.
그 약은 맛이 **쓰다.**

a **bitter** experience 쓰라린 경험

bitter cold 혹독한 추위

0062 • **salty**

[sɔ́:lti]

ⓐ 짠, 소금기가 있는

This soup tastes too **salty** for me.
이 수프는 내게는 너무 **짜다.**

✚ salt ⓝ 소금

0063 • **spicy**

[spáisi]

ⓐ 양념 맛이 강한, 매운

hot, **spicy** food 양념이 많이 들어간 매운 음식

Why do we sweat when we eat **spicy** food?
매운 음식을 먹을 때 왜 우리는 땀이 날까?

📖 having a strong taste and causing a burning feeling in one's mouth (맛이 강하고, 입에 불이 나는 느낌을 일으키는)

✚ spice ⓝ 양념, 향신료

0064 • **sour**

[sáuər]

ⓐ 1 (맛이) 신, 시큼한   2 상한

The lemonade tasted slightly **sour.**
그 레모네이드는 약간 **신맛**이 났다.

The milk went **sour.** 그 우유는 **상했다.**

↻ go sour (음식물이) 상하다

0065 • **sweet**

[swi:t]

ⓐ 1 달콤한, 단 ↔bitter   2 상냥한, 친절한

This ice cream is very **sweet.**
이 아이스크림은 매우 **달콤하다.**

a **sweet** smile 상냥한 미소

0066 • **delicious**

[dilíʃəs]

ⓐ 아주 맛있는 ⊜tasty

It looks **delicious.** 아주 맛있어 보여요.

Thank you for the **delicious** meal.
맛있는 식사를 대접해 주셔서 고맙습니다.

✤ 식재료

0067 • flour
[fláuər]

ⓝ 밀가루, (곡물의) 가루

We use **flour** to bake bread.
우리는 **밀가루**를 사용해서 빵을 굽는다.

0068 • grain
[grein]

ⓝ 곡물; 낟알

The farmer grows potatoes and **grain**.
그 농부는 감자와 **곡물**을 재배한다.

a **grain** of rice 쌀 한 톨

0069 • meat
[miːt]

ⓝ 고기, 살

red **meat** (소, 양 등의) 붉은 **고기**
white **meat** (닭, 칠면조 등의) 흰살 **고기**
She gave up eating **meat** and fish.
그녀는 **고기**와 생선 먹는 것을 포기했다.

0070 • pork
[pɔːrk]

ⓝ 돼지고기

pork ribs 돼지갈비
I enjoy having **pork** roast for dinner.
나는 저녁 식사로 **돼지고기** 구이를 즐겨 먹는다.

0071 • beef
[biːf]

ⓝ 소고기

ground **beef** 갈은 **소고기**
Kevin loves meat, so he eats **beef** four times a week.
Kevin은 고기를 아주 좋아해서 일주일에 4번 **소고기**를 먹는다.

★ lamb 양고기, turkey 칠면조 고기, duck 오리 고기

0072 • seafood
[síːfùːd]

ⓝ 해산물

I am allergic to **seafood**.
나는 **해산물**에 알레르기가 있다.

0073 • vegetable
[védʒtəbəl]

ⓝ 채소

a **vegetable** garden **채소**밭, 텃밭
Asian foods usually have a lot of fresh **vegetables**.
아시아 음식에는 보통 신선한 **채소**가 많다.

✛ vegetarian ⓝ 채식주의자 ⓐ 채식주의(자)의

0074 • bean
[bi:n]

ⓝ 콩; 열매

Tofu is made from **beans**.
두부는 **콩**으로 만들어진다.

coffee **beans** 커피 콩[열매]

♣ 식사

0075 • dish
[diʃ]

ⓝ 1 접시 2 요리 ⩦ food

a plastic **dish** 플라스틱 **접시**
She made a fish **dish** for the party.
그녀는 파티를 위해 생선 **요리**를 만들었다.

0076 • main
[mein]

ⓐ 주된, 주요한

Today's **main** dish is lamb steak.
오늘의 **주** 요리는 양고기 스테이크입니다.

main idea 주제, 요지

0077 • diet
[dáiət]

ⓝ 1 식사, 음식 2 식이 요법; 규정식

It is important to have a balanced **diet**.
균형 잡힌 **식사**를 하는 것이 중요하다.

a low-fat **diet** 저지방 **식단**

🔠 1 the food that a person or animal eats each day
(사람이나 동물이 매일 먹는 음식)

0078 • snack
[snæk]

ⓝ 간식, 간단한 식사

a quick **snack** 빨리 먹을 수 있는 **간단한 식사**
Potato chips are my favorite **snack**.
감자 칩은 내가 가장 좋아하는 **간식**이다.

🔠 a small amount of food that is eaten between meals
(식사 사이에 먹는 적은 양의 음식)

0079 • noodle
[nú:dl]

ⓝ 국수, 면

We had beef **noodles** for lunch.
우리는 점심으로 소고기 **국수**를 먹었다.

0080 • dessert
[dizə́:rt]

ⓝ 디저트, 후식

We had chocolate cake and tea for **dessert**.
우리는 **후식**으로 초콜릿 케이크와 차를 먹었다.

Daily Check-up

A 빈칸에 알맞은 우리말 뜻 또는 영어 단어를 써넣어 워드맵을 완성하시오.

음식

맛

1 _____ salty

2 _____ 쓴; 쓰라린

3 _____ spicy

4 _____ 달콤한; 상냥한

5 _____ sour

6 _____ 아주 맛있는

식재료

7 _____ 곡물; 낟알

8 _____ flour

9 _____ 고기, 살

10 _____ pork

11 _____ 소고기

12 _____ 채소

13 _____ seafood

14 _____ 콩; 열매

식사

15 _____ dish

16 _____ 식사; 식이 요법

17 _____ 간식, 간단한 식사

18 _____ noodle

19 _____ main

20 _____ 디저트, 후식

B 우리말을 참고하여 어구 또는 문장을 완성하시오. (필요하면 단어 형태를 바꾸시오.)

1 a _____ experience
쓰라린 경험

2 I am allergic to _____.
나는 해산물에 알레르기가 있다.

3 Potato chips are my favorite _____.
감자 칩은 내가 가장 좋아하는 간식이다.

4 Why do we sweat when we eat _____ food?
매운 음식을 먹을 때 왜 우리는 땀이 날까?

5 She made a fish _____ for the party.
그녀는 파티를 위해 생선 요리를 만들었다.

Review Test

A 들려주는 영어 단어와 어구를 쓴 후 우리말 뜻을 쓰시오.

영단어	뜻	영단어	뜻
1		2	
3		4	
5		6	
7		8	
9		10	
11		12	
13		14	
15		16	
17		18	
19		20	

B 다음 영영 풀이에 해당하는 알맞은 단어를 골라 쓰시오.

보기	household	spicy	pot	balcony	diet	devote

1 a family living together in one house _____

2 a round, deep container used for cooking _____

3 the food that a person or animal eats each day _____

4 to use most of one's time, effort, etc. for someone or something _____

5 having a strong taste and causing a burning feeling in one's mouth _____

6 a raised platform that is connected to the outside wall of a building _____

C 밑줄 친 단어의 동의어(=) 또는 반의어(↔)를 골라 쓰시오.

> 보기　　　　　tasty　　fixing　　sweet　　wife

1 My dad is <u>repairing</u> the fence.　　　　　= _____

2 This hamburger looks <u>delicious</u>.　　　　　= _____

3 I want to meet my future <u>husband</u>.　　　↔ _____

4 This coffee tastes <u>bitter</u> to me.　　　　↔ _____

D 다음을 읽고, 빈칸에 알맞은 단어를 우리말을 참고하여 쓰시오.

1 She _____ him for love, not for money.
그녀는 돈 때문이 아니라 사랑 때문에 그와 **결혼했다**.

2 Most children don't eat enough _____s.
대부분의 어린이들이 **채소**를 충분히 먹지 않는다.

3 Hairdressers use _____ to cut people's hair.
미용사들은 **가위**를 사용하여 사람들의 머리카락을 자른다.

4 I helped him choose the _____ for his new house.
나는 그가 새집에 필요한 **가구**를 고르는 것을 도와주었다.

E 다음을 읽고, 빈칸에 들어갈 말을 골라 문장을 완성하시오.

> 보기　　　　　bottle　　main　　sour　　closet

1 Our _____ dessert is apple pie.

2 The _____ is too small for all my clothes.

3 She put the sauce in the glass _____.

4 When milk goes _____, it smells bad.

PLAN

2

학교생활

DAY 5 학교

DAY 6 교육과 학습

DAY 7 친구

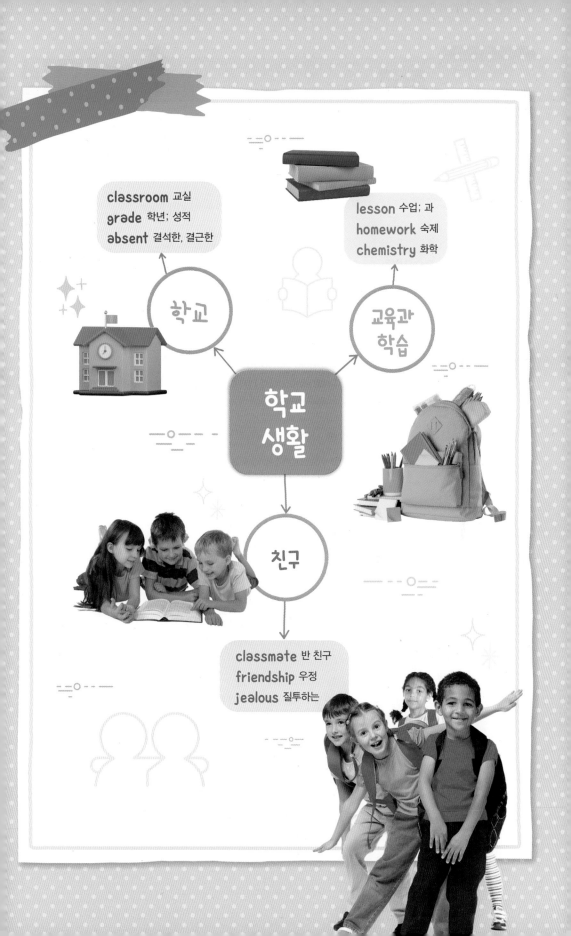

classroom 교실
grade 학년; 성적
absent 결석한, 결근한

lesson 수업; 과
homework 숙제
chemistry 화학

학교

교육과
학습

학교
생활

친구

classmate 반 친구
friendship 우정
jealous 질투하는

MP3 듣기

♣ 교실

0081 · classroom
[klǽsrùːm]

ⓝ 교실

My **classroom** is on the fourth floor.
내 **교실**은 4층에 있다.

0082 · blackboard
[blǽkbɔ̀ːrd]

ⓝ 칠판

The teacher wrote her name on the **blackboard**.
선생님은 **칠판**에 자신의 이름을 적었다.

0083 · textbook
[tékstbùk]

ⓝ 교과서

a music **textbook** 음악 **교과서**
I remembered I had left my **textbooks** at home.
나는 **교과서**들을 집에 두고 온 것이 기억났다.

0084 · dictionary
[díkʃənèri]

ⓝ 사전

If you don't know a word, you can look it up in a **dictionary**.
단어를 모르면 **사전**에서 찾아볼 수 있다.

♣ 교육 과정

0085 · elementary
[èləméntəri]

ⓐ 1 초보의   2 초등학교의

an **elementary** mistake 초보적인 실수
My younger brother is an **elementary** school student.
내 남동생은 **초등**학생이다.

🔄 1 basic and simple

★ 미국: 초등학교를 grade school이라고도 하며, 중/고등학교는 middle / high school이라고 한다.
영국: 초등학교는 primary school, 중고등학교를 통틀어 secondary school이라고 한다.

0086 · private
[práivət]

ⓐ 1 사적인, 개인적인   2 사립의

I don't want to talk about my **private** life.
나는 내 **사**생활에 대해 이야기하고 싶지 않다.

private school **사립** 학교

➕ privacy ⓝ 사생활

0087 · public
[pʌ́blik]

ⓐ 1 대중의　2 공공의

public attention　대중의 관심

My best friend studies at the same **public** school.
내 가장 친한 친구는 같은 **공립** 학교에 다닌다.

0088 · grade
[greid]

ⓝ 1 학년　2 성적　3 등급

Her daughter will be in the 6th **grade** this year.
그녀의 딸은 올해 6**학년**이 된다.

She got good **grades** in all of her subjects.
그녀는 모든 과목에서 좋은 **성적**을 받았다.

a good **grade** of meat　좋은 **등급**의 고기

0089 · enter
[éntər]

ⓥ 1 들어가다　2 입학하다

Josh **entered** the classroom quietly.
Josh는 교실에 조용히 **들어갔다**.

She will **enter** middle school in the autumn.
그녀는 가을에 중학교에 **입학할** 것이다.

0090 · college
[kɑ́:lidʒ]

ⓝ 대학, 전문학교

She attended art **college** in London.
그녀는 런던에 있는 미술 **대학**을 다녔다.

★ college는 영국에서는 주로 직업적인 훈련을 위한 2년제 전문학교를 뜻하고,
미국에서는 학사 학위를 받기 위한 일반 대학교를 의미한다.

0091 · university
[jù:nəvə́:rsəti]

ⓝ 대학교

He studied law at Oxford **University**.
그는 옥스퍼드 **대학교**에서 법학을 공부했다.

graduate from **university**　대학교를 졸업하다

✤ 교내 활동 및 생활

0092 · contest
[kɑ́:ntèst]

ⓝ 대회, 경연　🟰 competition

She won a writing **contest** at her middle school.
그녀는 자신의 중학교 글짓기 **대회**에서 우승했다.

0093 · presentation
[prèzəntéiʃən]

ⓝ 1 발표　2 제출; 수여

He will give a **presentation** in the next class.
그는 다음 수업 시간에 **발표**를 할 것이다.

presentation of prizes　상장 **수여**

0094 · include
[inklú:d]

ⓥ 포함하다; 포함시키다　↔ exclude 제외하다

Sports programs **include** soccer, basketball, and swimming.
스포츠 프로그램은 축구, 농구, 수영을 **포함한다**.

0095 · uniform
[júːnəfɔ̀ːrm]

ⓝ 교복, 제복

Do you like to wear your school **uniform**?
너는 **교복** 입는 것을 좋아하니?

0096 · absent
[ǽbsənt]

ⓐ 결석한, 결근한　↔ present 출석한

Mark has been **absent** from school for three days.
Mark는 3일 동안 학교에 **결석해왔다**.

↻ be absent from ~ : ~에 결석하다

0097 · mark
[mɑːrk]

ⓥ 표시하다　ⓝ 1 자국　2 점수

The teacher **marked** her answer wrong.
선생님은 그녀의 답이 틀렸다고 **표시했다**.

a burn **mark** 불에 탄[덴] **자국**
Emily got top **marks** in English.
Emily는 영어 과목에서 최고 **점수**를 받았다.

✦ 학교 건물

0098 · library
[láibrèri]

ⓝ 도서관

I went to the **library** to return some books.
나는 책 몇 권을 반납하러 **도서관**에 갔다.

✦ librarian ⓝ 사서

0099 · cafeteria
[kæ̀fətíriə]

ⓝ 카페테리아(셀프서비스 식당), 구내식당

a school **cafeteria** 학교 **식당**
Many students eat **cafeteria** food for lunch.
많은 학생들이 점심 식사로 **구내식당** 음식을 먹는다.

0100 · playground
[pléigràund]

ⓝ 운동장, 놀이터

a children's **playground** 어린이 **놀이터**
We played soccer on the school **playground** yesterday.
우리는 어제 학교 **운동장**에서 축구를 했다.

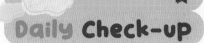

Daily Check-up

A 빈칸에 알맞은 우리말 뜻 또는 영어 단어를 써넣어 워드맵을 완성하시오.

학교

교실

1 _____ 교실

2 _____ textbook

3 _____ 칠판

4 _____ dictionary

학교 건물

5 _____ 구내식당

6 _____ library

7 _____ 운동장, 놀이터

교육 과정

8 _____ 초보의; 초등학교의

9 _____ private

10 _____ 대중의; 공공의

11 _____ 학년; 성적; 등급

12 _____ enter

13 _____ college

14 _____ 대학교

교내 활동 및 생활

15 _____ 발표; 수여

16 _____ contest

17 _____ 교복, 제복

18 _____ absent

19 _____ 포함하다

20 _____ 표시하다; 점수

B 우리말을 참고하여 어구 또는 문장을 완성하시오. (필요하면 단어 형태를 바꾸시오.)

1 an _____ mistake 초보적인 실수

2 She will _____ middle school in the autumn.
그녀는 가을에 중학교에 입학할 것이다.

3 I remembered I had left my _____ at home.
나는 교과서들을 집에 두고 온 것이 기억났다.

4 She got good _____ in all of her subjects.
그녀는 모든 과목에서 좋은 성적을 받았다.

5 Mark has been _____ from school for three days.
Mark는 3일 동안 학교에 결석해왔다.

MP3 듣기

♣ 수업

0101 • **lesson**
[lésn]

ⓝ 1 수업, 교습 2 과 3 교훈

I am going to my piano **lesson** now.
나는 지금 피아노 **수업**에 가고 있다.
Let's start **Lesson** 2. 2과를 시작합시다.
I learned a **lesson** from my mistake.
나는 내 실수로부터 **교훈**을 얻었다.

0102 • **explain**
[ikspléin]

ⓥ 설명하다

The teacher **explained** how clouds are made.
선생님은 구름이 어떻게 만들어지는지 **설명했다**.

✚ explanation ⓝ 설명

0103 • **keep in mind**

명심하다, 유념하다

Keep in mind what your teacher said last week.
지난주에 선생님이 말씀하신 것을 **명심하렴**.
Please **keep** that **in mind**. 그 점을 **유념해**주세요.

0104 • **examination**
[igzæmənéiʃən]

ⓝ 1 시험 ⊜test **2 조사, 검토**

study for an **examination** **시험**공부를 하다
The plan is under **examination**. 그 계획은 **검토** 중이다.

★ '시험'의 뜻으로 examination은 격식적인 단어이고, 보통 exam으로 쓴다.

0105 • **scold**
[skould]

ⓥ 꾸짖다, 야단치다 ↔praise 칭찬하다

The teacher **scolded** her for being late again.
선생님은 다시 늦은 것에 대해 그녀를 **꾸짖었다**.

⟳ scold A for B: A를 B한 것에 대해 꾸짖다

0106 • **encourage**
[inkə́:ridʒ]

ⓥ 1 격려하다 ↔discourage 낙담시키다 **2 권장[장려]하다**

She always **encouraged** us to never give up.
그녀는 항상 우리에게 결코 포기하지 말라고 **격려했다**.
The program **encourages** people to donate food.
그 프로그램은 사람들에게 음식을 기부하라고 **권장한다**.

⟳ encourage A to B: A에게 B하라고 격려[권장]하다

PLAN 2

✤ 공부

0107 • homework
[hóumwə̀ːrk]

ⓝ 숙제, 과제

Did you do your **homework**? 너 **숙제**했니?
🔄 do one's homework 숙제를 하다
Our teacher gives us a lot of **homework**.
우리 선생님은 우리에게 **숙제**를 많이 내주신다.

0108 • effort
[éfərt]

ⓝ 노력, 수고

make an **effort** **노력**하다
It does not require much **effort**.
그것은 많은 **노력**을 요하지 않는다.

🔳 the energy that is needed to do something
(무언가를 하기 위해 필요한 에너지[활기])

0109 • difficulty
[dífikʌlti]

ⓝ 어려움, 곤경

I had **difficulty** studying for the test.
나는 시험공부 하는 데 **어려움**이 있었다.

🔄 have difficulty (in) doing something 어떤 일을 하는 데 어려움이 있다
✚ difficult ⓐ 어려운, 힘든

0110 • repeat
[ripíːt]

ⓥ 반복하다, 되풀이하다

Don't **repeat** the same mistake.
같은 실수를 **되풀이하지** 마라.

0111 • review
[rivjúː]

ⓝ 1 검토   2 복습   ⓥ 1 (재)검토하다   2 복습하다

The report is under **review**. 그 보고서는 **검토** 중이다.
We need homework to **review** the lessons.
우리는 수업을 **복습하기** 위한 숙제가 필요하다.

🔳 ⓥ 2 to look at what you have studied again
(공부한 것을 다시 보다)

0112 • bother
[bɑ́ːðər]

ⓥ 귀찮게 하다, 괴롭히다

Please don't **bother** me while I'm studying.
공부하는 동안 날 **귀찮게 하지** 마.

0113 • focus
[fóukəs]

ⓝ 초점   ⓥ (노력·관심 등을) 집중하다   ⊜ concentrate

the main **focus** of the contest 경연의 주된 **초점**
You need to **focus** on your studies.
너는 학업에 **집중해야** 해.

🔄 focus on ~: ~에 집중하다, ~에 초점을 맞추다

✤ 교과목

0114 • art
[ɑːrt]

ⓝ 미술; 예술

My sister is very good at **art**.
내 여동생은 **미술**을 아주 잘한다.

He made some digital works of **art**.
그는 디지털 **예술** 작품을 만들었다.

0115 • mathematics
[mæ̀θəmǽtiks]

ⓝ 수학

Mathematics is my favorite subject at school.
수학은 내가 학교에서 가장 좋아하는 과목이다.

★ math로 보통 줄여서 표기하며, 단수 취급한다.

0116 • chemistry
[kémistri]

ⓝ 화학

She majored in **chemistry** in college.
그녀는 대학에서 **화학**을 전공했다.

0117 • geography
[ʤiɑ́ːgrəfi]

ⓝ 지리학

I enjoy using maps in **geography** class.
나는 **지리학** 수업에서 지도를 사용하는 것을 좋아한다.

어원 geo(earth 땅, 지면) + graphy(description 설명) → 땅을 설명하는 학문 → 지리학

0118 • physical education
[fízikəl èʤukéiʃən]

ⓝ 체육 (PE)

physical education program **체육** 프로그램
My uncle teaches **physical education** at a middle school.
우리 삼촌은 중학교에서 **체육**을 가르치신다.

0119 • social studies
[sóuʃəl stʌ́diz]

ⓝ 사회

I learned about Native American history in my **social studies** class.
나는 **사회** 시간에 북미 원주민 역사에 대해서 배웠다.

영영 a school subject that includes history, geography, and politics (역사, 지리학, 정치학을 포함한 학교 과목)

0120 • language
[lǽŋgwiʤ]

ⓝ 언어

He found learning a foreign **language** very difficult.
그는 외국**어**를 배우는 것이 매우 어렵다는 것을 알았다.

sign **language** 수화

A 빈칸에 알맞은 우리말 뜻 또는 영어를 써넣어 워드맵을 완성하시오.

교육과 학습

수업

1 _____
수업; 과; 교훈

2 _____
설명하다

3 _____
keep in mind

4 _____
examination

5 _____
격려하다; 권장하다

6 _____
scold

공부

7 _____
숙제

8 _____
effort

9 _____
반복[되풀이]하다

10 _____
difficulty

11 _____
(재)검토(하다);
복습(하다)

12 _____
focus

13 _____
귀찮게 하다,
괴롭히다

교과목

14 _____
art

15 _____
수학

16 _____
geography

17 _____
화학

18 _____
social studies

19 _____
체육

20 _____
language

B 우리말을 참고하여 어구 또는 문장을 완성하시오. (필요하면 단어 형태를 바꾸시오.)

1 study for an _____
시험공부를 하다

2 I learned a _____ from my mistake.
나는 내 실수로부터 교훈을 얻었다.

3 I had _____ studying for the test.
나는 시험공부 하는 데 어려움이 있었다.

4 We need homework to _____ the lessons.
우리는 수업을 복습하기 위한 숙제가 필요하다.

5 He found learning a foreign _____ very difficult.
그는 외국어를 배우는 것이 매우 어렵다는 것을 알았다.

MP3 듣기

♣ 친구 사이

0121 • **classmate**
[klǽsmèit]

ⓝ 급우, 반 친구

You may work together with your **classmates** on the project.
그 프로젝트에 **반 친구**들과 함께해도 된다.

★ class(학급) + mate(친구, 동료) → 반 친구

0122 • **peer**
[piər]

ⓝ 또래

She is very popular with her **peers**.
그녀는 **또래**들에게 인기가 아주 많다.

peer pressure 또래 집단이 주는 압박감

🔲 someone who is the same age as you (당신과 같은 나이인 사람)

0123 • **partner**
[pɑ́ːrtnər]

ⓝ 파트너, 동료, 협력자

Josh is my **partner** for our class project.
Josh는 우리 학급 프로젝트에서 내 **파트너**이다.

business **partner** 사업 **파트너**, 동업자

0124 • **senior**
[síːnjər]

ⓝ 상급자; 최상급생 ⓐ 고위[상급]의 ↔ junior 하급[부하]의

John will be a **senior** in high school next year.
John은 내년에 고등학교의 **최상급생**이 될 것이다.

senior manager 선임[고위] 관리자

♣ 친구 사귀기

0125 • **introduce**
[ìntrədjúːs]

ⓥ 소개하다

Ellen **introduced** her friend to her mother.
Ellen은 자신의 친구를 엄마에게 **소개했다**.

✚ introduction ⓝ 소개

0126 • **familiar**
[fəmíliər]

ⓐ 친숙한, 낯익은 ↔ unfamiliar 익숙지 않은

Her name is **familiar** to us. 그녀의 이름은 우리에게 **친숙하다**.
I saw many **familiar** faces at the party.
나는 파티에서 많은 **낯익은** 얼굴들을 봤다.

0127 · chat

[tʃæt]

ⓥ 이야기를 나누다, 수다 떨다　ⓝ 잡담, 수다

We **chatted** on the phone this morning.
우리는 오늘 아침에 전화로 **이야기를 나눴다.**

They were having a **chat** about the singer.
그들은 그 가수에 대해서 **잡담**을 나누고 있었다.

0128 · relationship

[riléiʃənʃip]

ⓝ 관계

They like each other and have a close **relationship**.
그들은 서로를 좋아하고 친밀한 **관계**를 유지하고 있다.

He keeps a good **relationship** with his friends.
그는 친구들과 좋은 **관계**를 유지한다.

✤ 우정

0129 · friendship

[fréndʃip]

ⓝ 1 교우 관계　2 우정

We built a deep **friendship**.
우리는 깊은 **교우 관계**를 쌓았다.

I was moved by their **friendship**.
나는 그들의 **우정**에 감동을 받았다.

0130 · promise

[prɑ́:mis]

ⓥ 약속하다　ⓝ 약속

I **promise** you that I will come back.
내가 돌아올 거라고 너에게 **약속할게.**

keep / break a **promise**　약속을 지키다 / 어기다

0131 · care about

~에 마음을 쓰다, ~에 관심을 가지다

True friends **care about** each other.
진정한 친구는 서로에게 **마음을 쓴다.**

0132 · common

[kɑ́:mən]

ⓐ 1 흔한　2 공동의, 공통의

a **common** mistake　흔한 실수

We have a **common** interest in cooking.
우리는 요리에 **공통의** 관심사를 가지고 있다.

0133 · contact

[kɑ́:ntækt]

ⓝ 접촉, 연락　ⓥ 연락하다

I finally made **contact** with my friend in New York.
나는 드디어 뉴욕에 있는 내 친구와 **연락**을 했다.

When did you **contact** her?
너는 언제 그녀와 **연락했니?**

♣ 경쟁

0134 • compete
[kəmpíːt]

ⓥ 1 경쟁하다   2 (경기 등에) 참가하다

They **compete** for their teacher's attention in class.
그들은 수업 중에 선생님의 관심을 얻기 위해 **경쟁한다**.

Around 2,000 people **competed** in the marathon.
약 2,000명의 사람들이 마라톤에 **참가했다**.

➕ competition ⓝ 경쟁

0135 • rival
[ráivəl]

ⓝ 경쟁자, 경쟁 상대

The two girls have been **rivals** for years.
두 여자아이는 수년 간 **경쟁 상대**였다.

0136 • jealous
[dʒéləs]

ⓐ 질투하는; 시샘하는

Jim was **jealous** of her good grades.
Jim은 그녀의 좋은 성적에 대해 **질투했다**.

📖 feeling unhappy because you want something that someone else has
(다른 사람이 가지고 있는 것을 갖고 싶어서 기분이 좋지 않은)

➕ jealousy ⓝ 질투(심), 시샘

0137 • alone
[əlóun]

ⓐ 혼자의   ⓐⓓ 혼자서

I was **alone** in the library.
나는 도서관에 **혼자** 있었다.

I can't do these things **alone**.
나는 **혼자서** 이 일들을 하지 못한다.

0138 • pressure
[préʃər]

ⓝ 1 압력; 기압   2 압박

air **pressure** 기압

I felt **pressure** from my parents to become a teacher.
나는 부모님에게 선생님이 되라는 **압박**을 느꼈다.

0139 • compare
[kəmpéər]

ⓥ 비교하다

My mother always **compares** me to my sister.
엄마는 나를 늘 언니와 **비교한다**.

🔄 compare A to / with B: A를 B와 비교하다

0140 • motivate
[móutəvèit]

ⓥ ~에게 동기를 주다, 자극하다

The teacher **motivated** her students to study harder.
그 선생님은 학생들이 공부를 더 열심히 하도록 **동기를 부여했다**.

📖 to make someone want to do something
(누군가가 무언가를 하고 싶도록 만들다)

Daily Check-up

학습 Check	MP3 듣기	본문 학습	Daily Check-up	누적 테스트 Days 6-7	Review Test/Plus

PLAN 2

A 빈칸에 알맞은 우리말 뜻 또는 영어를 써넣어 워드맵을 완성하시오.

친구

친구 사이

1 _____
급우, 반 친구

2 _____
peer

3 _____
최상급생; 상급의

4 _____
partner

친구 사귀기

5 _____
소개하다

6 _____
familiar

7 _____
관계

8 _____
chat

우정

9 _____
교우 관계; 우정

10 _____
promise

11 _____
~에 마음을 쓰다

12 _____
contact

13 _____
흔한; 공통의

경쟁

14 _____
경쟁하다; 참가하다

15 _____
rival

16 _____
질투하는; 시샘하는

17 _____
alone

18 _____
압력; 압박

19 _____
compare

20 _____
~에게 동기를 주다

B 우리말을 참고하여 문장을 완성하시오. (필요하면 단어 형태를 바꾸시오.)

1 When did you _____ her?
너는 언제 그녀와 연락했니?

2 Her name is _____ to us.
그녀의 이름은 우리에게 친숙하다.

3 She is very popular with her _____.
그녀는 또래들에게 인기가 아주 많다.

4 I _____ you that I will come back.
내가 돌아올 거라고 너에게 약속할게.

5 My mother always _____ me to my sister.
엄마는 나를 늘 언니와 비교한다.

Review Test

A 들려주는 영어 단어와 어구를 쓴 후 우리말 뜻을 쓰시오.

영단어	뜻	영단어	뜻
1		2	
3		4	
5		6	
7		8	
9		10	
11		12	
13		14	
15		16	
17		18	
19		20	

B 다음 영영 풀이에 해당하는 알맞은 단어를 골라 쓰시오.

보기   effort   peer   elementary   motivate   review   social studies

1 basic and simple _____

2 to look at what you have studied again _____

3 to make someone want to do something _____

4 someone who is the same age as you _____

5 the energy that is needed to do something _____

6 a school subject that includes history, geography, and politics _____

C 밑줄 친 단어의 동의어(=) 또는 반의어(↔)를 골라 쓰시오.

> 보기   public   praise   concentrate   competition

1 You need to <u>focus</u> on the work.   = _____

2 To enter the <u>contest</u>, fill out this form.   = _____

3 Don't <u>scold</u> them for making mistakes.   ↔ _____

4 They have run a <u>private</u> school for ten years.   ↔ _____

D 다음을 읽고, 두 문장에 공통으로 들어갈 단어를 골라 쓰시오.

> 보기   alone   common   familiar   senior

1 My father is the _____ manager at his company.

He's a high school _____ and is preparing for college.

2 Brian is a(n) _____ name in the U.K.

They worked together for a(n) _____ goal.

E 다음을 읽고, 빈칸에 알맞은 단어 또는 어구를 우리말을 참고하여 쓰시오.

1 He kept his _____ to visit his grandmother.
그는 할머니를 방문하겠다는 자신의 **약속**을 지켰다.

2 I like learning about the world, so I like _____.
나는 세계에 대해서 배우는 것을 좋아해서 **지리학**을 좋아한다.

3 _____ that you have to bring your textbook to class.
네 교과서를 수업에 가져와야 하는 것을 **명심해라**.

4 She has always been _____ of her sister's blond hair.
그녀는 항상 언니의 금발 머리를 **질투해**왔다.

✿ 예문에서 뽑은 최중요 핵심 표현

핵심 표현 다시 점검하며 빈칸 완성해 보기

1 grow up — 자라다, 성장하다

_____ in a large household
대가족에서 **성장하다**

2 devote oneself to — ~에 전념하다

She _____ herself to family life.
그녀는 가정생활**에 전념했다.**

3 get married to — ~와 결혼하다

★ get married with로 쓰지 않아요.

He got _____ his wife when he was
29. 그는 29세 때 아내와 **결혼했다.**

4 look like = resemble — ~을 닮다; ~처럼 보이다

I don't _____ (resemble) my sister.
나는 언니와 **닮지** 않았다.

5 get some rest — 휴식을 취하다

Please go home and get _____.
집에 가서 **휴식을 좀** 취하세요.

6 turn on/off — ~을 켜다/끄다

_____ / off a lamp
등을 **켜다/끄다**

7 be absent from — ~에 결석하다

Mark has been _____ school for
three days. Mark는 3일 동안 학교**에 결석해왔다.**

8 do one's homework 숙제하다

Did you _____?
너 **숙제했니**?

9 focus/concentrate on ~에 집중하다, ~에 초점을 맞추다

You need to _____ your studies.
너는 학업에 **집중해야** 해.

10 compare A to/with B A와 B를 비교하다

My mother _____ me _____
my sister. 엄마는 나와 언니를 **비교한다**.

✿ 발음이나 철자가 유사한 혼동어

0067 **flour** [fláuər] ⓝ 밀가루 | **flower** [fláuər] ⓝ 꽃 | 0034 **floor** [flɔːr] ⓝ 바닥; 층

★ 발음이 유사한 세 단어에 유의하자. 특히 flour와 flower는 발음이 같다.

0069 **meat** [miːt] ⓝ 고기 | **meet** [miːt] ⓥ 만나다

★ meat와 meet는 발음이 동일하다. 모음의 철자 차이에 유의하자.

0070 **pork** [pɔːrk] ⓝ 돼지고기 | **fork** [fɔːrk] ⓝ 포크 | **folk** [fouk] ⓐ 민속의 ⓝ 사람들

★ 유사해 보이는 세 단어의 p/f, l/r의 발음 차이에 유의하자.

0080 **dessert** [dizə́ːrt] ⓝ 디저트 | 0460 **desert** [dézərt] ⓝ 사막

★ 유사해 보이는 두 단어의 철자와 발음 차이에 유의하자.

정답 1 grow up 2 devoted 3 married to 4 look like 5 some rest 6 turn on
7 absent from 8 do your homework 9 focus/concentrate on 10 compares, to/with

PLAN

3

장소와 위치

DAY 8 장소

DAY 9 교통

DAY 10 위치와 방향 1

DAY 11 위치와 방향 2

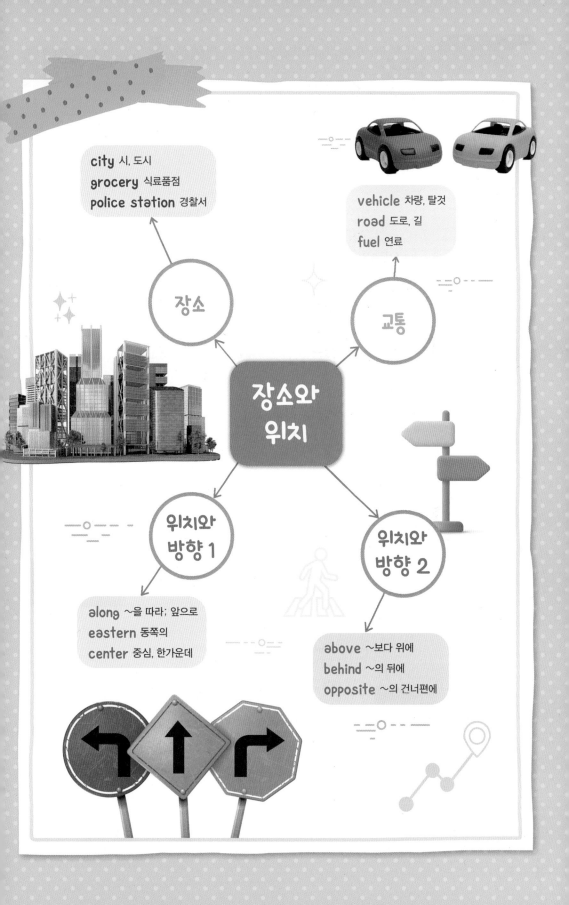

장소

city 시, 도시
grocery 식료품점
police station 경찰서

교통

vehicle 차량, 탈것
road 도로, 길
fuel 연료

장소와 위치

위치와 방향 1

along ~을 따라; 앞으로
eastern 동쪽의
center 중심, 한가운데

위치와 방향 2

above ~보다 위에
behind ~의 뒤에
opposite ~의 건너편에

MP3 듣기

✤ 우리 동네

0141 • **local**
[lóukəl]

ⓐ 지역의, 현지의

a **local** newspaper 지역 신문

She works at a **local** bookstore.
그녀는 **지역** 서점에서 근무한다.

0142 • **community**
[kəmjúːnəti]

ⓝ 1 지역 사회, 주민 2 공동체

The local **community** cleaned up the beach.
지역 **주민들**이 해변을 청소했다.

a farming **community** 농업 **공동체**

🔊 all the people who live in the same area
(같은 지역에 사는 모든 사람들)

0143 • **neighbor**
[néibər]

ⓝ 이웃 사람

a next-door **neighbor** 옆집 사람

My **neighbor** always complains about noise.
내 **이웃**은 늘 소음에 대해 불평한다.

➕ neighborhood ⓝ 근처, 이웃

0144 • **city**
[síti]

ⓝ 시, 도시

I have lived in this **city** for two years.
나는 이 **도시**에서 2년째 살고 있다.

0145 • **town**
[taun]

ⓝ 소도시, 읍

It was once a mining **town**.
그곳은 한때 탄광 **소도시**였다.

My family lived in a small **town** in Ohio.
우리 가족은 오하이오주의 작은 **도시**에 살았다.

🔊 an area where people live that is larger than a village but
smaller than a city
(마을보다는 크고 도시보다는 작은 사람들이 사는 지역)

0146 • **village**
[vílidʒ]

ⓝ (시골) 마을, 촌락

a fishing **village** 어촌

She left her **village** and went to live in the city.
그녀는 자신이 살던 **마을**을 떠나 도시에 살러 갔다.

PLAN 3

0147 · **countryside**
[kʌ́ntrisàid]

ⓝ 시골, 전원 지대

The **countryside** near my town is full of hills and farms.
내가 사는 소도시 근처의 **시골**에는 언덕과 농장이 많다.

★ country와 countryside는 모두 밭과 숲 등이 있는 시골을 나타내지만, countryside 는 전원의 아름다운 풍경이나 평화로운 모습 등을 묘사할 때 주로 쓴다.

0148 · **capital**
[kǽpətl]

ⓝ 1 수도 2 대문자

Paris is one of the world's most visited **capitals**.
파리는 세계에서 가장 많은 방문객이 찾는 **수도** 중 하나이다.

Write the first letter in **capitals**.
첫 번째 글자는 **대문자**로 쓰시오.

✦ 다양한 장소

0149 · **mall**
[mɔːl]

ⓝ 쇼핑몰

We can shop at many different stores in the **mall**.
우리는 **쇼핑몰**에 있는 많은 다양한 상점에서 쇼핑을 할 수 있다.

0150 · **grocery**
[gróusəri]

ⓝ 식료품점 ⊜ grocery store

The local **grocery** is open seven days a week.
그 지역 **식료품점**은 일주일 내내 영업한다.

0151 · **bakery**
[béikəri]

ⓝ 빵집, 제과점

I bought an apple pie at the **bakery**.
나는 **빵집**에서 사과 파이를 샀다.

0152 · **department store**
[dipáːrtmənt stɔːr]

ⓝ 백화점

He works as a shoe salesman at a **department store**.
그는 **백화점**에서 신발 판매원으로 일한다.

★ department(부문, 매장) + store(상점) → 백화점

0153 · **market**
[máːrkit]

ⓝ 시장

street **market** 길거리 **시장**, 노점

My mother usually buys fruits and vegetables at the **market**.
우리 엄마는 보통 **시장**에서 과일과 채소를 사신다.

📖 a place where goods are bought and sold (물건을 사고 파는 곳)

0154 • **restaurant**
[réstərà:nt]

ⓝ 음식점, 식당

There are different types of **restaurants** in the city.
그 도시에는 다양한 종류의 **식당**이 있다.

0155 • **theater**
[θí:ətər]

ⓝ 1 극장 2 연극

a movie **theater** 영화관
Many **theaters** in New York are on Broadway.
뉴욕의 많은 **극장들**은 브로드웨이에 있다.

Kevin enjoys the **theater** on the weekends.
Kevin은 주말에 **연극**을 즐긴다.

0156 • **everywhere**
[évriwèr]

ad 모든 곳(에), 어디나

The city has parks **everywhere**.
도시 **도처에** 공원들이 있다.

✦ 공공시설

0157 • **police station**
[pəlí:s stéiʃən]

ⓝ 경찰서

They were held in the **police station** for three days.
그들은 3일 동안 **경찰서**에 구금되었다.

0158 • **post office**
[poust ɔ́:fəs]

ⓝ 우체국

I dropped by the **post office** to send a package.
나는 소포를 부치러 **우체국**에 들렀다.

0159 • **fire station**
[fáiər stéiʃən]

ⓝ 소방서

report a fire to a **fire station**
소방서에 화재 신고를 하다

The new **fire station** has three fire engines and ten firefighters.
새로운 **소방서**에는 3대의 소방차와 10명의 소방관이 있다.

0160 • **museum**
[mjuzí:əm]

ⓝ 박물관

go on a field trip to the National **Museum**
국립 **박물관**에 견학을 가다

The **museum** has some paintings by Van Gogh.
그 **박물관**은 반 고흐의 그림 몇 점을 소장하고 있다.

A 빈칸에 알맞은 우리말 뜻 또는 영어 단어를 써넣어 워드맵을 완성하시오.

장소

우리 동네

1 _____ community

2 _____ 이웃 사람

3 _____ local

4 _____ 시, 도시

5 _____ town

6 _____ 마을, 촌락

7 _____ countryside

8 _____ 수도; 대문자

다양한 장소

9 _____ 쇼핑몰

10 _____ grocery

11 _____ 백화점

12 _____ bakery

13 _____ 시장

14 _____ 음식점, 식당

15 _____ theater

16 _____ 모든 곳(에), 어디나

공공시설

17 _____ 경찰서

18 _____ post office

19 _____ 소방서

20 _____ 박물관

B 우리말을 참고하여 어구 또는 문장을 완성하시오. (필요하면 단어 형태를 바꾸시오.)

1 a farming _____
농업 공동체

2 The local _____ is open seven days a week.
그 지역 식료품점은 일주일 내내 영업한다.

3 Many _____ in New York are on Broadway.
뉴욕의 많은 극장들은 브로드웨이에 있다.

4 The _____ near my town is full of hills and farms.
내가 사는 소도시 근처의 시골에는 언덕과 농장이 많다.

5 Paris is one of the world's most visited _____.
파리는 세계에서 가장 많은 방문객이 찾는 수도 중 하나이다.

MP3 듣기

✦ 탈것과 장소

0161 • vehicle
[víːəkl / víːhikl]

ⓝ **차량, 탈것**

The **vehicle** was badly damaged in the accident.
그 **차**는 그 사고에서 심하게 손상을 입었다.

📖 a machine such as a car, bus, or truck that carries people
(사람들을 운반하는 차, 버스, 트럭과 같은 기계)

0162 • subway
[sʌ́bwèi]

ⓝ **지하철**

Many people take the **subway** to work every day.
많은 사람들이 매일 **지하철**을 타고 출근한다.

★ 파리와 모스크바와 같은 몇몇 도시에서는 지하철을 metro라고 부른다.
영국에서는 지하철을 underground라고 한다.

0163 • automobile
[ɔ́ːtəməbìːl]

ⓝ **자동차**

an **automobile** accident 자동차 사고
He wants to buy a new **automobile**.
그는 새 **자동차**를 사고 싶어 한다.

📖 auto(self 자(自)) + mobile(moving 동(動)) → 자동차(自動車)

0164 • railway
[réilwèi]

ⓝ **철도; 철로**

a **railway** fare 철도 요금
There were old houses beside the **railway**.
철로 옆으로 낡은 집들이 있었다.

★ 영국에서는 railway, 미국에서는 railroad로 쓴다.

0165 • station
[stéiʃən]

ⓝ **역, 정거장**

a bus **station** 버스 정류장
My dad drove me to the subway **station**.
아빠가 나를 지하철**역**까지 차로 태워 주셨다.

0166 • airport
[éərpɔ̀ːrt]

ⓝ **공항**

an international **airport** 국제공항
I took a taxi to the **airport**.
나는 택시를 타고 **공항**에 갔다.

0167 • **port**

[pɔːrt]

ⓝ 항구; 항구 도시

Boats go to the **port** when a storm comes.
폭풍이 오면 배들은 **항구**로 간다.

Busan is the largest **port** in South Korea.
부산은 한국에서 가장 큰 **항구 도시**이다.

📖 a place where ships arrive and leave from
(배들이 도착하고 떠나는 곳)

✤ 도로와 길

0168 • **road**

[roud]

ⓝ 도로, 길

Be careful when you cross the **road**.
길을 건널 때 조심해라.

0169 • **street**

[striːt]

ⓝ 거리, 도로

a busy **street** 번화가

It is a small town with narrow **streets**.
그곳은 좁은 **도로**가 있는 작은 마을이다.

0170 • **path**

[pæθ]

ⓝ 작은 길, 오솔길

a mountain **path** 산길

We followed a small **path** through the woods.
우리는 숲을 통과하는 작은 **오솔길**을 따라갔다.

📖 a track made by people walking on the ground
(사람들이 땅을 걸어다녀 만들어진 길)

0171 • **transportation**

[trænspərtéiʃən]

ⓝ 운송, 수송; 수송 기관

transportation costs 운송비

Buses and trains are types of **transportation**.
버스와 기차는 **수송 수단**의 종류이다.

0172 • **sign**

[sain]

ⓝ 1 표지판　2 징후　ⓥ 서명하다

a road **sign** 도로 **표지판**

It is a serious **sign** that things are getting worse.
그것은 사태가 심각해지고 있다는 심각한 **징후**이다.

Please **sign** your name here. 여기에 이름을 **서명해주세요**.

0173 • **traffic jam**

[tráefik dʒæm]

ⓝ 교통 체증

I was stuck in a **traffic jam** this morning.
나는 오늘 아침에 **교통 체증**에 갇혀 있었다.

✦ 운전

0174 • **pass**
[pæs]

ⓥ 1 통과하다; 추월하다   2 건네주다   3 합격하다

He drove faster to **pass** the truck.
그는 트럭을 **추월하기** 위해 더 빨리 차를 몰았다.

Pass me the water, please.   물 좀 건네주세요.

She finally **passed** her driving test.
그녀는 드디어 운전면허 시험에 **합격했다**.

0175 • **speed**
[spiːd]

ⓥ 1 빨리 가다, 질주하다   2 속도위반하다   ⓝ 속도

The bus kept **speeding** down the road.
버스가 도로를 계속 **질주했다**.

The police caught the woman **speeding**.
경찰은 그 여자를 **속도위반**으로 잡았다.

at full **speed**   전속력으로

0176 • **get on**

타다, 승차하다   ↔ get off 내리다, 하차하다

We **got on** the train at the nearest station.
우리는 가장 가까운 역에서 기차를 **탔다**.

0177 • **fasten**
[fǽsn]

ⓥ 매다, 채우다

Always **fasten** your seatbelt in a car.
차 안에서는 안전벨트를 **매세요**.

0178 • **fuel**
[fjúːəl]

ⓝ 연료

Gasoline is the most common **fuel**.
휘발유는 가장 흔한 **연료**이다.

0179 • **block**
[blɑːk]

ⓥ 막다, 차단하다   ⓝ (도로로 나뉘는) 블록, 구역

A big tree fell and **blocked** the road.
큰 나무가 쓰러져 길을 **막았다**.

The park is three **blocks** away from my house.
공원은 우리 집에서 세 **블록** 떨어져 있다.

0180 • **back and forth**

전후로, 왔다 갔다

The train runs **back and forth** along the track.
그 기차는 선로를 따라 **왔다 갔다** 운행한다.

He walked **back and forth** in the room.
그는 방 안을 **왔다 갔다** 걸어 다녔다.

A 빈칸에 알맞은 우리말 뜻 또는 영어를 써넣어 워드맵을 완성하시오.

교통

탈것과 장소

1 _____
차량, 탈것

2 _____
automobile

3 _____
지하철

4 _____
railway

5 _____
역, 정거장

6 _____
port

7 _____
공항

도로와 길

8 _____
도로, 길

9 _____
street

10 _____
작은 길, 오솔길

11 _____
sign

12 _____
운송, 수송 (기관)

13 _____
traffic jam

운전

14 _____
매다, 채우다

15 _____
추월하다; 건네주다

16 _____
speed

17 _____
타다, 승차하다

18 _____
fuel

19 _____
막다, 차단하다; 구역

20 _____
back and forth

B 우리말을 참고하여 문장을 완성하시오. (필요하면 단어 형태를 바꾸시오.)

1 I took a taxi to the _____.
나는 택시를 타고 공항에 갔다.

2 There were old houses beside the _____.
철로 옆으로 낡은 집들이 있었다.

3 We _____ the train at the nearest station.
우리는 가장 가까운 역에서 기차를 탔다.

4 I was stuck in a _____ this morning.
나는 오늘 아침에 교통 체증에 갇혀 있었다.

5 The train runs _____ along the track.
그 기차는 선로를 따라 왔다 갔다 운행한다.

MP3 듣기

✦ 방향

0181 • direction
[dərékʃən]

ⓝ 방향

The wind suddenly changed **direction**.
바람이 갑자기 **방향**을 바꿨다.

0182 • course
[kɔːrs]

ⓝ 1 진로, 방향 ⊜ direction 2 강의

The pilot changed **course** to avoid the bad weather.
비행기 조종사는 악천후를 피하기 위해서 **항로**를 바꿨다.

take a **course** in design 디자인 **강의**를 듣다

0183 • toward(s)
[toərd(z)]

prep ~ 쪽으로, ~ 향하여

toward the window 창문 **쪽으로**
A car was coming **toward** him.
한 차가 그를 **향해** 오고 있었다.

🔁 in the direction of (~의 방향으로)
★ 미국 영어에서는 toward를 사용하고, 영국 영어에서는 towards를 사용한다.

0184 • across
[əkrɔ́ːs]

prep ~을 가로질러; ~의 건너편에 ad 건너서, 가로질러

We ran straight **across** the street.
우리는 길을 **가로질러** 곧장 달렸다.

They swam **across** to the other side of the river.
그들은 강 반대편으로 헤엄쳐 **건넜다**.

0185 • along
[əlɔ́ːŋ]

prep ~을 따라 ad 앞으로 ⊜ forward

She walked **along** the street alone.
그녀는 홀로 길을 **따라** 걸었다.

I was driving **along** and listening to music.
나는 **앞으로** 차를 몰며 음악을 듣고 있었다.

0186 • through
[θruː]

prep ~을 통하여 ad 지나서, 뚫고서

The train went **through** a long tunnel.
그 기차는 긴 터널을 **통과**했다.

The water here is too deep to drive **through**.
여기는 물이 너무 깊어서 운전해서 **지나** 갈 수 없다.

✛ 동서남북

0187 ● **eastern**
[íːstərn]

ⓐ 동쪽의

We live in the **eastern** part of the U.S.
우리는 미국의 **동쪽** 지역에 산다.

✛ east ⓝ 동쪽

0188 ● **western**
[wéstərn]

ⓐ 서쪽의

The bright star in the **western** evening sky is Venus.
서쪽 저녁 하늘에 밝게 빛나는 별은 금성이다.

✛ west ⓝ 서쪽

0189 ● **southern**
[sʌðərn]

ⓐ 남쪽의

Italy is in the **southern** part of Europe.
이탈리아는 유럽의 **남부** 지역에 있다.

✛ south ⓝ 남쪽

0190 ● **northern**
[nɔ́ːrðərn]

ⓐ 북쪽의

Paris is located in the **northern** part of France.
파리는 프랑스의 **북쪽** 지역에 위치해 있다.

✛ north ⓝ 북쪽

✛ 앞뒤 좌우

0191 ● **right**
[rait]

ⓐ 1 맞는　🟰correct　2 **오른쪽의**　ⓐⓓ **오른쪽으로**

That's the **right** answer. 정답이야.
He felt some pain in his **right** shoulder.
그는 **오른쪽** 어깨에 통증을 좀 느꼈다.
Turn **right** at the first corner.
첫 번째 모퉁이에서 **오른쪽으로** 도세요.

0192 ● **left**
[left]

ⓐ 왼쪽의　ⓐⓓ 왼쪽에, 왼쪽으로

He held out his **left** hand. 그는 **왼손을** 내밀었다.
Turn **left** at the next traffic light.
다음 신호등에서 **왼쪽으로** 도세요.

0193 ● **forward**
[fɔ́ːrwərd]

ⓐⓓ 앞으로

Walk three steps **forward** and turn left.
앞으로 세 걸음 걸어가서 왼쪽으로 도세요.

🔤 for(앞에) + -ward(~쪽으로) → 앞으로

0194 • backward
[bǽkwərd]

ad 뒤로, 뒤쪽으로

walk **backward** 뒷걸음치다

The boy fell **backward** into the pool.
그 남자아이는 수영장에 **뒤로** 넘어졌다.

영영 in the direction that is behind you (네 뒤에 있는 방향으로)

♣ 위치

0195 • center
[séntər]

n 중심, 한가운데

There was a big table in the **center** of the room.
방 **한가운데**에 큰 탁자가 있었다.

0196 • middle
[mídl]

n 중앙, 한가운데

A fountain was in the **middle** of the garden.
분수가 정원 **한가운데**에 있었다.

in the **middle** of the night 한밤중에

↺ in the middle of ~: ~의 중앙에

0197 • bottom
[bɑ́:təm]

n 맨 아래; 바닥 ↔ top 맨 위 **a** 맨 아래의

The hotel is at the **bottom** of Green Street.
그 호텔은 Green가 **맨 아래**에 있다.

the **bottom** line 핵심, 요점

0198 • outside
[áutsàid]

n 바깥쪽 **ad** 밖에서 **a** 바깥쪽의 **prep** ~의 밖에

I painted the **outside** of my house.
나는 집 **바깥쪽**을 페인트칠했다.

The boy likes to play **outside**.
그 남자아이는 **밖에서** 놀기를 좋아한다.

0199 • inside
[insáid]

n 안쪽, 내부 **ad** 안으로 **a** 안쪽의 **prep** ~의 안에

The **inside** of the building was quite dark.
건물 **내부**는 꽤 어두웠다.

We walked **inside** to get out of the rain.
우리는 비를 피하기 위해 **안으로** 걸어갔다.

0200 • underground
[ʌ́ndərgràund]

ad 지하에 **a** 지하의

Worms live **underground** and eat soil.
벌레들은 **땅 밑**에서 살고 흙을 먹는다.

an **underground** garage **지하** 차고

A 빈칸에 알맞은 우리말 뜻 또는 영어 단어를 써넣어 워드맵을 완성하시오.

위치와 방향

방향

1 _____
방향

2 _____
course

3 _____
~ 쪽으로, ~ 향하여

4 _____
~을 가로질러; 건너서

5 _____
along

6 _____
~을 통하여; 지나서

동서남북

7 _____
동쪽의

8 _____
western

9 _____
남쪽의

10 _____
northern

앞뒤 좌우

11 _____
right

12 _____
왼쪽의; 왼쪽에

13 _____
forward

14 _____
뒤로, 뒤쪽으로

위치

15 _____
중심, 한가운데

16 _____
middle

17 _____
맨 아래(의); 바닥

18 _____
underground

19 _____
바깥쪽; 밖에서

20 _____
안쪽; 안으로

B 우리말을 참고하여 문장을 완성하시오. (필요하면 단어 형태를 바꾸시오.)

1 We ran straight _____ the street.
우리는 길을 가로질러 곧장 달렸다.

2 Worms live _____ and eat soil.
벌레들은 땅 밑에서 살고 흙을 먹는다.

3 Walk three steps _____ and turn left.
앞으로 세 걸음 걸어가서 왼쪽으로 도세요.

4 Italy is in the _____ part of Europe.
이탈리아는 유럽의 남부 지역에 있다.

5 The pilot changed _____ to avoid the bad weather.
비행기 조종사는 악천후를 피하기 위해서 항로를 바꿨다.

MP3 듣기

✤ 위아래

0201 • above
[əbʌ́v]

prep ~보다 위에[위로] **ad** 위에

Raise your hands **above** your head.
네 머리 **위로** 손을 올려라.

I looked at the clouds **above**. 나는 **위에** 구름을 보았다.

0202 • over
[óuvər]

prep 1 ~의 위에 2 ~을 넘어[건너]

An airplane was flying **over** the clouds.
비행기가 구름 **위로** 날아가고 있었다.

To get to the park, you should go **over** the bridge.
공원에 가려면 다리를 **건너**가야 한다.

0203 • under
[ʌ́ndər]

prep ~ 아래에, ~의 바로 밑에

I took a nap **under** a tree.
나는 나무 **아래에서** 낮잠을 잤다.

The boy hid the box **under** his bed.
그 남자아이는 상자를 침대 **밑에** 숨겼다.

0204 • below
[bilóu]

prep ~보다 아래에 **ad** 아래에 ↔ above

We saw the sun sink **below** the horizon.
우리는 해가 수평선 **아래로** 지는 것을 봤다.

Try not to look down **below**.
아래를 보지 않도록 하세요.

✤ 앞뒤와 주변

0205 • front
[frʌnt]

a 앞쪽의 **n** 앞쪽, 앞부분

a **front** yard 앞마당

The teacher told her to come to the **front** of the classroom.
선생님은 그녀에게 교실 **앞으로** 나오라고 말했다.

0206 • behind
[biháind]

prep ~의 뒤에

disappear **behind** a cloud 구름 **뒤로** 사라지다

I spoke to the man standing **behind** me.
나는 내 **뒤에** 서 있는 남자에게 말을 했다.

PLAN 3

0207 • **between**

[bitwíːn]

prep **사이에**

the distance **between** two places   두 장소 **사이의** 거리

A boy stood **between** his father and mother.
한 남자아이가 아빠와 엄마 **사이에** 서 있었다.

0208 • **beside**

[bisáid]

prep **~ 옆에**

She sat **beside** me during dinner.
그녀는 저녁 식사 동안 내 **옆에** 앉아 있었다.

★ cf. besides ~외에; 뿐만 아니라

0209 • **near**

[niər]

prep **~에서 가까이, ~의 근처에** a **가까운**

There was a supermarket **near** my house.
우리 집 **근처에** 슈퍼마켓이 하나 있었다.

I hope we can see each other again in the **near** future.
우리가 **가까운** 미래에 서로 다시 볼 수 있기를 바랍니다.

🔄 in the near future 가까운 미래에

0210 • **next to**

prep **~ 바로 옆에** ≡ beside

The house **next to** ours is for sale.
우리 **옆집**은 팔려고 내놓은 상태이다.

Two girls are sitting **next to** each other.
두 여자아이가 서로 **바로 옆에**[나란히] 앉아 있다.

0211 • **around**

[əráund]

prep **~ 주위에, 빙 둘러**

A lot of people gathered **around** the movie star.
많은 사람들이 그 인기 영화배우의 **주위로** 모여들었다.

I walked **around** the garden.   나는 정원을 **빙 둘러** 걸었다.

0212 • **beyond**

[biάnd]

prep **~ 저편에, ~을 넘어서**

The river flows **beyond** the village.
그 강은 마을 **너머로** 흐른다.

✦ 기타

0213 • **into**

[íntu]

prep **~ 안으로, ~ 안에**

She got **into** her car and drove home.
그녀는 차 **안으로** 들어가 차를 몰아 집에 갔다.

If you go **into** that room, you can find him.
저 방 **안으로** 들어가면, 그를 찾을 수 있어요.

0214 • out of

prep ~ 밖으로, ~ 밖에

Take your hands **out of** your pockets.
호주머니 **밖으로** 네 손을 빼렴.

Out of sight, **out of** mind.
눈에서 멀어지면 마음에서도 멀어진다.

0215 • apart
[əpάːrt]

ad 1 떨어져, 헤어져   2 산산이

The two cities are twenty kilometers **apart**.
그 두 도시는 20킬로미터 **떨어져** 있다.

He took his computer **apart**.
그는 컴퓨터를 분해했다.

↻ take something apart ~을 분해하다

0216 • away
[əwéi]

ad 떨어진 곳에; 다른 데로

Stay **away** from the fire. 불에서 **떨어져** 있어라.

They moved **away** last year.
그들은 작년에 이사갔다.

↻ move away 이사하다

0217 • ahead
[əhéd]

ad 1 앞으로, 앞에   2 미리

The cars moved **ahead** slowly because of the heavy snow. 폭설 때문에 차들이 천천히 **앞으로** 움직였다.

We planned **ahead** for the big event.
우리는 큰 행사를 위해 **미리** 계획을 했다.

🔊 1 in or toward the front (앞에 또는 앞쪽으로)

0218 • aside
[əsáid]

ad 한쪽으로, 옆으로

Put your toys **aside**. 네 장난감을 **한쪽으로** 치워라.

He stepped **aside** and let me pass.
그는 **옆으로** 비켜서 내가 지나가게 해 주었다.

0219 • upside down

ad (위아래가) 거꾸로, 뒤집혀

He hung the picture **upside down**.
그는 그림을 **거꾸로** 걸었다.

★ cf. inside out (안팎을) 뒤집어 | back to front (앞뒤를) 거꾸로

0220 • opposite
[ɑ́ːpəzət]

prep ~의 건너편[맞은편]에 **a** 반대편[맞은편]의

The library is **opposite** the post office.
도서관은 우체국 **건너편**에 있다.

The two girls lived on **opposite** sides of the street.
두 여자아이는 길 **맞은편**에 살았다.

Daily Check-up

A 빈칸에 알맞은 우리말 뜻 또는 영어를 써넣어 워드맵을 완성하시오.

위치와 방향

위아래

1 _____
~보다 위에; 위에

2 _____
over

3 _____
~보다 아래에

4 _____
under

앞뒤와 주변

5 _____
앞쪽의; 앞부분

6 _____
behind

7 _____
사이에

8 _____
near

9 b_____
~ 옆에

10 _____
next to

11 _____
~ 주위에, 빙 둘러

12 _____
~ 저편에,
~을 넘어서

기타

13 _____
into

14 _____
~ 밖으로

15 _____
떨어져; 산산이

16 _____
away

17 _____
한쪽으로, 옆으로

18 _____
ahead

19 _____
거꾸로, 뒤집혀

20 _____
~의 건너편에

B 우리말을 참고하여 문장을 완성하시오. (필요하면 단어 형태를 바꾸시오.)

1 I looked at the clouds _____.
나는 위에 구름을 봤다.

2 A boy stood _____ his father and mother.
한 남자아이가 아빠와 엄마 사이에 서 있었다.

3 We saw the sun sink _____ the horizon.
우리는 해가 수평선 아래로 지는 것을 봤다.

4 A lot of people gathered _____ the movie star.
많은 사람들이 그 인기 영화배우의 주위로 모여들었다.

5 The two cities are twenty kilometers _____.
그 두 도시는 20킬로미터 떨어져 있다.

A 들려주는 영어 단어와 어구를 쓴 후 우리말 뜻을 쓰시오.

영단어	뜻	영단어	뜻
1		2	
3		4	
5		6	
7		8	
9		10	
11		12	
13		14	
15		16	
17		18	
19		20	

B 다음 영영 풀이에 해당하는 알맞은 단어를 골라 쓰시오.

보기	vehicle	backward	port	ahead	town	path

1 in or toward the front _____

2 in the direction that is behind you _____

3 a place where ships arrive and leave from _____

4 a track made by people walking on the ground _____

5 a machine such as a car, bus, or truck that carries people _____

6 an area where people live that is larger than a village but smaller than a city _____

C 밑줄 친 단어의 동의어(=) 또는 반의어(↔)를 골라 쓰시오.

보기	above	next to	direction	top

1 The driver suddenly changed course. = _____

2 I was standing beside her at the time. = _____

3 Our apartment is below theirs. ↔ _____

4 I waited for them at the bottom of the hill. ↔ _____

D 다음을 읽고, 두 문장에 공통으로 들어갈 단어를 골라 쓰시오.

보기	block	course	pass	sign

1 A headache may be a _____ of stress.

I _____(e)d the card before sending it.

2 The man was walking down the _____.

The big rocks _____(e)d the road.

E 다음을 읽고, 빈칸에 알맞은 단어를 우리말을 참고하여 쓰시오.

1 I bought this shirt at the _____ store.
나는 이 셔츠를 **백화점**에서 샀다.

2 What kind of _____ does your car use?
당신의 차는 어떤 종류의 **연료**를 사용하나요?

3 She took two steps f_____ and stared at me.
그녀는 두 걸음 **앞으로** 나아가서 나를 응시했다.

4 The baby is holding the book _____ down.
아기가 책을 **거꾸로** 들고 있다.

PLAN

4

개인 생활

DAY 12 성격

DAY 13 감정

DAY 14 생각

DAY 15 의사소통

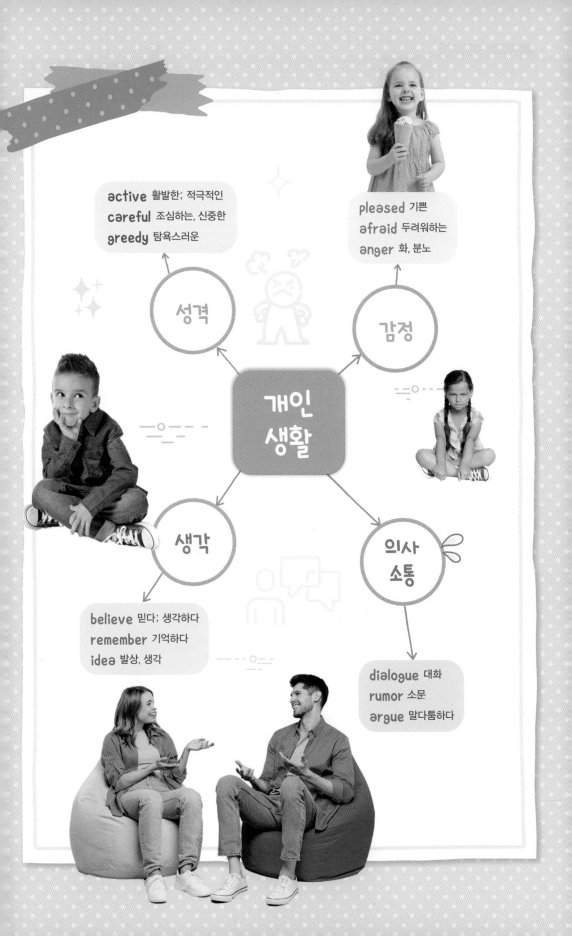

active 활발한; 적극적인
careful 조심하는, 신중한
greedy 탐욕스러운

pleased 기쁜
afraid 두려워하는
anger 화, 분노

성격

감정

개인
생활

생각

의사
소통

believe 믿다; 생각하다
remember 기억하다
idea 발상, 생각

dialogue 대화
rumor 소문
argue 말다툼하다

MP3 듣기

0221 • personality
[pə̀ːrsənǽləti]

ⓝ 성격, 인격

She has a lively **personality**. 그녀의 **성격**은 활발하다.

📖 the character of a person that makes him or her different from other people (다른 사람과 다르게 만드는 사람의 특징)

✚ 긍정적 · 활기

0222 • active
[ǽktiv]

ⓐ 활발한; 적극적인

Julie is very **active** and enjoys hiking and traveling.
Julie는 매우 **활발하고**, 하이킹과 여행하는 것을 즐긴다.

an **active** member **적극적인** 구성원

📖 doing things that require energy and movement
(활기와 움직임을 요하는 것을 하는)

✚ actively ⓐⓓ 활발히; 적극적으로

0223 • cheerful
[tʃíərfəl]

ⓐ 쾌활한, 발랄한 ㊀happy

a **cheerful** smile **쾌활한** 미소
Cathy looks a little more **cheerful** today.
Cathy는 오늘 약간 더 **쾌활해** 보인다.

0224 • brave
[breiv]

ⓐ 용감한, 용기 있는

My father was a **brave** soldier.
우리 아빠는 **용감한** 군인이셨다.

0225 • curious
[kjúriəs]

ⓐ 호기심이 많은; 궁금한

He is **curious** and asks a lot of questions.
그는 **호기심이 많고** 질문을 많이 한다.

I am **curious** to know what he said.
나는 그가 뭘 얘기했는지 **궁금하다**.

✚ curiosity ⓝ 호기심

0226 • humorous
[hjúːmərəs]

ⓐ 재미있는, 유머가 넘치는 ㊀funny

I like Judy because she is **humorous** and kind.
나는 Judy가 **유머가 넘치고** 친절해서 좋다.

✚ humor ⓝ 유머, 익살

✤ 조심과 인내

0227 • careful
[kéərfəl]

ⓐ 조심하는, 신중한

My mom is a **careful** driver.
우리 엄마는 **조심히** 운전하신다.

Be **careful** when you buy things online.
온라인으로 물건을 살 때는 **조심해라**.

✤ carefully ⓐⓓ 주의하여, 조심스럽게

0228 • quiet
[kwáiət]

ⓐ 조용한, 차분한

He has a **quiet** personality, but he enjoys being with people.
그는 **조용한** 성격이지만 사람들과 함께 있는 것을 좋아한다.

0229 • shy
[ʃai]

ⓐ 수줍음이 많은, 부끄러워하는

Emily was very **shy** around strangers.
Emily는 낯선 사람들 사이에서 매우 **수줍어했다**.

0230 • patient
[péiʃənt]

ⓐ 참을성 있는, 인내심 있는   ⓝ 환자

The teacher is **patient** with his students.
그 선생님은 학생들에게 **참을성이** 있다.

look after a **patient** 환자를 보살피다

✤ patience ⓝ 참을성, 인내심

0231 • diligent
[dílədʒənt]

ⓐ 부지런한, 근면한

As a teacher, he was **diligent** and helpful.
교사로서 그는 **부지런하고** 기꺼이 도와주었다.

📖 working hard with care and effort
　 (주의 깊고 노력하며 열심히 하는)

✤ 친절과 정직

0232 • kindness
[káindnəs]

ⓝ 친절, 다정함

I can't thank you enough for your **kindness**.
당신의 **친절**에 대해 더없이 감사할 뿐입니다.

✤ kind ⓐ 친절한

0233 • friendly
[fréndli]

ⓐ 친절한, 호의적인

The locals are **friendly** to everyone who visits their village.
그 지역 주민들은 마을을 방문하는 모든 사람들에게 **친절하다**.

0234 • honest
[ɑ́:nist]

ⓐ 1 정직한 2 솔직한 ⊖ dishonest 정직하지 못한

I'm looking for an **honest**, hardworking nanny.
저는 **정직하고** 열심히 일하는 보모를 구하고 있습니다.

Can I be **honest** with you?
제가 **솔직하게** 말해도 될까요?

✛ honesty ⓝ 정직; 솔직함

0235 • tender
[téndər]

ⓐ 1 상냥한, 애정 어린 ⊜ gentle   2 (고기 등이) 부드러운

Josh still has **tender** feelings for her.
Josh는 그녀에게 여전히 **애정 어린** 감정을 가지고 있다.

a **tender** steak 부드러운 스테이크

✛ 부정적 · 엄함

0236 • greedy
[grí:di]

ⓐ 탐욕스러운, 욕심 많은

The **greedy** man wants to have more money.
그 **욕심 많은** 남자는 더 많은 돈을 갖기를 원한다.

✛ greed ⓝ 탐욕, 욕심

0237 • selfish
[sélfiʃ]

ⓐ 이기적인

Your **selfish** brother took all the pizza.
네 **이기적인** 형이 피자를 다 가져갔어.

여원 self(자아) + -ish(~을 지닌, ~한) → 이기적인

0238 • lazy
[léizi]

ⓐ 게으른, 나태한 ⊖ diligent

He is so **lazy** that he doesn't do any housework.
그는 너무 **게을러서** 어떠한 집안일도 하지 않는다.

0239 • cruel
[krú:əl]

ⓐ 잔인한, 잔혹한

It is so **cruel** to test on animals.
동물 실험을 하는 것은 너무 **잔인하다**.

0240 • strict
[strikt]

ⓐ 엄격한, 엄한

She is kind to other people, but she is **strict** with herself.
그녀는 다른 사람에게는 친절하지만, 자신에게는 **엄격하다**.

Many public schools have **strict** dress codes.
많은 공립 학교들은 복장 규정이 **엄격하다**.

Daily Check-up

A 빈칸에 알맞은 우리말 뜻 또는 영어 단어를 써넣어 워드맵을 완성하시오.

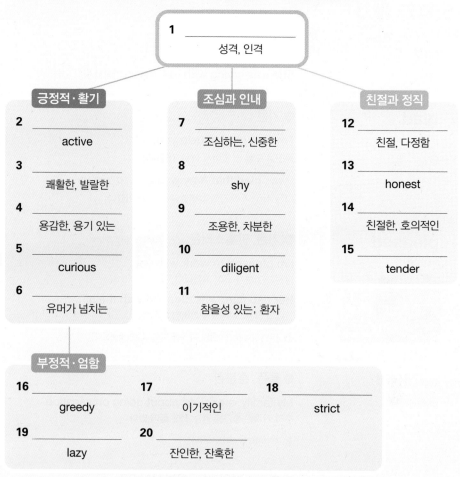

```
                    1 _____
                            성격, 인격

    긍정적·활기              조심과 인내              친절과 정직

2 _____       7 _____       12 _____
      active             조심하는, 신중한            친절, 다정함

3 _____       8 _____       13 _____
   쾌활한, 발랄한             shy                 honest

4 _____       9 _____       14 _____
   용감한, 용기 있는          조용한, 차분한            친절한, 호의적인

5 _____       10 _____      15 _____
     curious             diligent               tender

6 _____       11 _____
   유머가 넘치는             참을성 있는; 환자
```

부정적·엄함

```
16 _____     17 _____     18 _____
     greedy               이기적인               strict

19 _____     20 _____
      lazy               잔인한, 잔혹한
```

B 우리말을 참고하여 문장을 완성하시오. (필요하면 단어 형태를 바꾸시오.)

1 Can I be _____ with you?
제가 솔직하게 말해도 될까요?

2 She has a lively _____.
그녀의 성격은 활발하다.

3 I am _____ to know what he said.
나는 그가 뭘 얘기했는지 궁금하다.

4 The teacher is _____ with his students.
그 선생님은 학생들에게 참을성이 있다.

5 Many public schools have _____ dress codes.
많은 공립 학교들은 복장 규정이 엄격하다.

MP3 듣기

♣ 기쁨과 감사

0241 · joy
[dʒɔi]

ⓝ 기쁨, 즐거움

She was crying with **joy**. 그녀는 **기뻐서** 울고 있었다.

0242 · glad
[glæd]

ⓐ 기쁜

I'm very **glad** to help you.
당신을 도울 수 있어서 매우 **기쁩니다**.

I was **glad** that Amy was able to join us.
나는 Amy가 우리와 함께할 수 있어서 **기뻤다**.

0243 · pleased
[pliːzd]

ⓐ 기쁜, 만족스러운　🟰 happy, satisfied

I'm **pleased** to work with you.
당신과 일하게 되어 **기쁩니다**.

Her daughter was **pleased** with the gift.
그녀의 딸은 그 선물에 **기뻐했다**.

↻ be pleased with ~: ~에 기뻐하다[만족해하다]

0244 · excited
[iksáitid]

ⓐ 들뜬, 흥분한

My family is **excited** about going on vacation.
우리 가족은 휴가를 가는 것에 **들떠 있다**.

＋ excite ⓥ 흥분시키다

0245 · proud
[praud]

ⓐ 자랑스러워하는, 자부심이 있는

He was **proud** that he had won the game.
그는 자신이 경기에서 이겼던 것을 **자랑스러워했다**.

My parents are **proud** of me for becoming a pilot.
부모님은 내가 비행기 조종사가 된 것을 **자랑스러워하신다**.

↻ be proud of ~: ~을 자랑스러워하다

＋ pride ⓝ 자랑스러움; 자존심

0246 · thankful
[θǽŋkfəl]

ⓐ 감사하는, 고맙게 여기는　🟰 grateful

We are **thankful** that they are safe.
우리는 그들이 무사한 것에 **고맙게 생각한다**.

🔤 very happy that something has or has not happened
(무언가가 일어났거나 일어나지 않아서 매우 행복한)

＋ thankfully ⓐⓓ 고맙게도, 다행스럽게도

✤ 슬픔과 걱정

0247 • unhappy
[ʌnhǽpi]

ⓐ 불행한, 슬픈

He looked serious and **unhappy**.　그는 심각하고 **불행해** 보였다.

0248 • worry
[wə́:ri]

ⓥ 걱정하다; 걱정하게 만들다　ⓝ 걱정, 우려

You don't need to **worry** about her.
그녀에 대해 **걱정할** 필요가 없다.

What is your biggest **worry**?
너의 가장 큰 **걱정**은 무엇이니?

0249 • tear
ⓝ [tiər]
ⓥ [teər]
tear-tore-torn

ⓝ 눈물　ⓥ 찢다, 뜯다

Tears were running down my face.
눈물이 내 얼굴에 흘러내리고 있었다.

I **tore** the paper in half.　나는 종이를 반으로 **찢었다**.

0250 • miss
[mis]

ⓥ 1 놓치다　2 그리워하다

Tim got up late and **missed** the bus this morning.
Tim은 오늘 아침에 늦게 일어나서 버스를 **놓쳤다**.

He **missed** his mother badly.　그는 엄마를 몹시 **그리워했다**.

♣ 두려움과 놀라움

0251 • fear
[fiər]

ⓝ 두려움, 공포　ⓥ 두려워하다, 무서워하다

He was trembling with **fear** when he saw the snake.
그는 뱀을 보고 **두려움**에 떨고 있었다.

I **fear** that the same thing will happen again.
나는 같은 일이 다시 일어날까 **두렵다**.

0252 • afraid
[əfréid]

ⓐ 두려워하는, 무서워하는

A lot of kids are **afraid** of the dark.
많은 아이들이 어두움을 **무서워한다**.

🔄 be afraid of ~ : ~을 두려워[무서워]하다

0253 • scared
[skéə:rd]

ⓐ 무서워하는, 겁먹은

a **scared** look　겁먹은 표정

My mom is **scared** of driving.
우리 엄마는 운전하는 것을 **무서워한다**.

★ afraid와 scared는 서로 바꿔 쓸 수 있다. 단, scared는 명사 앞, 동사 뒤에
올 수 있지만 afraid는 동사 뒤에만 올 수 있다.

0254 • **shocked**

[ʃɑːkt]

ⓐ 충격을 받은

She was deeply **shocked** and didn't say anything.
그녀는 몹시 **충격을 받아서** 아무 말도 하지 않았다.

╋ shock ⓝ 충격 ⓥ 충격을 주다

0255 • **surprised**

[sərpráizd]

ⓐ 놀란

a **surprised** expression 놀란 표정
The man was **surprised** to hear the news.
그 남자는 그 소식을 듣고 **놀랐다**.

╋ surprise ⓥ 놀라게 하다

0256 • **wonder**

[wʌ́ndər]

ⓝ 경탄, 놀라움   ⓥ 1 궁금해하다   2 놀라다

He looked up at the tall buildings in **wonder**.
그는 높은 건물들을 **경탄하며** 올려다봤다.

I was **wondering** if you could take care of my cat.
나는 네가 내 고양이를 돌봐줄 수 있는지 **궁금했어**.

✦ 분노와 실망

0257 • **anger**

[ǽŋgər]

ⓝ 화, 분노

She tried to control her **anger**.
그녀는 **화**를 억누르려고 애썼다.

0258 • **upset**

[ʌpsét]
upset-upset-upset

ⓐ 속상한   ⓥ 속상하게 하다

Amy was **upset** that she was not invited to the party.
Amy는 파티에 초대받지 못해서 **속상했다**.

Justin's behavior sometimes **upsets** his father.
Justin의 행동은 가끔 그의 아버지를 **속상하게 한다**.

0259 • **annoyed**

[ənɔ́id]

ⓐ 짜증이 난, 화가 난

My teacher was **annoyed** with me for being late.
우리 선생님은 내가 지각해서 내게 **짜증이 나셨다**.

🔲 slightly angry
╋ annoy ⓥ 짜증나게 하다

0260 • **disappointed**

[dìsəpɔ́intid]

ⓐ 실망한, 낙담한   ⟷ satisfied 만족하는

I was very **disappointed** with his decision.
나는 그의 결정에 몹시 **실망했다**.

╋ disappoint ⓥ 실망시키다

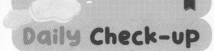

Daily Check-up

A 빈칸에 알맞은 우리말 뜻 또는 영어 단어를 써넣어 워드맵을 완성하시오.

감정

기쁨과 감사

1 _____ joy

2 _____ 기쁜, 만족스러운

3 _____ glad

4 _____ 들뜬, 흥분한

5 _____ 자랑스러워하는

6 _____ thankful

두려움과 놀라움

11 _____ fear

12 a_____ 두려워[무서워]하는

13 _____ scared

14 _____ 놀란

15 _____ shocked

16 _____ 경탄; 궁금해하다

분노와 실망

17 _____ 화, 분노

18 _____ upset

19 _____ 짜증이 난, 화가 난

20 _____ disappointed

슬픔과 걱정

7 _____ 불행한, 슬픈

8 _____ tear

9 _____ 걱정하다; 걱정, 우려

10 _____ miss

B 우리말을 참고하여 어구 또는 문장을 완성하시오. (필요하면 단어 형태를 바꾸시오.)

1 a _____ expression 놀란 표정

2 My mom is s_____ of driving.
우리 엄마는 운전하는 것을 무서워한다.

3 She was crying with _____.
그녀는 기뻐서 울고 있었다.

4 We are _____ that they are safe.
우리는 그들이 무사한 것에 고맙게 생각한다.

5 I was very _____ with his decision.
나는 그의 결정에 몹시 실망했다.

MP3 듣기

✤ 생각과 표현

0261 • **believe**

[bəlíːv]

ⓥ 1 믿다 2 생각하다

I can't **believe** what the media says.
나는 대중 매체에서 얘기하는 것을 **믿지** 못한다.

I don't **believe** that your answer is correct.
나는 너의 답이 맞다고 **생각하지** 않아.

✚ belief ⓝ 믿음, 신념

0262 • **understand**

[ʌndərstǽnd]
understand
-understood
-understood

ⓥ 이해하다, 알다

I'm sorry. I don't **understand** what you are saying.
미안해. 네가 무슨 말하는지 **이해하지** 못하겠어.

I can **understand** why you are upset.
왜 네가 속상한지 나는 **이해할** 수 있어.

0263 • **likely**

[láikli]

ⓐ ~할 것 같은

We're **likely** to be very busy this week.
우리는 이번 주에 매우 바쁠 **것 같다.**

🔄 be likely to ~할 것 같다, ~할 것으로 예상되다

0264 • **express**

[iksprés]

ⓥ 나타내다, 표현하다

He is not afraid to **express** his opinion.
그는 자신의 의견을 **표현하는** 것을 두려워하지 않는다.

🔤 to speak or write about what you are thinking or feeling
(생각하거나 느끼는 것에 대해 말하거나 쓰다)

✚ expression ⓝ 표현

0265 • **regard**

[rigɑ́ːrd]

ⓥ 간주하다, 여기다

She **regards** her job as the most important thing in her life.
그녀는 자신의 일을 인생에서 가장 중요한 것으로 **여긴다.**

🔄 regard / think of / consider A as B: A를 B로 간주하다

0266 • **wish**

[wiʃ]

ⓥ 바라다, 원하다 ⓝ 소원, 바람

You may buy more if you **wish**.
네가 **원한다면** 더 사도 된다.

He expressed a **wish** to visit Finland.
그는 핀란드를 방문하고 싶다는 **바람**을 표했다.

0267 · deny
[dinái]

ⓥ 부인하다, 부정하다

He **denied** losing the important document.
그는 중요한 문서를 잃어버린 것을 **부인했다**.

🔤 to say that something is not true (무언가가 사실이 아니라고 말하다)

0268 · ignore
[ignɔ́ːr]

ⓥ 무시하다, 모르는 체하다

Please don't **ignore** my advice.
제 충고를 **무시하지** 마세요.

0269 · mind
[maind]

ⓥ 상관하다, 언짢아하다　ⓝ 마음, 정신

I don't **mind** what others think of me.
나는 다른 사람들이 나에 대해 어떻게 생각하는지 **상관하지** 않는다.

peace of mind 마음의 평화

✤ 인지와 결정

0270 · forget
[fərgét]
forget-forgot-forgotten

ⓥ 잊다

Don't **forget** to call your mom tomorrow.
내일 엄마한테 전화하는 것 **잊지** 마.

0271 · remember
[rimémbər]

ⓥ 기억하다

I still **remember** some of my classmates' names.
나는 여전히 내 반 친구들 몇 명의 이름을 **기억한다**.

0272 · confuse
[kənfjúːz]

ⓥ 1 혼란시키다　2 혼동하다

His decision really **confused** me.
그의 결정은 나를 정말 **혼란시켰다**.

My dad always **confuses** their names because they sound similar.
우리 아빠는 그들의 이름이 비슷하게 들려서 늘 **혼동한다**.

✤ confusion ⓝ 혼란; 혼동 ｜ confused ⓐ 혼란스러운

0273 · intend
[inténd]

ⓥ 의도하다, 작정하다

I didn't **intend** to stay here so long.
나는 여기에 그렇게 오래 머무를 **작정은** 아니었다.

🔤 to want or plan to do something
(무언가를 하기를 원하거나 계획하다)

✤ intention ⓝ 의도

0274 • determine
[ditə́:rmin]

ⓥ 1 결정하다 ⊜decide 2 알아내다 ⊜find out

We have not yet **determined** what to do.
우리는 무엇을 할지 아직 **결정하지** 않았다.

The police tried to **determine** the cause of the accident.
경찰은 그 사고 원인을 **알아내려고** 애썼다.

0275 • prefer
[prifə́:r]

ⓥ 더 좋아하다, 선호하다

I **prefer** bread to rice for breakfast.
나는 아침 식사로 밥보다 빵을 **더 좋아한다**.

0276 • sure
[ʃuər]

ⓐ 확신하는, 확실한 ⊜certain

I'm **sure** that he will be here for dinner.
나는 그가 저녁 식사하러 여기에 올 것을 **확신해**.

Are you **sure** about that?
너는 그것에 대해 **확실하니**?

✤ 의견

0277 • idea
[aidí:ə]

ⓝ 발상, 생각

I think that is a great **idea**.
나는 그게 아주 좋은 **생각**이라고 생각해.

I have no **idea** where to go.
어디로 가야 할지 나는 전혀 모르겠어.

↪ have no idea 전혀 모르다

0278 • silly
[síli]

ⓐ 어리석은, 바보 같은 ⊜foolish

He was upset by his son's **silly** response.
그는 아들의 **어리석은** 반응에 화가 났다.

0279 • reasonable
[rí:znəbəl]

ⓐ 1 타당한, 합리적인 2 (가격이) 적정한

Your idea sounds **reasonable**. 네 생각이 **타당하게** 들려.
a **reasonable** price **적정한** 가격

0280 • wise
[waiz]

ⓐ 현명한, 지혜로운

A **wise** leader can see further than others.
현명한 지도자는 다른 사람들보다 더 멀리 내다볼 수 있다.

✤ wisdom ⓝ 지혜

Daily Check-up

A 빈칸에 알맞은 우리말 뜻 또는 영어 단어를 써넣어 워드맵을 완성하시오.

생각

생각과 표현

1 _____
이해하다, 알다

2 _____
likely

3 _____
believe

4 _____
나타내다, 표현하다

5 _____
wish

6 _____
간주하다, 여기다

7 _____
deny

8 _____
무시하다

9 _____
mind

의견

17 _____
발상, 생각

18 _____
silly

19 _____
현명한, 지혜로운

20 _____
reasonable

인지와 결정

10 _____
기억하다

11 _____
forget

12 _____
혼동하다

13 _____
intend

14 _____
결정하다; 알아내다

15 _____
sure

16 _____
더 좋아하다, 선호하다

B 우리말을 참고하여 문장을 완성하시오. (필요하면 단어 형태를 바꾸시오.)

1 Your idea sounds _____.
네 생각이 타당하게 들려.

2 We have not yet _____ what to do.
우리는 무엇을 할지 아직 결정하지 않았다.

3 I don't _____ that your answer is correct.
나는 너의 답이 맞다고 생각하지 않아.

4 He expressed a _____ to visit Finland.
그는 핀란드를 방문하고 싶다는 바람을 표했다.

5 Don't _____ to call your mom tomorrow.
내일 엄마한테 전화하는 것 잊지 마.

MP3 듣기

0281 • **communicate**
[kəmjúːnəkèit]

ⓥ 의사소통하다

People **communicate** with one another through language or gestures.
사람들은 언어나 몸짓을 통해 서로 **의사소통을 한다.**

+ communication ⓝ 의사소통

♣ 대화와 소통

0282 • **dialogue**
[dáiəlòːg / dáiəlaːg]

ⓝ 대화

Let's start a **dialogue** about this book.
이 책에 대해서 **대화**를 시작해 봅시다.

There is little **dialogue** in this novel.
이 소설에는 **대화**가 거의 없다.

🔤 dia-(across 건너서, 가로질러) + logue(speak 말하다)
→ 서로 건너 마주보고 말하다 → 대화

0283 • **mean**
[miːn]
mean-meant-meant

ⓥ 의미하다, ~라는 뜻이다

What does this word **mean** in Korean?
이 단어는 한국어로 무슨 **뜻**이니?

0284 • **text**
[tekst]

ⓥ 문자 메시지를 보내다　ⓝ 1 (책의) 본문　2 글

Don't forget to **text** me tomorrow.
내일 내게 **문자 보내는** 것 잊지 마.

The book has a lot of **text** and pictures.
그 책에는 많은 **글**과 사진이 있다.

0285 • **reply**
[riplái]

ⓥ 대답하다; 답장을 보내다　ⓝ 대답; 답장

She never **replied** to my e-mail.
그녀는 내 이메일에 전혀 **답장을 보내지** 않았다.

I asked him a question, but he made no **reply**.
나는 그에게 질문했지만, 그는 전혀 **대답**하지 않았다.

0286 • **advise**
[ədváiz]

ⓥ 조언하다, 충고하다

My doctor **advised** me to lose some weight.
의사 선생님이 나에게 체중을 좀 줄이라고 **조언했다.**

+ advice ⓝ 조언, 충고

PLAN 4

0287 • **attitude**
[ǽtitùːd]

ⓝ 태도, 자세, 사고방식

My brother has a positive **attitude** toward life.
우리 형은 삶에 대해 긍정적인 **태도**를 가지고 있다.

📖 how you think and feel about someone or something
(누군가나 무언가에 대해 당신이 생각하고 느끼는 방식)

✦ 소문과 진실

0288 • **rumor**
[rúːmər]

ⓝ 소문

spread a **rumor** 소문을 퍼뜨리다
Rumor has it that they will marry next month.
소문에 의하면 그들이 다음 달에 결혼할 것이라고 한다.

0289 • **lie**
[lai]
lie-lied-lied

ⓝ 거짓말 ⓥ 거짓말하다

a white **lie** 선의의 **거짓말**
The police officer knew that the man was **lying**.
경찰관은 그 남자가 **거짓말을 하고** 있다는 것을 알았다.

0290 • **silence**
[sáiləns]

ⓝ 1 고요, 정적 2 침묵

The **silence** was broken by the barking dog.
짖는 개로 **정적**이 깨졌다.

There was a short **silence** before Steve replied.
Steve가 대답하기 전에 잠깐 **침묵**이 흘렀다.

✦ silent ⓐ 말을 안 하는, 조용한

0291 • **seem**
[siːm]

ⓥ ~처럼 보이다, ~인 것 같다

She didn't **seem** interested in what I said.
그녀는 내가 말한 것에 관심이 없는 **듯했다**.

0292 • **whisper**
[wíspər]

ⓥ 속삭이다, 귓속말을 하다 ⓝ 속삭임

I **whispered** the news in her ear.
나는 그 소식을 그녀의 귀에 대고 **속삭였다**.

The girl spoke almost in a **whisper**.
여자아이는 거의 **속삭**이듯이 말했다.

📖 ⓥ to say something very softly and quietly
(아주 부드럽고 조용히 무언가를 말하다)

0293 • **fact**
[fækt]

ⓝ 사실

I couldn't accept the **fact** that my son had lied to me.
내 아들이 내게 거짓말했다는 **사실**을 받아들일 수 없었다.

0294 • truth
[tru:θ]

ⓝ 진실, 사실

I believe he told the **truth**. 나는 그가 **사실**을 말했다고 생각해.

To you tell the **truth**, I was disappointed.
사실대로 말하자면, 나는 실망했어.

↻ to tell (you) the truth 사실대로 말하자면, 사실은

✤ 논쟁

0295 • argue
[ά:rgju]

ⓥ 1 말다툼하다, 언쟁하다   2 주장하다

They were **arguing** over which team is better.
그들은 어떤 팀이 더 나은지를 두고 **말다툼하고** 있었다.

He **argued** that we should change the plan.
그는 우리가 계획을 바꿔야 한다고 **주장했다**.

0296 • blame
[bleim]

ⓥ 비난하다; 탓하다   ⓝ 비난; 책임

I don't want to **blame** him for what happened.
나는 일어난 일에 대해 그를 **탓하고** 싶지 않다.

The coach refused to take the **blame** for the defeat.
감독은 패배에 대한 **책임**을 지는 것을 거부했다.

0297 • yell
[jel]

ⓥ 소리 지르다, 외치다

He got angry and **yelled** at us.
그는 화가 나서 우리에게 **소리쳤다**.

0298 • frankly
[frǽŋkli]

ⓐⓓ 솔직히, 노골적으로

Frankly speaking, I don't like your idea.
솔직히 말해서, 난 네 생각이 마음에 안 들어.

0299 • directly
[dəréktli / dairéktli]

ⓐⓓ 1 직접적으로   2 곧장, 똑바로

I'll speak to her about it **directly**.
나는 그것에 대해 그녀에게 **직접적으로** 말할 거야.

We drove **directly** to the restaurant.
우리는 **곧장** 식당으로 차를 몰고 갔다.

0300 • possible
[pά:səbəl]

ⓐ 가능한; 있을 수 있는   ↔ impossible 불가능한

There are several **possible** solutions to the problem.
그 문제에 대한 몇 가지 **가능한** 해결책이 있다.

✛ possibility ⓝ 가능성

Daily Check-up

학습 Check	MP3 듣기	본문 학습	Daily Check-up	누적 테스트 Days 14~15	Review Test/Plus

A 빈칸에 알맞은 우리말 뜻 또는 영어 단어를 써넣어 워드맵을 완성하시오.

1 _____ 의사소통하다

대화와 소통

2 _____ 대화

3 _____ mean

4 _____ 대답하다; 답장

5 _____ advise

6 _____ 태도, 자세

7 _____ text

소문과 진실

8 _____ 소문

9 _____ lie

10 _____ silence

11 _____ ~처럼 보이다

12 _____ whisper

13 _____ 진실, 사실

14 _____ fact

논쟁

15 _____ 언쟁하다; 주장하다

16 _____ blame

17 _____ 소리 지르다, 외치다

18 _____ directly

19 _____ 솔직히

20 _____ possible

B 우리말을 참고하여 문장을 완성하시오. (필요하면 단어 형태를 바꾸시오.)

1 She never _____ to my e-mail.
그녀는 내 이메일에 전혀 답장을 보내지 않았다.

2 She didn't ____ _____ interested in what I said.
그녀는 내가 말한 것에 관심이 없는 듯했다.

3 The police officer knew that the man was _____.
경찰관은 그 남자가 거짓말을 하고 있다는 것을 알았다.

4 I don't want to _____ him for what happened.
나는 일어난 일에 대해 그를 탓하고 싶지 않다.

5 There are several _____ solutions to the problem.
그 문제에 대한 몇 가지 가능한 해결책이 있다.

A 들려주는 영어 단어를 쓴 후 우리말 뜻을 쓰시오.

영단어	뜻	영단어	뜻
1		2	
3		4	
5		6	
7		8	
9		10	
11		12	
13		14	
15		16	
17		18	
19		20	

B 다음 영영 풀이에 해당하는 알맞은 단어를 골라 쓰시오.

보기	attitude	deny	express	diligent	annoyed	intend

1 slightly angry   _____

2 to say that something is not true   _____

3 to want or plan to do something   _____

4 working hard with care and effort   _____

5 how you think and feel about someone
   or something   _____

6 to speak or write about what you are thinking
   or feeling   _____

C 밑줄 친 단어의 동의어(=) 또는 반의어(↔)를 골라 쓰시오.

보기   decided   diligent   gentle   satisfied

1 Thanks to his tender words, I felt better.   = _____

2 They determined where to go for their vacation.   = _____

3 He is lazy and doesn't do anything.   ↔ _____

4 We're disappointed with the new car.   ↔ _____

D 다음을 읽고, 빈칸에 알맞은 단어를 우리말을 참고하여 쓰시오.

1 She was _____ of her family history.
그녀는 자신의 집안 내력에 대해 **자랑스러워했다**.

2 Please _____ me if you have any questions.
질문이 있으면 **문자 메시지 보내주세요**.

3 It will be difficult to _____ them completely.
그들을 완전히 **무시하기**는 어려울 것이다.

4 Everyone was _____ about his background.
모든 사람들이 그의 출신 배경에 대해 **호기심을 갖고** 있었다.

E 다음을 읽고, 빈칸에 들어갈 말을 골라 문장을 완성하시오.

보기   blame   confuse   prefer   whisper

1 I _____ rock music to classical music.

2 There is no one around, so you don't have to _____.

3 They _____ my brother and me because we're twins.

4 You should not _____ yourself for the accident.

예문에서 뽑은 최중요 핵심 표현

핵심 표현 다시 점검하며 빈칸 완성해 보기

1 **clean up** 청소하다, 치우다

_____ the beach
해변을 **청소하다**

2 **be full of** ～로 가득 차다, ～가 많다

= be filled with The countryside is _____ hills and farms.
그 시골에는 언덕과 농장이 **많다.**

3 **drop by** (잠시) 들르다

I _____ the post office to send a
package. 나는 소포를 부치러 우체국에 **들렀다.**

4 **go on a field trip** 견학을 가다, 현장 학습을 가다

go on a _____ to the museum
박물관에 **견학을** 가다

5 **be stuck in** ～에 갇혀 있다; ～에 갇히다

I _____ in a traffic jam this morning.
나는 오늘 아침에 교통 체증에 **갇혀 있었다.**

6 **be located in** ～에 위치하다

Paris is _____ the northern part of
France. 파리는 프랑스의 북쪽 지역에 **위치해 있다.**

7 **hold out** 내밀다

He _____ his left hand.
그는 왼손을 **내밀었다.**

8 in the middle of ～의 중앙에

A fountain was in the _____ the garden.
분수가 정원 **한가운데에** 있었다.

9 look after ～를 보살피다
= take care of

_____ a patient
환자를 **보살피다**

10 be proud of ～을 자랑스러워하다

My parents _____ me for becoming a pilot.
부모님은 내가 비행기 조종사가 된 것을 **자랑스러워하신다**.

11 be afraid of ～을 두려워[무서워]하다
= be scared of

A lot of kids are _____ the dark.
많은 아이들이 어두움을 **무서워한다**.

12 regard *A* as *B* A를 B로 여기다[간주하다]
= think/consider *A* as *B*

She _____ her job _____ the most
important thing in her life.
그녀는 자신의 일을 인생에서 가장 중요한 것으로 **여긴다**.

✿ 발음이나 철자가 유사한 혼동어

0170 **path** [pæθ] ⓝ 작은 길, 오솔길 │ 0174 **pass** [pæs] ⓥ 통과하다; 건네주다

★ 두 단어의 자음의 θ와 s 발음에 유의하자.

0256 **wonder** [wʌ́ndər] ⓝ 경탄, 놀라움 ⓥ 궁금해하다 │ **wander** [wɑ́:ndər] ⓥ 거닐다, 돌아다니다

★ 철자가 비슷한 두 단어의 발음과 뜻 차이에 유의하자.

정답 1 clean up 2 full of 3 dropped by 4 field trip 5 was stuck 6 located in
7 held out 8 middle of 9 look after 10 are proud of 11 afraid of 12 regards, as

PLAN

5

신체와 건강

DAY 16 **몸과 감각**

DAY 17 **신체 묘사**

DAY 18 **신체 활동**

DAY 19 **건강과 질병**

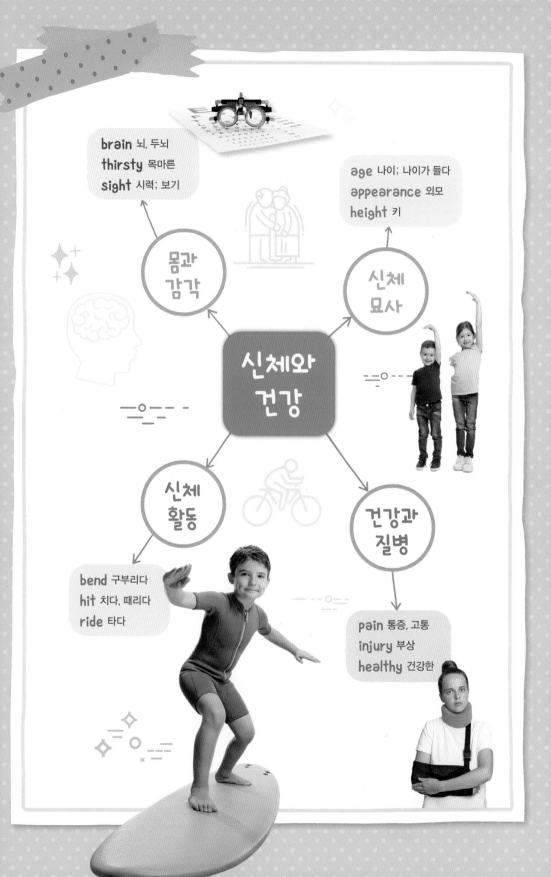

몸과
감각

brain 뇌, 두뇌
thirsty 목마른
sight 시력; 보기

신체
묘사

age 나이; 나이가 들다
appearance 외모
height 키

신체와
건강

신체
활동

건강과
질병

bend 구부리다
hit 치다, 때리다
ride 타다

pain 통증, 고통
injury 부상
healthy 건강한

MP3 듣기

♣ 신체

0301 • **brain**
[brein]

ⓝ 뇌, 두뇌

Our **brain** controls everything we do.
우리의 **뇌**는 우리가 하는 모든 것을 조절한다.

0302 • **face**
[feis]

ⓝ 얼굴　ⓥ 1 ~ 쪽을 향하다　2 직면하다

Her picture brought a big smile to his **face**.
그녀의 사진은 그의 **얼굴**에 환한 미소를 가져다주었다.

The window **faces** the garden.
창문이 정원 **쪽을 향한다**.

face the problem　문제에 **직면하다**

0303 • **skin**
[skin]

ⓝ 피부

Lucy has fair **skin** and brown eyes.
Lucy는 **피부**가 희고, 갈색 눈을 가지고 있다.

dry, cracked **skin** on one's hands
건조하고 갈라진 손의 **피부**

0304 • **bone**
[boun]

ⓝ 뼈

a broken **bone**　부러진 **뼈**

There are 206 **bones** in the body.
몸에는 206개의 **뼈**가 있다.

0305 • **waist**
[weist]

ⓝ 허리

a small **waist**　가는 **허리**

He wore a black belt around his **waist**.
그는 **허리**에 검은색 벨트를 하고 있었다.

0306 • **wrist**
[rist]

ⓝ 손목, 팔목

twist one's **wrist**　**손목**을 비틀다

I always wear my watch on my left **wrist**.
나는 항상 왼쪽 **손목**에 시계를 차고 있다.

🈂 the part of the body between the arm and the hand
　(팔과 손 사이의 신체의 부분)

0307 • **elbow**

[élbou]

ⓝ 팔꿈치

Alex sat with his **elbows** on the desk.
Alex는 **팔꿈치**를 책상 위에 올려놓고 앉아 있었다.

0308 • **ankle**

[ǽŋkəl]

ⓝ 발목

He sprained his **ankle** during the basketball game.
그는 농구 경기 도중 **발목**을 삐었다.

↩ sprain[twist] one's ankle 발목을 삐다

0309 • **toe**

[tou]

ⓝ 발가락

While dancing, he stepped on her **toes** by mistake.
춤을 추다가 그는 실수로 그녀의 **발가락**을 밟았다.

from top to **toe** 머리끝에서 **발끝까지**

✤ 몸의 상태

0310 • **thirsty**

[θə́ːrsti]

ⓐ 목마른, 갈증 나는

Why does salt make you **thirsty**?
왜 소금은 **갈증이 나게** 할까?

✚ thirst ⓝ 목마름, 갈증

0311 • **tired**

[táiərd]

ⓐ 1 피곤한, 지친   2 싫증 난

You look so **tired** and unhappy.
너는 너무 **피곤하고** 슬퍼 보여.

I'm **tired** of listening to his complaints.
나는 그의 불평을 듣는 게 **싫증 난다**.

↩ be[get] tired of ~: ~에 싫증이 나다

0312 • **hunger**

[hʌ́ŋgər]

ⓝ 굶주림; 배고픔

die of **hunger** 굶어 죽다
The snack did not satisfy my **hunger**.
그 간식은 나의 **허기**를 채우지 못했다.

✚ hungry ⓐ 배고픈

0313 • **sleepy**

[slíːpi]

ⓐ 졸린, 졸음이 오는 ⊜ drowsy

She felt **sleepy**, so she went to bed.
그녀는 **졸려서** 잠자리에 들었다.

✚ sleep ⓥ 잠자다

♣ 감각

0314 • sense
[sens]

ⓝ 감각

sense of sight / taste / smell 시각 / 미각 / 후각

Most wild animals have a sharp **sense** of hearing.
대부분의 야생 동물들은 예민한 청**각**을 가지고 있다.

0315 • smell
[smel]

ⓥ 냄새 맡다; 냄새가 나다   ⓝ 냄새, 향

She **smelled** the roses in the garden.
그녀는 정원에서 장미 **향기를 맡았다**.

sweet **smell** of wildflowers 야생화의 달콤한 **향**

0316 • touch
[tʌtʃ]

ⓥ 만지다, (손 등을) 대다   ⓝ 만짐, 손길

The girl **touched** her dad's cheek.
여자아이는 아빠의 뺨을 **만졌다**.

a gentle **touch** on the arm 가볍게 팔을 **만짐**

0317 • hear
[hiər]
hear-heard-heard

ⓥ 듣다; 들리다

He **heard** a cat crying outside.
그는 밖에서 고양이가 우는 소리를 **들었다**.

0318 • sound
[saund]

ⓝ 소리   ⓥ ~처럼 들리다

I heard strange **sounds** coming from behind the door.
나는 문 뒤에서 이상한 **소리**가 나는 것을 들었다.

Your plan **sounds** very exciting.
네 계획이 아주 흥미롭게 **들려**.

0319 • taste
[teist]

ⓝ 맛   ⓥ 맛이 ~하다, ~ 맛이 나다

I like the bitter **taste** of coffee.
나는 커피의 쓴 **맛**을 좋아한다.

This cake **tastes** too sweet for me.
이 케이크는 내게 너무 **맛이** 달다.

0320 • sight
[sait]

ⓝ 1 시력   2 보기, 봄

My **sight** is very poor.
내 **시력**은 아주 좋지 않다.

I fell in love with her at first **sight**.
나는 첫**눈**에 그녀에게 사랑에 빠졌다.

🔄 at first sight 첫눈에

Daily Check-up

A 빈칸에 알맞은 우리말 뜻 또는 영어 단어를 써넣어 워드맵을 완성하시오.

몸과 감각

신체

1 _____ face
2 _____ 뇌, 두뇌
3 _____ skin
4 _____ 허리
5 _____ elbow
6 _____ 손목, 팔목
7 _____ ankle
8 _____ 발가락
9 _____ bone

감각

14 _____ 감각
15 _____ smell
16 _____ 만지다; 만짐
17 _____ hear
18 _____ 소리; ~처럼 들리다
19 _____ taste
20 _____ 시력; 보기

몸의 상태

10 _____ 피곤한; 싫증 난
11 _____ thirsty
12 _____ 굶주림; 배고픔
13 _____ sleepy

B 우리말을 참고하여 문장을 완성하시오. (필요하면 단어 형태를 바꾸시오.)

1 Why does salt make you _____?
왜 소금은 갈증이 나게 할까?

2 There are 206 _____ in the body.
몸에는 206개의 뼈가 있다.

3 Alex sat with his _____ on the desk.
Alex는 팔꿈치를 책상 위에 올려놓고 앉아 있었다.

4 I like the bitter _____ of coffee.
나는 커피의 쓴 맛을 좋아한다.

5 Her picture brought a big smile to his _____.
그녀의 사진은 그의 얼굴에 환한 미소를 가져다주었다.

MP3 듣기

❖ 나이와 성별

0321 • age
[eidʒ]

ⓝ 1 나이　2 시대　ⓥ 나이가 들다

At the **age** of nine, he started playing the piano.
9살에 그는 피아노를 연주하기 시작했다.

the **age** of information technology 정보 기술의 **시대**
As Emily **aged**, she lost most of her hearing.
Emily는 **나이가 들면서** 청력의 대부분을 잃었다.

0322 • youth
[juːθ]

ⓝ 1 젊음　2 어린 시절　3 젊은이

Youth is full of energy and curiosity.
젊음은 에너지와 호기심으로 가득차 있다.

I'm French, but I spent my **youth** in Germany.
나는 프랑스인이지만 독일에서 **어린 시절**을 보냈다.

today's **youth** 요즈음의 **젊은이들**

0323 • middle-aged
[mídl éidʒid]

ⓐ 중년의

He is just thirty years old, but he looks like a **middle-aged** man.
그는 서른 살에 불과하지만 **중년** 남성처럼 보인다.

0324 • elderly
[éldərli]

ⓐ 연세가 드신　↔ young 어린

the **elderly** 노인들
An **elderly** woman was standing next to me.
연세 드신 여자분이 내 옆에 서 계셨다.

★ elderly는 old보다 정중한 표현이다.

0325 • male
[meil]

ⓐ 남성의　ⓝ 남성

a **male** voice 남자 목소리
Most of the singer's fans are **males**.
그 가수의 대부분의 팬들은 **남성**이다.

0326 • female
[fíːmeil]

ⓐ 여성의　ⓝ 여성

the first **female** president 최초의 **여성** 대통령
Females usually live longer than males.
여성들은 대개 남성들보다 더 오래 산다.

✤ 외모

0327 • appearance
[əpíərəns]

ⓝ 1 외모, 겉모습　2 등장; 출현

My aunt still has a young **appearance**.
우리 이모는 여전히 **외모**가 젊다.

the **appearance** of a new device　새로운 기기의 **등장**

0328 • attractive
[ətrǽktiv]

ⓐ 매력적인, 마음을 끄는　🖹 charming

an **attractive** smile　매력적인 미소
The actor is still **attractive** and talented.
그 배우는 여전히 **매력적이고** 재능이 있다.

✤ attract ⓥ 마음을 끌다

0329 • good-looking
[gud-lúkiŋ]

ⓐ 잘생긴, 아름다운

Jason is **good-looking** and friendly.
Jason은 **잘생기고** 친절하다.

★ attractive는 외모 외에도 성격 등의 좋은 점을 나타내지만, good-looking은 외모가 잘생겼다는 것을 중점으로 나타낸다.

0330 • ugly
[ʌ́gli]

ⓐ 못생긴, 추한

He thinks he is **ugly**, but he is not.
그는 자신이 **못생겼다고** 생각하지만 그렇지 않다.

0331 • plain
[plein]

ⓐ 1 분명한　2 소박한　3 아름답지 않은, 매력 없는

It is **plain** that she doesn't want to talk to us.
그녀가 우리와 얘기하고 싶지 않은 것이 **분명하다**.

a **plain** black dress　**수수한** 검정색 드레스
Kathy seems kind of **plain** to me.
내게는 Kathy가 그다지 **아름답지 않은** 것 같다.

0332 • spot
[spɑːt]

ⓝ 1 (작은) 점, 반점　2 (특정한) 곳, 장소

I noticed some red **spots** on my legs.
나는 다리에 생긴 몇 개의 빨간 **점**을 발견했다.

a tourist **spot**　관광지

0333 • straight
[streit]

ⓐ 곧은, 똑바른　ⓐⓓ 1 똑바로　2 곧장

She brushed out her long, **straight** hair.
그녀는 자신의 길고 **곧은** 머리를 빗질했다.

a **straight** road　일직선 도로
Go **straight** ahead this way.　이쪽으로 **곧장** 앞으로 가세요.

0334 • curly
[kə́:rli]

ⓐ 곱슬곱슬한, 곱슬머리의

The little boy has **curly** hair.
그 어린 남자아이는 **곱슬머리**이다.

0335 • bald
[bɔːld]

ⓐ 대머리의, 머리가 벗겨진

go **bald** 대머리가 되다
His **bald** head shone in the light.
그의 **대머리**가 불빛에서 빛났다.

🔲 having little or no hair on the head
(머리에 머리카락이 거의 없거나 없는)

♣ 키와 몸무게

0336 • height
[hait]

ⓝ 키, 신장; 높이

average **height** 평균 신장
My dad is about the same **height** as my mom.
우리 아빠는 엄마와 **키**가 거의 같다.

0337 • weight
[wéit]

ⓝ 무게, 체중

I don't want to gain **weight**, but I can't help it.
나는 **체중**이 느는 것을 원치 않지만, 어쩔 수가 없다.

🔄 gain / lose weight 체중이 늘다 / 감소하다

0338 • weigh
[wei]

ⓥ 체중을 재다; 무게가 ~이다

I **weighed** myself on the scale this morning.
나는 오늘 아침 체중계에 내 **몸무게를 쟀다**.

How much does your son **weigh**?
당신의 아들의 **몸무게가** 얼마죠?

0339 • overweight
[òuvərwéit]

ⓐ 과체중의, 비만의　 ＝ fat, heavy

He is a little **overweight** and needs to eat less.
그는 약간 **과체중**이고 먹는 것을 줄일 필요가 있다.

0340 • slim
[slim]

ⓐ 날씬한, 호리호리한　 ＝ slender

have a **slim** waist 허리가 **날씬하다**
The actress looked **slim** in a black dress.
검은 드레스를 입은 그 여배우는 **날씬해** 보였다.

Daily Check-up

A 빈칸에 알맞은 우리말 뜻 또는 영어 단어를 써넣어 워드맵을 완성하시오.

신체 묘사

나이와 성별

1 _____
나이; 나이가 들다

2 _____
youth

3 _____
중년의

4 _____
elderly

5 _____
여성의; 여성

6 _____
male

외모

7 _____
외모; 등장

8 _____
good-looking

9 _____
매력적인, 마음을 끄는

10 _____
ugly

11 _____
분명한; 아름답지 않은

12 _____
spot

13 _____
곱슬곱슬한

14 _____
straight

15 _____
대머리의

키와 몸무게

16 _____
키; 높이

17 _____
무게, 체중

18 _____
weigh

19 _____
과체중의, 비만의

20 _____
slim

B 우리말을 참고하여 어구 또는 문장을 완성하시오. (필요하면 단어 형태를 바꾸시오.)

1 a _____ black dress 수수한 검정색 드레스

2 _____ usually live longer than males.
여성들은 대개 남성들보다 더 오래 산다.

3 I _____ myself on the scale this morning.
나는 오늘 아침 체중계에 내 몸무게를 쟀다.

4 She brushed out her long, _____ hair.
그녀는 자신의 길고 곧은 머리를 빗질했다.

5 I'm French, but I spent my _____ in Germany.
나는 프랑스인이지만 독일에서 어린 시절을 보냈다.

MP3 듣기

✚ 기본 동작

0341 • **bend**
[bend]
bend-bent-bent

ⓥ **구부리다**

We **bend** our knees when we jump.
우리는 점프할 때 무릎을 **구부린다**.

0342 • **stretch**
[stretʃ]

ⓥ 1 (쭉) **뻗다** 2 **늘이다; 늘어지다**

Stretch your right leg to the side.
오른쪽 다리를 옆으로 **쭉 뻗으시오**.

These pants got **stretched** out after washing them.
이 바지는 세탁 후에 **늘어났다**.

0343 • **swing**
[swiŋ]
swing-swung-swung

ⓥ 1 **흔들다; 흔들리다** 2 **휘두르다**

We **swing** our arms when we walk or run.
우리는 걷거나 달릴 때 우리의 팔을 **흔든다**.

swing a bat (야구) 배트를 **휘두르다**

0344 • **push**
[puʃ]

ⓥ 1 **밀다** ↔ pull 끝에[잡아]당기다 2 **누르다**

I **pushed** the door, and it opened.
나는 문을 **밀었고** 그것은 열렸다.

push a button 버튼을 **누르다**

✚ 공을 이용한 동작

0345 • **hit**
[hit]
hit-hit-hit

ⓥ 1 **치다, 때리다** 2 **부딪치다**

Batters swing the bat to **hit** the ball.
타자는 공을 **치기** 위해 배트를 휘두른다.

The car **hit** the fence. 그 차는 울타리에 **부딪쳤다**.

0346 • **catch**
[kætʃ]
catch-caught-caught

ⓥ 1 **잡다, 쥐다** 2 (병에) **걸리다**

Catch the ball and pass it to me.
공을 **잡아서** 나에게 패스해줘.

My sister has **caught** a cold.
내 여동생은 감기에 **걸렸다**.

🔎 1 to hold a moving thing with one's hand(s)
　 (손으로 움직이는 물체를 잡다)

0347 • **roll**
[roul]

ⓥ 굴리다; 구르다

Roll the ball on the floor with one hand.
한 손으로 공을 바닥에 **굴려라**.

a **rolling** basketball 구르고 있는 농구공

0348 • **throw**
[θrou]
throw-threw-thrown

ⓥ 던지다

How far can you **throw** a baseball?
너는 야구공을 얼마나 멀리 **던질** 수 있니?

0349 • **kick**
[kik]

ⓥ 차다

He **kicked** the ball into the goal.
그는 골문 안으로 공을 **차** 넣었다.

📖 to hit something with one's foot (발로 무언가를 차다)

✤ 걷기와 달리기

0350 • **jog**
[dʒɑːg]

ⓥ 조깅하다, 천천히 달리다   ⓝ 조깅

I **jog** with my dog every morning.
나는 나의 개와 함께 매일 아침 **조깅을 한다**.

go **jogging** 조깅하다
I'll go for a **jog**. 나는 **조깅**하러 갈 거야.

📖 ⓥ to run slowly, usually for exercise (보통 운동으로 천천히 달리다)

0351 • **take a walk**

산책하다

Take a walk in the park when it is warm.
날씨가 따뜻할 때 공원에서 **산책을 하렴**.

★ go for a walk 산책을 가다

0352 • **race**
[reis]

ⓥ 달리다, 경주하다   ⓝ 경주, 시합

Marathoners **race** 42.195 kilometers.
마라톤 선수들은 42.195킬로미터를 **달린다**.

car **race** 자동차 **경주**

0353 • **chase**
[tʃeis]

ⓥ (뒤)쫓다   ⓝ 추격, 추적

Two boys are **chasing** the ball.
두 남자아이가 공을 **쫓고** 있다.

a car **chase** scene 자동차 **추격** 장면

📖 ⓥ to follow someone or something to catch it
(누군가 또는 무언가를 잡기 위해 쫓다)

✤ 야외 활동

0354 • ride
[raid]
ride-rode-ridden

ⓥ 타다 ⓝ 타기
Most of us learn how to **ride** a bike as a child.
우리들 대부분은 어릴 때 자전거 **타는** 법을 배운다.
Can you give me a **ride** to the airport?
저를 공항까지 **태워** 주실래요?

★ ride는 말, 자전거, 오토바이, 차량 등을 타는 것을 모두 포함한다.

0355 • skateboard
[skéitbɔ̀:rd]

ⓝ 스케이트보드 ⓥ 스케이트보드를 타다
Some of my friends ride their **skateboards** to school.
내 친구 몇몇은 **스케이트보드**를 타고 등교한다.
Skateboarding is not allowed in this park.
이 공원에서 **스케이트보드 타는** 것은 허용되지 않는다.

0356 • dive
[daiv]
dive-dived[dove]-dived

ⓥ (물로) 뛰어들다; 잠수하다
We **dived** into the pool and swam in it.
우리는 수영장으로 **뛰어들어** 거기에서 수영을 했다.

✤ diving ⓝ 다이빙, 잠수

0357 • climb
[klaim]

ⓥ 오르다, 등반하다
I want to **climb** the highest mountain in the world.
나는 세계에서 가장 높은 산을 **등반하고** 싶다.

🔖 to move toward the top of something
(어떤 것의 꼭대기를 향해 이동하다)

0358 • picnic
[píknik]

ⓝ 소풍, 나들이
We went on a **picnic** at the zoo yesterday.
우리는 어제 동물원에 **소풍**을 갔다.

🔄 go on a picnic 소풍 가다

0359 • sled
[sled]

ⓝ 썰매 ⓥ 썰매를 타다

Kids were riding **sleds** down the hill.
아이들이 언덕을 따라 **썰매**를 타고 내려오고 있었다.
Let's go **sledding**. **썰매 타러** 가자.

0360 • slide
[slaid]

ⓥ 미끄러지다 ⓝ 미끄럼틀
Skates **slide** easily on ice.
스케이트는 얼음 위에서 쉽게 **미끄러진다**.
go down the **slide** **미끄럼틀**을 타다

Daily Check-up

A 빈칸에 알맞은 우리말 뜻 또는 영어를 써넣어 워드맵을 완성하시오.

신체 활동

기본 동작

1 _____ bend

2 _____ (쭉) 뻗다; 늘이다

3 _____ push

4 _____ 흔들다; 휘두르다

공을 이용한 동작

5 _____ 치다; 부딪치다

6 _____ catch

7 _____ 던지다

8 _____ roll

9 _____ 차다

걷기와 달리기

10 _____ 산책하다

11 _____ 조깅하다; 조깅

12 _____ chase

13 _____ 달리다; 경주

야외 활동

14 _____ 타다; 타기

15 _____ dive

16 _____ 소풍, 나들이

17 _____ climb

18 _____ 스케이트보드(를 타다)

19 _____ sled

20 _____ 미끄러지다; 미끄럼틀

B 우리말을 참고하여 문장을 완성하시오. (필요하면 단어 형태를 바꾸시오.)

1 Two boys are _____ the ball.
두 남자아이가 공을 쫓고 있다.

2 _____ the ball and pass it to me.
공을 잡아서 나에게 패스해줘.

3 We _____ our knees when we jump.
우리는 점프할 때 무릎을 구부린다.

4 Most of us learn how to _____ a bike as a child.
우리들 대부분은 어릴 때 자전거 타는 법을 배운다.

5 I want to _____ the highest mountain in the world.
나는 세계에서 가장 높은 산을 등반하고 싶다.

MP3 듣기

✚ 통증과 증상

0361 • **pain**

[pein]

ⓝ **통증, 고통**

I have **pain** in my wrist after playing tennis.
나는 테니스를 친 후에 손목에 **통증**이 있다.

The elderly often experience knee **pain**.
노인들은 자주 무릎 **통증**을 경험한다.

✚ painful ⓐ 아픈, 고통스러운

0362 • **ill**

[il]

ⓐ **병든, 몸이 아픈** ⊜ sick

She was **ill**, so she stayed in bed all day.
그녀는 **아파서** 하루 종일 침대에 누워 있었다.

✚ illness ⓝ 병

★ 몸이 아픈 것을 표현할 때 미국 영어는 sick, 영국 영어는 ill을 주로 사용한다.

0363 • **hurt**

[hə:rt]
hurt-hurt-hurt

ⓥ 1 **다치게 하다** 2 **아프다**

I **hurt** my foot while running.
나는 달리기를 하다가 발을 **다쳤다**.

I hit my head on the wall yesterday, and it still **hurts**.
나는 어제 벽에 머리를 부딪쳤는데 아직도 **아프다**.

🔡 to feel pain in a part of one's body (몸의 한 부위에 통증을 느끼다)

0364 • **weak**

[wi:k]

ⓐ **약한, 힘이 없는** ⟷ strong 강한, 힘센

Adam got old and his body became **weak**.
Adam은 나이가 들었고 그의 몸은 **약해졌다**.

✚ weakness ⓝ 약함; 약점

0365 • **cough**

[kɔ:f]

ⓥ **기침을 하다** ⓝ **기침**

We **cough** when we catch a cold.
우리는 감기에 걸리면 **기침을 한다**.

I still have a bad **cough**. 나는 여전히 **기침**이 심하다.

0366 • **fever**

[fí:vər]

ⓝ **열**

I have a **fever** and a headache.
나는 **열**이 나고 두통이 있다.

★ headache 두통, toothache 치통, stomachache 복통

0367 • **runny nose**

[rΛ́ni nouz]

콧물

I have a **runny nose** and a cough.
나는 **콧물이 흐르고** 기침이 난다.

♣ 부상 · 사고 · 장애

0368 • **injury**

[índʒəri]

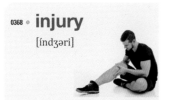

ⓝ 부상

I suffered an **injury** while working out at the gym.
나는 체육관에서 운동을 하다가 **부상**을 입었다.

➕ injure ⓥ 부상을 입다

0369 • **burn**

[bəːrn]

ⓥ 1 태우다　2 (불에) 데다, 화상을 입다　ⓝ 화상

I **burned** some leaves in the yard.
나는 마당에서 나뭇잎을 **태웠다**.

She **burned** her hand on the hot iron.
그녀는 뜨거운 다리미에 손을 **데었다**.

get a **burn** on one's leg　다리에 **화상**을 입다

0370 • **cut**

[kΛt]
cut-cut-cut

ⓥ 베다, 자르다

The knife is very sharp, so you could **cut** your finger.
칼이 매우 날카로워서 손가락이 **베일** 수 있다.

Please **cut** the apple in half.　사과를 반으로 **자르세요**.

0371 • **blood**

[blΛd]

ⓝ 피

I cut my finger, so I got **blood** on my shirt.
나는 손가락을 베여서 셔츠에 **피가** 묻었다.

➕ bleed ⓥ 피를 흘리다

0372 • **harm**

[hɑːrm]

ⓥ 해를 끼치다, 손상시키다　ⓝ 손상, 해

Sitting for many hours can **harm** your body.
장시간 앉아 있는 것은 여러분의 몸을 **해칠** 수 있다.

Too much salt can cause serious **harm** to your body.
너무 많은 소금은 당신의 몸에 심각한 **해**를 끼칠 수 있다.

➕ harmful ⓐ 해로운

0373 • **terrible**

[térəbəl]

ⓐ 심한, 끔찍한

I have a **terrible** toothache and cannot sleep.
나는 치통이 **심해서** 잠을 잘 수가 없다.

0374 · **survive**
[sərváiv]

ⓥ 생존하다, 살아남다

Without food, humans cannot **survive**.
먹을 것이 없으면 인간은 **생존할** 수 없다.

+ survival ⓝ 생존

0375 · **death**
[deθ]

ⓝ 사망, 죽음　↔ birth 출생

Death is a natural part of life.
죽음은 삶의 자연스러운 한 부분이다.

+ die ⓥ 죽다 ｜ dead ⓐ 죽은

0376 · **blind**
[blaind]

ⓐ 맹인의, 눈먼, 시각 장애의

Helen Keller was **blind** from birth.
헬렌 켈러는 태어날 때부터 **맹인**이었다.

🔡 unable to see (볼 수 없는)

0377 · **deaf**
[def]

ⓐ 귀가 먼, 청각 장애의

Deaf people use sign language.
귀가 들리지 않는 사람들은 수화를 사용한다.

🔡 unable to hear anything (아무 것도 들을 수 없는)

✥ 회복

0378 · **get better**

(병세·상황 등이) 호전되다, 좋아지다　↔ get worse 나빠지다

I hope you **get better** soon. 곧 **호전되기를** 바랍니다.
Her business is **getting better**.
그녀의 사업이 **좋아지고** 있다.

0379 · **healthy**
[héləi]

ⓐ 1 건강한　↔ unhealthy 건강하지 못한　2 건강에 좋은

Getting a good night's sleep keeps you **healthy**.
잠을 푹 자는 것은 여러분을 **건강하게** 유지시켜 준다.
Eat **healthy** foods like vegetables.
채소와 같은 **건강에 좋은** 음식을 먹어라.

+ health ⓝ 건강

0380 · **treatment**
[trí:tmənt]

ⓝ 치료, 치료법

The best **treatment** for a cold is to get lots of rest.
감기의 가장 좋은 **치료법**은 많은 휴식을 취하는 것이다.

+ treat ⓥ 치료하다

Daily Check-up

학습 Check	MP3 듣기	본문 학습	Daily Check-up	누적 테스트 Days 18~19	Review Test

A 빈칸에 알맞은 우리말 뜻 또는 영어를 써넣어 워드맵을 완성하시오.

건강과 질병

통증과 증상

1 _____ 통증, 고통

2 _____ hurt

3 _____ 병든, 몸이 아픈

4 _____ weak

5 _____ 열

6 _____ cough

7 _____ 콧물

부상

8 _____ 부상

9 _____ cut

10 _____ 태우다; (불에) 데다

11 _____ blood

12 _____ 해를 끼치다; 손상

13 _____ terrible

사고와 장애

14 _____ survive

15 _____ 사망, 죽음

16 _____ blind

17 _____ 귀가 먼, 청각 장애의

회복

18 _____ 호전되다, 좋아지다

19 _____ treatment

20 _____ 건강한; 건강에 좋은

B 우리말을 참고하여 문장을 완성하시오. (필요하면 단어 형태를 바꾸시오.)

1 I have a _____ and a headache.
나는 열이 나고 두통이 있다.

2 Without food, humans cannot _____.
먹을 것이 없으면 인간은 생존할 수 없다.

3 I cut my finger, so I got _____ on my shirt.
나는 손가락을 베여서 셔츠에 피가 묻었다.

4 I suffered an _____ while working out at the gym.
나는 체육관에서 운동을 하다가 부상을 입었다.

5 The best _____ for a cold is to get lots of rest.
감기의 가장 좋은 치료법은 많은 휴식을 취하는 것이다.

Review Test

A 들려주는 영어 단어와 어구를 쓴 후 우리말 뜻을 쓰시오.

영단어	뜻	영단어	뜻
1		2	
3		4	
5		6	
7		8	
9		10	
11		12	
13		14	
15		16	
17		18	
19		20	

B 다음 영영 풀이에 해당하는 알맞은 단어를 골라 쓰시오.

보기	hurt wrist climb bald deaf catch

1 unable to hear anything   _____

2 to feel pain in a part of one's body   _____

3 to move toward the top of something   _____

4 to hold a moving thing with one's hand(s)   _____

5 having little or no hair on the head   _____

6 the part of the body between the arm and the hand   _____

C 밑줄 친 단어의 동의어(=) 또는 반의어(↔)를 골라 쓰시오.

보기	fat birth young charming

1 He was tall and slightly <u>overweight</u>.　　　　= _____

2 We love him for his <u>attractive</u> smile.　　　　= _____

3 The <u>death</u> of our dog made us all cry.　　　　↔ _____

4 Two <u>elderly</u> women were sitting on the bench.　↔ _____

D 다음을 읽고, 빈칸에 알맞은 단어를 우리말을 참고하여 쓰시오.

1 Be careful not to get an _____.
　　부상을 당하지 않도록 조심해라.

2 How can I explain color to _____ people?
　　어떻게 **시각 장애**인들에게 색깔을 설명할 수 있을까?

3 My daughter has a _____ nose and a high fever.
　　저의 딸은 **콧물이 흐르고** 열이 높아요.

4 Many people around the world are suffering from _____.
　　전 세계에서 많은 사람들이 **굶주림**으로 고통받고 있다.

E 다음을 읽고, 빈칸에 들어갈 말을 골라 문장을 완성하시오.

보기	weight treatment picnic burn

1 I think you need medical _____ right now.

2 He got a _____ on his left arm in the fire.

3 Exercising every day can help you to lose _____.

4 Mom prepared sandwiches for our _____.

PLAN
6

휴가

DAY 20 **여행**

DAY 21 **쇼핑**

DAY 22 **기념일**

plan 계획하다; 계획
distance 거리
native 출생지의

goods 물품, 상품
expensive 값비싼
latest 최신의

여행

쇼핑

휴가

기념일

holiday 휴일
invite 초대하다
celebrate 기념하다

MP3 듣기

0381 • **travel**

[trǽvəl]

Ⓥ 여행하다[가다] Ⓝ 여행

I **traveled** to China last year.
나는 작년에 중국으로 **여행**을 갔다.

a **travel** agency 여행사

+ traveler ⓝ 여행자
★ travel: 일반적인 여행을 의미하며, 주로 먼 곳으로 가는 여행
  trip: 짧고, 관광이나 사업 등의 특정 목적을 위해 가는 여행

♣ 여행 준비

0382 • **plan**

[plæn]

Ⓥ 계획하다 Ⓝ 계획

Where are you **planning** to go fishing this summer?
올 여름에 어디로 낚시를 갈 **계획**이니?

Do you have any **plans** for tomorrow?
내일 무슨 **계획** 있니?

0383 • **book**

[buk]

Ⓥ 예약하다 ⊜ reserve

Mom **booked** a hotel room online.
엄마가 온라인으로 호텔 객실을 **예약**하셨다.

0384 • **look forward to**

~을 기대[고대]하다

I **look forward to** my trip to Bangkok this summer.
나는 올 여름 방콕 여행을 **기대한**다.

I'm **looking forward to** your reply.
저는 당신의 답변을 **기대하고** 있겠습니다.

0385 • **exchange**

[ikstʃéindʒ]

Ⓥ 교환하다; 환전하다 Ⓝ 교환; 환전

I'd like to **exchange** euro coins for dollars.
저는 유로화 동전을 달러로 **환전**하고 싶습니다.

exchange student 교환 학생

0386 • **abroad**

[əbrɔ́ːd]

🅐🅓 해외에, 해외로

Traveling **abroad** is a good way to make new friends.
해외로 여행을 가는 것은 새로운 친구를 사귀는 좋은 방법이다.

Do you want to live **abroad**?
너는 **해외에서** 살고 싶니?

✤ 여행지 도착

0387 ● distance
[dístəns]

ⓝ 거리

Do you know the **distance** between the two cities?
너는 그 두 도시 사이의 **거리**를 아니?

0388 ● address
[ǽdres/ədrés]

ⓝ 주소

We need to find the **address** of the museum.
우리는 그 박물관의 **주소**를 찾을 필요가 있다.

0389 ● tour
[tuər]

ⓝ 관광 (여행) ⓥ 관광하다

You can take a city **tour** by bus.
버스로 시내 **관광**을 할 수 있습니다.

We will **tour** Vatican City tomorrow.
우리는 내일 바티칸 시국을 **관광할** 것이다.

✤ tourism ⓝ 관광 여행; 관광업 │ tourist ⓝ 관광객

0390 ● guide
[gaid]

ⓝ 안내원, 가이드 ⓥ 안내하다

Our tour **guide guided** us around the city.
관광 **안내원**은 그 도시를 우리에게 **안내해주었다.**

🔲 ⓥ to take someone to a place (누군가를 어떤 장소로 데려가다)

0391 ● photograph
[fóutəgræf]

ⓝ 사진 🟰photo ⓥ 사진을 찍다

Many tourists took **photographs** of the beautiful flower garden.
많은 관광객들이 그 아름다운 화원의 **사진**을 찍었다.

My dad **photographed** us at my birthday party.
아빠가 내 생일 파티에서 우리들의 **사진을 찍어 주셨다.**

✤ 여행지

0392 ● native
[néitiv]

ⓐ 1 모국의, 출생지의 ↔foreign 외국의   2 원산[토종]의

a **native** speaker of English   영어가 **모국어**인 사람
Kangaroos are **native** only to Australia.
캥거루는 오스트레일리아가 유일한 **원산지**이다.

0393 ● well-known
[welnóun]

ⓐ 유명한, 잘 알려진 🟰famous

The city is **well-known** for its night markets.
그 도시는 야시장으로 **유명하다.**

0394 • traditional
[trədíʃənəl]

ⓐ 전통의, 전통적인

Hanbok is **traditional** Korean clothing.
한복은 한국의 **전통** 의상이다.

Try **traditional** foods when you visit a new country.
새로운 나라를 방문할 때 **전통** 음식을 먹어봐라.

➕ tradition ⓝ 전통

0395 • various
[vériəs]

ⓐ 다양한, 여러 가지의

Many people travel abroad for **various** reasons.
많은 사람들이 **다양한** 이유로 해외로 여행을 간다.

➕ variety ⓝ 여러 가지, 다양성

0396 • amazing
[əméiziŋ]

ⓐ 놀라운

The country has an **amazing** history.
그 나라는 **놀라운** 역사를 가지고 있다.

🔁 very surprising

➕ amaze ⓥ (깜짝) 놀라게 하다

0397 • culture
[kʌ́ltʃər]

ⓝ 문화

All countries have their own traditional **culture**.
모든 국가들은 나름대로의 전통**문화**를 가지고 있다.

experience **culture** shock 문화 충격을 경험하다

➕ cultural ⓐ 문화의

0398 • region
[rí:dʒən]

ⓝ 지역, 지방

I want to travel through the mountain **regions** someday.
나는 언젠가 그 산악 **지역**을 가로질러 여행하고 싶다.

0399 • castle
[kǽsl]

ⓝ 성

Over 300,000 tourists visited the **castle** last year.
30만 명이 넘는 관광객들이 작년에 그 **성**을 방문했다.

🔁 a large building with high, thick walls built to protect against attacks (공격으로부터 보호하기 위해 지어진 높고 두꺼운 담이 있는 큰 건물)

0400 • crowded
[kráudid]

ⓐ 붐비는, 혼잡한 ↔ empty 비어 있는

This place is always **crowded** with tourists from around the world.
이 장소는 전 세계 곳곳에서 온 관광객들로 항상 **붐빈다**.

➕ crowd ⓥ (~에) 꽉 들어차다 ⓝ 군중

A 빈칸에 알맞은 우리말 뜻 또는 영어를 써넣어 워드맵을 완성하시오.

1 _____
여행(하다)

여행 준비

2 _____
plan

3 _____
예약하다

4 _____
exchange

5 _____
해외에, 해외로

6 _____
~을 기대[고대]하다

여행지 도착

7 _____
거리

8 _____
주소

9 _____
guide

10 _____
관광; 관광하다

11 _____
photograph

여행지

12 _____
유명한, 잘 알려진

13 _____
native

14 _____
전통적인

15 _____
various

16 _____
문화

17 _____
amazing

18 _____
지역, 지방

19 _____
castle

20 _____
붐비는, 혼잡한

PLAN 6

B 우리말을 참고하여 어구 또는 문장을 완성하시오. (필요하면 단어 형태를 바꾸시오.)

1 a _____ speaker of English   영어가 모국어인 사람

2 I'd like to _____ euro coins for dollars.
   저는 유로화 동전을 달러로 환전하고 싶습니다.

3 All countries have their own traditional _____.
   모든 국가들은 나름대로의 전통문화를 가지고 있다.

4 Do you know the _____ between the two cities?
   너는 그 두 도시 사이의 거리를 아니?

5 Traveling _____ is a good way to make new friends.
   해외로 여행을 가는 것은 새로운 친구를 사귀는 좋은 방법이다.

MP3 듣기

♣ 상점

0401 · list
[list]

ⓝ **목록**

Make a **list** before you go shopping.
쇼핑을 가기 전에 **목록**을 만들어라.

0402 · goods
[gudz]

ⓝ **물품, 상품**

household **goods** such as furniture 가구와 같은 가정**용품**

You can buy local foods and other **goods** in this store.
여러분은 이 가게에서 지역 식품과 그 밖의 다른 **물품**을 살 수 있다.

🔲 products that are made for sale (팔기 위해 만들어진 물건들)

0403 · item
[áitəm]

ⓝ **품목, 물품**

All **items** are 20 percent off this week.
모든 **품목**이 이번 주에 20퍼센트 할인됩니다.

🔲 a single thing in a group or a list (한 무리나 목록에서 단 하나의 것)

0404 · brand
[brænd]

ⓝ **상표, 브랜드**

Which **brand** of sneakers do you wear?
너는 어떤 **상표**의 운동화를 신니?

★ cf. brand-new ⓐ 신상품의, 아주 새로운

0405 · display
[displéi]

ⓥ **진열하다, 전시하다**   ⓝ **진열, 전시**

In a supermarket, goods are **displayed** on shelves.
슈퍼마켓에서 상품은 선반에 **진열되어** 있다.

the various shoes on **display**
진열[전시]되어 있는 다양한 신발

🔲 ⓥ to put something in a place to show it to people
(어떤 것을 사람들에게 보여주려고 한 장소에 두다)

0406 · provide
[prəváid]

ⓥ **공급하다, 제공하다** 🟰 supply

Local farms **provide** us with delicious, fresh foods.
지역 농장들은 우리에게 맛있고 신선한 식품을 **공급한다**.
🔄 provide A with B: A에게 B를 공급하다

The river **provides** drinking water for 50,000 people.
그 강은 5만 명의 사람들에게 식수를 **제공한다**.

0407 • **attract**
[ətrǽkt]

ⓥ (~의 마음을) 끌다, 매혹하다

Shoppers are **attracted** to the sweet smell of bread.
쇼핑객들은 향긋한 빵 냄새에 **마음이 끌린다.**

➕ attraction ⓝ 끌림, 매력

✤ 물건 구매

0408 • **order**
[ɔ́:rdər]

ⓥ 1 명령하다   2 주문하다   ⓝ 1 명령   2 주문

They were **ordered** to leave the country.
그들은 나라를 떠나라는 **명령을 받았다.**

You can **order** books from online bookstores.
여러분은 온라인 서점에서 책을 **주문할** 수 있습니다.

place an **order** 주문하다

0409 • **deliver**
[dilívər]

ⓥ 배달하다

Your order will be **delivered** this afternoon.
주문하신 물건이 오늘 오후에 **배달될** 것입니다.

➕ delivery ⓝ 배달

0410 • **cheap**
[tʃi:p]

ⓐ 저렴한, 값싼   ⊜ inexpensive 비싸지 않은

Potatoes are **cheap** and good for your health.
감자는 **저렴하고** 건강에 좋다.

0411 • **expensive**
[ikspénsiv]

ⓐ 값비싼   ⟷ cheap, inexpensive

Some bags are so **expensive** that we cannot buy them.
어떤 가방들은 너무 **비싸서** 우리가 살 수 없다.

🔤 costing a lot of money (돈이 많이 드는)

0412 • **choose**
[tʃu:z]
choose-chose-chosen

ⓥ 고르다, 선택하다

How do you **choose** which brand is right for you?
여러분은 어떤 상표가 여러분에게 알맞은지를 어떻게 **고르나요?**

➕ choice ⓝ 선택

0413 • **pay**
[pei]
pay-paid-paid

ⓥ 지불하다

How much did you **pay** for your new phone?
네 새 전화기에 너는 얼마를 **지불했니?**

0414 • price
[prais]

ⓝ 가격

Food **prices** are rising fast in this country.
식료품 **가격**이 이 나라에서 빠르게 상승하고 있다.

✤ 패션

0415 • fashion
[fǽʃən]

ⓝ 패션, 유행

Paris is more famous for its **fashion** than for its food.
파리는 음식보다 **패션**으로 더 유명하다.

Tight and colorful pants were in **fashion**.
딱 붙고 화려한 색상의 바지가 **유행**이었다.

🔖 a popular style of clothes at a particular time
(특정 시기에 인기 있는 옷의 스타일)

0416 • fashionable
[fǽʃənəbəl]

ⓐ 유행하는, 유행을 따른 ⊜ trendy

Fashionable clothes sell very well.
유행하는 옷은 아주 잘 팔린다.

0417 • latest
[léitist]

ⓐ (가장) 최신의, 최근의

Those clothes are the **latest** fashion for teenagers.
저 옷들은 **최신** 십대 패션이다.

the **latest** news **최신** 뉴스

🔖 the most recent (가장 최근의)

✚ late ⓐ 늦은; 최근의

0418 • style
[stail]

ⓝ 1 방식 2 (옷 등의) 스타일

four **styles** of swimming
네 가지 수영 **방식**(평영, 배영, 접영, 자유형)

Her **style** is always so fresh and beautiful.
그녀의 (의상) **스타일**은 항상 참 산뜻하고 아름답다.

0419 • fit
[fit]

ⓥ 어울리다; 맞다

The blue skirt **fits** you well.
그 파란색 치마는 네게 잘 **어울려**.

0420 • comfortable
[kʌ́mfərtəbəl]

ⓐ 편안한 ⊖ uncomfortable 불편한

These shoes fit well and are pretty **comfortable**.
이 신발은 잘 맞고 아주 **편안하다**.

A 빈칸에 알맞은 우리말 뜻 또는 영어 단어를 써넣어 워드맵을 완성하시오.

쇼핑

상점

1 _____
list

2 _____
품목, 물품

3 _____
goods

4 _____
상표, 브랜드

5 _____
display

6 _____
끌다, 매혹하다

7 _____
provide

물건 구매

8 _____
배달하다

9 _____
order

10 _____
cheap

11 _____
값비싼

12 _____
choose

13 _____
가격

14 _____
pay

패션

15 _____
패션, 유행

16 _____
fashionable

17 _____
최신의, 최근의

18 _____
style

19 _____
어울리다; 맞다

20 _____
comfortable

B 우리말을 참고하여 어구 또는 문장을 완성하시오. (필요하면 단어 형태를 바꾸시오.)

1 the various shoes on _____
진열되어 있는 다양한 신발

2 Your order will be _____ this afternoon.
주문하신 물건이 오늘 오후에 배달될 것입니다.

3 These shoes fit well and are pretty _____.
이 신발은 잘 맞고 아주 편안하다.

4 Those clothes are the _____ fashion for teenagers.
저 옷들은 최신 십대 패션이다.

5 Local farms _____ us with delicious, fresh foods.
지역 농장들은 우리에게 맛있고 신선한 식품을 공급한다.

MP3 듣기

0421 • **anniversary**

[ǽnəvə́:rsəri]

ⓝ 기념일

Today is my parents' 15th wedding **anniversary**.
오늘은 우리 부모님의 15번째 결혼**기념일**이다.

the 100th **anniversary** of Picasso's birth
피카소 탄생 100주년 **기념일**

어원 anni(year 해) + vers(turn 돌다) + ary → 해마다 돌아오다 → 기념일

✣ 축제와 휴가

0422 • **festival**

[féstəvəl]

ⓝ 축제

The small town holds a tomato **festival** every year.
그 작은 마을은 해마다 토마토 **축제**를 개최한다.

↻ hold a festival 축제를 열다

0423 • **holiday**

[hɑ́:lədèi]

ⓝ 휴일; 휴가

In many countries, Christmas is one of the most important **holidays**.
많은 나라에서 크리스마스는 가장 중요한 **휴일** 중 하나이다.

national **holiday** 법정 **공휴일**, 국경일

영영 a period of time when one does not have to go to school or work (학교나 직장을 갈 필요 없는 기간)

0424 • **parade**

[pəréid]

ⓝ 퍼레이드, 행렬

They hold a **parade** at the end of the festival.
그들은 축제의 마지막에 **퍼레이드**를 펼친다.

0425 • **fireworks**

[fáiərwə̀:rks]

ⓝ 불꽃놀이

Every year, they have a **fireworks** show on the Fourth of July.
해마다 그들은 7월 4일(미국 독립기념일)에 **불꽃놀이** 쇼를 한다.

★ 단수 firework는 '폭죽', '불꽃'을 뜻한다.

0426 • **flag**

[flæg]

ⓝ 깃발

We fly the national **flag** on national holidays.
우리는 국경일에 국**기**를 게양한다.

↻ fly a flag 깃발을 올리다[게양하다]

✤ 기념일 준비

0427 • invite
[inváit]

ⓥ 초대하다

I **invited** all of my friends to my birthday party.
나는 내 친구 모두를 내 생일 파티에 **초대했다.**

📖 to ask someone to come to a party or meal
(누군가에게 파티나 식사에 오라고 요청하다)

✚ invitation ⓝ 초대; 초대장

0428 • guest
[gest]

ⓝ 손님 ↔ host 주인

How many **guests** will you invite to your wedding?
너는 너의 결혼식에 몇 명의 **손님**을 초대할 거니?

0429 • decorate
[dékərèit]

ⓥ 장식하다

Mom **decorated** my birthday cake with chocolate.
엄마는 내 생일 케이크를 초콜릿으로 **장식하셨다.**

0430 • balloon
[bəlú:n]

ⓝ 풍선

Balloons are used as decorations at birthday parties.
풍선은 생일 파티에 장식품으로 사용된다.

0431 • wrap
[ræp]

ⓥ 포장하다, 싸다   ⓝ 포장지

Wrap your present and put a ribbon on it.
네 선물을 **포장하고** 그것에 리본을 달렴.

gift **wrap** 선물 **포장지**

📖 ⓥ to cover something with paper, cloth, etc.
(종이, 천 등으로 무언가를 싸다)

0432 • special
[spéʃəl]

ⓐ 특별한, 특수한

We give each other gifts on **special** days like birthdays.
우리는 생일과 같은 **특별한** 날에 서로 선물을 준다.

Do you have a **special** reason for doing that?
너는 그렇게 한 **특별한** 이유가 있니?

📖 more important than other people or things
(다른 사람들 또는 다른 것들보다 더 중요한)

0433 • turkey
[tə́:rki]

ⓝ 칠면조 (고기)

Thanksgiving without **turkey** is not Thanksgiving.
칠면조가 없는 추수 감사절은 추수 감사절이 아니다.

★ Turkey (국가명) 튀르키예

♣ 기념일 축하

0434 • celebrate
[séləbrèit]

ⓥ 기념하다, 축하하다

On June 7, our school will **celebrate** the 140th year since its founding.
6월 7일에 우리 학교는 개교 140주년을 **기념할** 것이다.

celebrate success 성공을 **축하하다**

✚ celebration ⓝ 기념(식), 축하 (행사)

0435 • congratulation
[kəngrætʃəléiʃən]

ⓝ 축하; 축하 인사

Congratulations on getting married!
결혼을 **축하합니다**!

✚ congratulate ⓥ 축하하다

0436 • gather
[gǽðər]

ⓥ 1 모이다 2 모으다, 수집하다

My friends **gathered** to celebrate my birthday.
친구들이 내 생일을 축하하려고 **모였다**.

gather information 정보를 **모으다**

📖 1 to come together in a group (무리를 지어 모이다)

0437 • blow out

(불을) 불어서 끄다

Blow out all the candles on the birthday cake at once.
생일 케이크의 모든 촛불을 한 번에 **불어서 꺼라**.

✚ blow ⓥ (바람이/입으로) 불다

0438 • receive
[risíːv]

ⓥ 받다

We are happy when we **receive** gifts.
우리는 선물을 **받으면** 기쁘다.

0439 • merry
[méri]

ⓐ 즐거운, 명랑한 ㊀ happy, cheerful

I wish you a **merry** Christmas.
즐거운 성탄절을 보내시길 바랍니다.

The more, the **merrier**.
사람이 많을수록 더욱 **즐겁다**.

0440 • fun
[fʌn]

ⓝ 즐거움, 재미 ⓐ 재미있는, 즐거운

We had a lot of **fun** at the party.
우리는 파티에서 아주 **재미있게** 보냈다.

🔄 have fun 즐거운 시간을 보내다

The movie was very **fun**.
그 영화는 아주 **재미있었다**.

Daily Check-up

A 빈칸에 알맞은 우리말 뜻 또는 영어를 써넣어 워드맵을 완성하시오.

1 _____
기념일

축제와 휴가

2 _____
축제

3 _____
holiday

4 _____
불꽃놀이

5 _____
flag

6 _____
퍼레이드, 행렬

기념일 준비

7 _____
invite

8 _____
손님

9 _____
decorate

10 _____
포장하다; 포장지

11 _____
balloon

12 _____
특별한, 특수한

13 _____
turkey

기념일 축하

14 _____
기념하다, 축하하다

15 _____
congratulation

16 _____
모이다; 모으다

17 _____
blow out

18 _____
즐거움; 재미있는

19 _____
receive

20 _____
즐거운, 명랑한

B 우리말을 참고하여 문장을 완성하시오. (필요하면 단어 형태를 바꾸시오.)

1 We are happy when we _____ gifts.
우리는 선물을 받으면 기쁘다.

2 Today is my parents' 15th wedding _____.
오늘은 우리 부모님의 15번째 결혼기념일이다.

3 Mom _____ my birthday cake with chocolate.
엄마는 내 생일 케이크를 초콜릿으로 장식하셨다.

4 My friends _____ to celebrate my birthday.
친구들이 내 생일을 축하하려고 모였다.

5 On June 7, our school will _____ the 140th year since its founding.
6월 7일에 우리 학교는 개교 140주년을 기념할 것이다.

Review Test

A 들려주는 영어 단어를 쓴 후 우리말 뜻을 쓰시오.

영단어	뜻	영단어	뜻
1		2	
3		4	
5		6	
7		8	
9		10	
11		12	
13		14	
15		16	
17		18	
19		20	

B 다음 영영 풀이에 해당하는 알맞은 단어를 골라 쓰시오.

보기   display   holiday   guide   castle   goods   special

1 to take someone to a place _____

2 products that are made for sale _____

3 to put something in a place to show it to people _____

4 more important than other people or things _____

5 a large building with high, thick walls built
   to protect against attacks _____

6 a period of time when one does not have to go
   to school or work _____

C 밑줄 친 단어의 동의어(=) 또는 반의어(↔)를 골라 쓰시오.

보기 famous foreign supply cheap

1 The wind can provide us with energy. = _____

2 France is well-known for its wine and cheese. = _____

3 Potatoes are very expensive in the region. ↔ _____

4 This fruit is native to South America. ↔ _____

D 다음 주어진 단어를 괄호 안의 품사에 맞게 알맞은 형태로 바꿔 쓰시오.

1 culture - _____ (ⓐ)

2 fashion - _____ (ⓐ)

3 choice - _____ (ⓥ)

4 deliver - _____ (ⓝ)

E 다음을 읽고, 빈칸에 알맞은 단어를 우리말을 참고하여 쓰시오.

1 These shoes are so _____ to wear.
이 신발은 신기에 아주 **편안하다**.

2 We look _____ to seeing you next week.
우리는 다음 주에 당신을 만나뵙기를 **기대합니다**.

3 I like listening to _____ Korean music.
나는 한국의 **전통** 음악을 듣는 것을 좋아한다.

4 I'd love to go _____ this year, maybe to Europe.
나는 올해 **해외에** 가고 싶은데, 아마도 유럽이다.

✿ 예문에서 뽑은 최중요 핵심 표현

핵심 표현 다시 점검하며 빈칸 완성해 보기

1 **by mistake** 실수로

He stepped on her toes _____.
그는 **실수로** 그녀의 발가락을 밟았다.

2 **die of** ~로 죽다

Many animals _____ hunger every
day. 많은 동물이 매일 굶어 **죽는다.**

3 **fall in love with** ~와 사랑에 빠지다

I _____ with her at first sight.
나는 첫눈에 그녀에게 **사랑에 빠졌다.**

4 **gain/lose weight** 체중이 늘다/감소하다

I don't want to _____.
나는 **체중이 느는** 것을 원치 않는다.

5 **give A a ride to B** A를 B까지 태워 주다

Can you give me _____ the airport?
저를 공항까지 **태워 주실래요?**

6 **work out** = exercise 운동하다

I suffered an injury while _____ at the
gym. 나는 체육관에서 **운동을 하다가** 부상을 입었다.

7 **exchange A for B** A를 B로 환전[교환]하다

_____ euro coins _____ dollars
유로화 동전을 달러로 **환전하다**

8 be well-known for ～로 유명하다

= be famous for

The city is _____ its night markets.
그 도시는 야시장으로 **유명하다**.

9 be crowded with ～로 붐비다

be _____ tourists
관광객들로 **붐비다**

10 provide *A* with/for *B* A에게 B를 공급하다

★ 항상 A는 사람, B는 물건이에요.

Local farms _____ with fresh foods.
지역 농장들은 **우리에게** 신선한 식품을 **공급한다**.

✿ 발음이나 철자가 유사한 혼동어

0320 **sight** [sait] ⓝ 시력 | **site** [sait] ⓝ 장소, 위치

★ 두 단어는 발음은 동일하지만 철자와 뜻이 완전히 다르다.

0341 **bend** [bend] ⓥ 구부리다 | **band** [bænd] ⓝ 집단; 악단; 띠 | **bind** [baind] ⓥ 묶다

★ b 뒤에 오는 모음 차이에 따른 각 단어의 발음과 뜻 차이를 유의하자.

0345 **hit** [hit] ⓥ 치다, 때리다 | 0986 **heat** [hiːt] ⓝ 열 ⓥ 가열하다

★ 발음은 유사하지만 모음의 차이와 단어의 뜻 차이를 유의하자.

0439 **merry** [méri] ⓐ 즐거운, 명랑한 | 0009 **marry** [mǽri] ⓥ ～와 결혼하다

★ 철자가 비슷한 두 단어의 발음과 뜻 차이에 유의하자.

정답 1 by mistake 2 die of 3 fell in love 4 gain weight 5 a ride to 6 working out
7 exchange, for 8 well-known for 9 crowded with 10 provide us

PLAN

7

자연

DAY 23 **자연과 지리**

DAY 24 **날씨**

DAY 25 **동물**

DAY 26 **식물**

자연

자연과 지리
- stream 시내, 개울
- hill 언덕
- soil 흙, 토양

날씨
- bright 화창한; 밝은
- moist 습기 많은
- chilly 차가운, 쌀쌀한

동물
- wild 야생의
- feather 깃털
- shark 상어

식물
- wood 나무, 목재
- forest 숲, 산림
- bloom 꽃이 피다

MP3 듣기

0441 • **nature**
[néitʃər]

ⓝ 자연

Nature provides us with fresh air and water.
자연은 우리에게 신선한 공기와 물을 제공한다.

0442 • **natural**
[nǽtʃərəl]

ⓐ 1 **자연의, 천연의** 2 **당연한**

There are many amazing animals in the **natural** world.
자연 세계에는 많은 놀라운 동물이 있다.

natural food **천연** 식품

It is **natural** for a child to be curious about everything.
아이가 모든 것에 호기심을 갖는 것은 **당연하다**.

✣ 물 관련

0443 • **stream**
[striːm]

ⓝ 시내, 개울 ⓥ 흐르다

When **streams** meet, they become a river.
시내들이 만나면 강이 된다.

Tears were **streaming** down the boy's face.
눈물이 그 남자아이의 얼굴을 타고 **흐르고** 있었다.

📖 ⓥ to move continuously in one direction
(연속적으로 한 방향으로 움직이다)

0444 • **lake**
[leik]

ⓝ 호수

a natural **lake** 자연 **호수**

Can people swim in this **lake**?
사람들이 이 **호수**에서 수영할 수 있나요?

0445 • **beach**
[biːtʃ]

ⓝ 해변, 바닷가

a sandy **beach** 모래로 덮인 **해변**(모래사장)

The **beach** is a good place to watch seabirds.
그 **해변**은 바닷새를 관찰하기에 좋은 장소이다.

📖 an area of sand or stones next to the sea
(바다에 접한 모래 또는 자갈로 덮인 지역)

0446 • **shore**
[ʃɔːr]

ⓝ (바다·호수·강의) 기슭, 물가

There are many boats on the **shore** of the river.
그 강**기슭**에는 많은 배들이 있다.

0447 • island
[áilənd]

ⓝ 섬

The **island** is famous for its beautiful nature.
그 **섬**은 아름다운 자연으로 유명하다.

🔤 a piece of land in the middle of a body of water
(수역 한가운데의 한 구획의 땅)

0448 • ocean
[óuʃən]

ⓝ 대양, 바다

There are five **oceans** in the world.
세계에는 다섯 개의 **대양**이 있다.

The **oceans** are home to fish.
바다는 물고기의 보금자리이다.

★ cf. the Pacific / Atlantic / Indian Ocean 태평양 / 대서양 / 인도양

♣ 산 관련

0449 • hill
[hil]

ⓝ 언덕

Skiing is just sliding down a **hill**.
스키 타기는 그저 **언덕**을 타고 미끄러져 내려오는 것이다.

0450 • valley
[vǽli]

ⓝ 계곡, 골짜기

My family had a picnic in the **valley** on the weekend.
우리 가족은 주말에 **계곡**에서 나들이를 했다.

🔤 a low area of land between hills or mountains
(언덕 또는 산 사이의 낮은 구역의 땅)

0451 • cave
[keiv]

ⓝ 동굴

Many **cave** animals are blind, and some don't have eyes.
많은 **동굴** 동물들은 눈이 멀었고 일부는 눈이 없다.

0452 • cliff
[klif]

ⓝ 절벽

Native boys dive from the **cliff** into the sea.
원주민 소년들이 **절벽**에서 바다로 뛰어든다.

🔤 a high, steep area of rock (암석으로 된 높고 가파른 구역)

0453 • waterfall
[wɔ́ːtərfɔ̀ːl]

ⓝ 폭포

Niagara Falls is one of the biggest **waterfalls** in the world.
나이아가라 폭포는 세계에서 가장 큰 **폭포** 중 하나이다.

0454 · peak
[piːk]

ⓝ 1 정상, 꼭대기 2 절정; 최대량

The **peak** of the mountain is covered with snow.
그 산의 **정상**은 눈으로 덮여 있다.

traffic **peak** time 교통량 **절정** 시간

🔲 1 the top of a mountain (산의 정상)

♣ 땅과 지형

0455 · ground
[graund]

ⓝ 1 (땅)바닥, 지면 2 땅 ꞊soil

Sit down on the **ground** for a short rest.
짧은 휴식을 위해 **바닥**에 앉으렴.

The rain stopped, and the **ground** began to dry.
비가 멈추었고 **땅**이 마르기 시작했다.

0456 · soil
[sɔil]

ⓝ 흙, 토양

There are many living things in the **soil**.
흙 속에는 많은 생명체가 있다.

0457 · mud
[mʌd]

ⓝ 진흙, 진창

Have you seen elephants take a **mud** bath?
코끼리들이 **진흙** 목욕을 하는 것을 본 적이 있나요?

✚ muddy ⓐ 진흙투성이의, 진창의

0458 · rock
[rɑːk]

ⓝ 바위; 암석

Large **rocks** were used to build the pyramids.
커다란 **바위들**이 피라미드를 짓는 데 사용되었다.

✚ rocky ⓐ 바위투성이의

0459 · area
[ériə]

ⓝ 1 지역, 지방 2 구역

Evenings can be cool or even cold in mountain **areas**.
산악 **지역**에서는 저녁때가 서늘하거나 추울 수조차 있다.

parking **area** 주차 **구역**

0460 · desert
[dézərt]

ⓝ 사막

There is not much drinking water in **desert** areas.
사막 지역에는 식수가 충분치 않다.

🔲 a large area of land in a hot region with little water or rain
(더운 지방의 물이나 비가 거의 없는 커다란 구역의 땅)

A 빈칸에 알맞은 우리말 뜻 또는 영어 단어를 써넣어 워드맵을 완성하시오.

1 _____ 자연
2 _____ natural

물 관련

3 _____ 시내, 개울; 흐르다
4 _____ lake
5 _____ 해변, 바닷가
6 _____ shore
7 _____ 대양, 바다
8 _____ island

산 관련

9 _____ hill
10 _____ 계곡, 골짜기
11 _____ cave
12 _____ 폭포
13 _____ cliff
14 _____ 정상, 꼭대기; 절정

땅과 지형

15 _____ (땅)바닥; 땅
16 _____ 흙, 토양
17 _____ mud
18 _____ 바위; 암석
19 _____ desert
20 _____ 지역; 구역

B 우리말을 참고하여 문장을 완성하시오. (필요하면 단어 형태를 바꾸시오.)

1 When _____ meet, they become a river.
시내들이 만나면 강이 된다.

2 The _____ is famous for its beautiful nature.
그 섬은 아름다운 자연으로 유명하다.

3 Native boys dive from the _____ into the sea.
원주민 소년들이 절벽에서 바다로 뛰어든다.

4 The rain stopped, and the _____ began to dry.
비가 멈추었고 땅이 마르기 시작했다.

5 There is not much drinking water in _____ areas.
사막 지역에는 식수가 충분치 않다.

MP3 듣기

0461 • **weather**

[wéðər]

ⓝ 날씨

What fine **weather** today!
오늘은 **날씨**가 정말 좋군!

0462 • **degree**

[digríː]

ⓝ (온도) 도

It's 20 **degrees** Celsius outside. 밖은 섭씨 20도(20℃)이다.
55 **degrees** Fahrenheit 화씨 55도(55℉)

★ Celsius [sélsiəs] 섭씨(의) | Fahrenheit [fǽrənháit] 화씨(의)

✦ 화창한 날

0463 • **bright**

[brait]

ⓐ 1 화창한; 빛나는 2 (색이) 선명한, 밝은 ↔ dark 어두운

It was a **bright** day, and a fresh wind was blowing.
화창한 날이었고 신선한 바람이 불고 있었다.

bright colors 밝은 색상

0464 • **shine**

[ʃain]
shine-shined[shone]-
shined[shone]

ⓥ 빛나다; 비치다

The moon and stars are **shining** in the night sky.
밤하늘에 달과 별들이 **빛나고** 있다.

The sun **shined** brightly on the lake.
태양이 호수에 밝게 **비쳤다**.

0465 • **clear**

[kliər]

ⓐ 1 맑은, 갠 2 분명한, 확실한

We'll have a **clear** sky and light winds tonight.
오늘밤에는 하늘이 **맑고** 가벼운 바람이 불겠습니다.

a **clear** answer 분명한 대답

✦ 비와 폭풍

0466 • **sticky**

[stíki]

ⓐ 1 끈적끈적한 2 무더운, 후덥지근한

Jam is very **sticky**. 잼은 매우 **끈적끈적하다**.

The weather was **sticky**, so I took a shower.
날씨가 **무더워서** 나는 샤워를 했다.

0467 • **moist**

[mɔist]

ⓐ 1 습기 많은, 습한　2 촉촉한　↔ dry 마른, 건조한

A **moist** wind was blowing from the sea.
습기 많은 바람이 바다로부터 불어오고 있었다.

a **moist** chocolate cake
촉촉한 초콜릿 케이크

✛ moisture ⓝ 습기, 수분

0468 • **damp**

[dæmp]

ⓐ 축축한, 습기 찬

The road is still **damp** from the early morning rain.
이른 아침의 비 때문에 도로가 아직도 **축축하다**.

🈁 a little wet (조금 젖은)

0469 • **fall**

[fɔ:l]
fall-fell-fallen

ⓥ 1 (비 · 눈이) 내리다; 떨어지다　↔ rise 오르다　2 넘어지다

Snow has been **falling** all week long.
일주일 내내 눈이 **내리고 있다**.

Everything **falls** to the ground.
모든 것은 땅으로 **떨어진다**.

The kid **fell** down and cried.
그 아이는 **넘어져서** 울었다.

0470 • **raindrop**

[réindrà:p]

ⓝ 빗방울

Raindrops were beginning to fall.
빗방울이 떨어지기 시작했다.

0471 • **storm**

[stɔ:rm]

ⓝ 폭풍(우)

There was a severe **storm** during the night.
밤새 동안 거센 **폭풍우**가 불었다.

0472 • **hurricane**

[hə́:rəkèin]

ⓝ 허리케인, 태풍

Hurricanes form over the open ocean.
허리케인은 넓은 해양 위에서 형성된다.

🈁 an extremely large, violent storm with strong winds
（강풍을 동반한 극히 크고 거센 폭풍우）

✛ **흐리고 어두움**

0473 • **cloudy**

[kláudi]

ⓐ 흐린, 구름이 잔뜩 낀　↔ clear

It's very **cloudy**, and it's starting to rain a little.
날씨가 매우 **흐리고** 비가 조금씩 내리기 시작하고 있다.

0474 · windy
[wíndi]

ⓐ 바람이 많이 부는

If it's not raining and it's **windy**, let's fly kites.
비가 내리지 않고 **바람이 많이 불면**, 연을 날리자.

➕ wind ⓝ 바람

0475 · fog
[fɔːg]

ⓝ 안개

They could see nothing because of the rain and **fog**.
그들은 비와 **안개** 때문에 아무 것도 볼 수 없었다.

➕ foggy ⓐ 안개가 긴

0476 · dust
[dʌst]

ⓝ 먼지

There was a lot of **dust** in the air, so people often coughed.
공기 중에 **먼지**가 많아서 사람들이 자주 기침을 했다.

✦ 추운 날씨

0477 · chilly
[tʃíli]

ⓐ 차가운, 쌀쌀한

The weather is a bit **chillier** than it was last week.
날씨가 지난주보다 좀 더 **쌀쌀하다**.

➕ chill ⓝ 냉기, 한기

0478 · freezing
[fríːziŋ]

ⓐ 몹시 추운, 얼어붙는 듯한

You need your coat. It's **freezing** outside.
너는 코트가 필요해. 밖은 **몹시 추워**.

➕ freeze ⓥ 얼다 ｜ frozen ⓐ 언, 결빙한

0479 · snowy
[snóui]

ⓐ 1 눈이 내리는 2 눈에 덮인

In **snowy** weather, drivers should be more careful.
눈이 오는 날씨에는 운전자들이 더 조심해야 한다.

a **snowy** mountain 눈에 덮인 산

0480 · snowfall
[snóufɔːl]

ⓝ 강설; 강설량

There has been heavy **snowfall** in the Alps.
알프스 산맥에 심한 **눈(폭설)이 내렸다**.

📖 an amount of snow that falls during a certain period of time
(특정 기간 동안 내린 눈의 양)

Daily Check-up

A 빈칸에 알맞은 우리말 뜻 또는 영어 단어를 써넣어 워드맵을 완성하시오.

1 _____ **2** _____
   weather   (온도) 도

화창한 날

3 _____
   화창한; 밝은

4 _____
   shine

5 _____
   맑은; 분명한

추운 날씨

6 _____
   chilly

7 _____
   몹시 추운

8 _____
   snowy

9 _____
   강설(량)

비와 폭풍

10 _____
   damp

11 _____
   습기 많은; 촉촉한

12 _____
   sticky

13 _____
   빗방울

14 _____
   fall

15 _____
   허리케인, 태풍

16 _____
   storm

흐리고 어두움

17 _____
   흐린, 구름이 잔뜩 낀

18 _____
   windy

19 _____
   안개

20 _____
   dust

B 우리말을 참고하여 문장을 완성하시오. (필요하면 단어 형태를 바꾸시오.)

1 What fine _____ today!
   오늘은 날씨가 정말 좋군!

2 It's 20 _____ Celsius outside.
   밖은 섭씨 20도(20℃)이다.

3 The sun _____ brightly on the lake.
   태양이 호수에 밝게 비쳤다.

4 A m_____ wind was blowing from the sea.
   습기 많은 바람이 바다로부터 불어오고 있었다.

5 There was a severe _____ during the night.
   밤새 동안 거센 폭풍우가 불었다.

MP3 듣기

✦ 야생 동물

0481 • wild
[waild]

ⓐ 야생의

Mountains are home to many **wild** animals.
산은 많은 **야생** 동물의 보금자리이다.

wild plants 야생 식물

🔤 growing or living in nature without human control
(인간의 지배 없이 자연에서 자라거나 사는)

0482 • deer
[diər]

ⓝ 사슴

These **deer** have large horns that are sharp at their tips.
이 **사슴들**은 끝이 날카로운 큰 뿔을 가지고 있다.

★ deer의 복수형은 단수형 deer과 동일하다.

0483 • turtle
[tə́:rtl]

ⓝ 바다거북

Thousands of **turtles** lay eggs on the beach.
수천 마리의 **바다거북**이 해변에 알을 낳는다.

0484 • zebra
[zí:brə]

ⓝ 얼룩말

Zebras have black and white stripes.
얼룩말은 검고 흰 줄무늬를 가지고 있다.

0485 • crocodile
[krɑ́:kədàil]

ⓝ 악어

Crocodiles live in this river. Do you still want to swim here?
이 강에 **악어들**이 살아. 너는 아직도 여기서 수영하고 싶니?

0486 • leopard
[lépərd]

ⓝ 표범

A **leopard** can climb trees and jump very high.
표범은 나무에 오를 수 있고 아주 높이 도약할 수 있다.

Can a **leopard** change its spots?
표범이 자신의 반점을 바꿀 수 있는가?(타고난 성격은 고치기 힘들다.)

✦ 새와 벌레

0487 • **owl**
[aul]

ⓝ 올빼미

While eagles hunt during the day, **owls** hunt at night.
독수리는 낮에 사냥하지만, **올빼미**는 밤에 사냥한다.

0488 • **feather**
[féðər]

ⓝ 깃털

Feathers keep birds warm and help them to fly.
깃털은 새를 따뜻하게 유지해 주고 나는 데 도움이 된다.

Birds of a **feather** flock together.
같은 **깃털**의 새들이 함께 모인다.(유유상종)

📼 the soft covering on a bird's body
　(새의 몸을 덮고 있는 부드러운 것)

0489 • **wing**
[wiŋ]

ⓝ 날개

The albatross has the longest **wings** of all birds.
앨버트로스(신천옹)는 모든 조류 중에서 가장 긴 **날개**를 가졌다.

0490 • **tail**
[teil]

ⓝ 꼬리

Birds use their **tails** to control direction changes.
새는 방향 전환을 조절하기 위해 **꼬리**를 사용한다.

0491 • **nest**
[nest]

ⓝ 둥지

a bird's **nest**　새 **둥지**
Most birds build their **nests** in trees.
대부분의 새들은 나무에 **둥지**를 짓는다.

0492 • **insect**
[ínsekt]

ⓝ 곤충

In many parts of the world, **insects** are used as food.
세계의 많은 지역에서, **곤충**은 식량으로 이용된다.

📼 a small animal with six legs (다리가 여섯 개인 작은 동물)

0493 • **worm**
[wə:rm]

ⓝ 벌레

Some **worms** in the soil help vegetables grow.
흙 속에 어떤 **벌레들**은 채소들이 자라도록 돕는다.

★ cf. earthworm 지렁이

✦ 바다 동물

0494 • shark
[ʃɑːrk]

ⓝ 상어

Most **sharks** are harmless and important to the ocean.
대부분의 **상어**는 무해하며 해양에 중요하다.

0495 • whale
[weil]

ⓝ 고래

The largest **whales** are more than 30 meters long.
가장 큰 **고래**는 길이가 30미터가 넘는다.

0496 • dolphin
[dɑ́ːlfin]

ⓝ 돌고래

Dolphins are very smart animals.
돌고래는 아주 영리한 동물이다.

✦ 가축

0497 • livestock
[láivstɑk]

ⓝ 가축 🟰 farm animal

Livestock provide milk, meat, and other products.
가축은 우유, 고기와 다른 제품을 제공한다.

0498 • sheep
[ʃiːp]

ⓝ 양

a flock of **sheep** 양 떼
We get wool from **sheep**, and it is made into clothes.
우리는 **양**으로부터 양털을 얻고 그것은 옷으로 만들어진다.

★ sheep의 복수형은 단수형 sheep과 동일하다.

0499 • goat
[gout]

ⓝ 염소

Goats' milk can be made into cheese and yogurt.
염소의 젖으로 치즈와 요구르트를 만들 수 있다.

0500 • cattle
[kǽtl]

ⓝ (집합적으로) 소

a herd of **cattle** 한 무리의 소
The **cattle** are eating grass in the field.
소 떼가 들판에서 풀을 먹고 있다.

🔲 cows and bulls 암소와 황소
★ cattle은 집합명사로 복수 취급을 한다.

A 빈칸에 알맞은 우리말 뜻 또는 영어 단어를 써넣어 워드맵을 완성하시오.

동물

야생 동물

1 _____ wild
2 _____ 바다거북
3 _____ deer
4 _____ 얼룩말
5 _____ crocodile
6 _____ 표범

새와 벌레

7 _____ 올빼미
8 _____ wing
9 _____ 깃털
10 _____ tail
11 _____ 곤충
12 _____ worm
13 _____ 둥지

바다 동물

14 _____ 상어
15 _____ dolphin
16 _____ 고래

가축

17 _____ 양
18 _____ goat
19 _____ (집합적으로) 소
20 _____ 가축

B 우리말을 참고하여 문장을 완성하시오. (필요하면 단어 형태를 바꾸시오.)

1 Most birds build their _____ in trees.
대부분의 새들은 나무에 둥지를 짓는다.

2 The _____ are eating grass in the field.
소 떼가 들판에서 풀을 먹고 있다.

3 _____ keep birds warm and help them to fly.
깃털은 새를 따뜻하게 유지해 주고 나는 데 도움이 된다.

4 Mountains are home to many _____ animals.
산은 많은 야생 동물의 보금자리이다.

5 In many parts of the world, _____ are used as food.
세계의 많은 지역에서, 곤충은 식량으로 이용된다.

MP3 듣기

0501 • **plant**
[plænt]

ⓝ 식물   ⓥ (식물을) 심다

Most of the food we eat comes from **plants**.
우리가 먹는 대부분의 음식은 **식물**에서 나온다.

My family **planted** some vegetables in the garden.
우리 가족은 정원에 채소를 좀 **심었다**.

♣ 나무의 구조

0502 • **wood**
[wud]

ⓝ 1 나무, 목재   2 (복수로) 숲

Most furniture is made of **wood**.
대부분 가구는 **나무**로 만들어진다.

I like to go camping in the **woods**.
나는 **숲**에서 캠핑하는 것을 좋아한다.

0503 • **root**
[ruːt]

ⓝ 1 뿌리   2 (문제의) 근원, 원인

Roots grow into the soil to gather water.
뿌리는 물을 모으기 위해 흙 속으로 자란다.

the **root** of the problem   문제의 근원

📖 1 the part of a plant that grows under the ground
(땅속에서 자라는 식물의 한 부분)

0504 • **stem**
[stem]

ⓝ (식물의) 줄기

Roots hold the **stem** up so that it does not fall over.
뿌리는 **줄기**가 곧게 서 있도록 붙잡아줘서 그것은 넘어지지 않는다.

0505 • **trunk**
[trʌŋk]

ⓝ (나무의) 몸통, 원줄기

The stem of a tree is called the **trunk**.
나무의 줄기를 **몸통**이라고 부른다.

★ stem은 땅속에서 자라 나와서 잎이나 꽃을 지탱해주는 '줄기'를 뜻하고,
trunk는 나무를 지탱해주는 '몸통'을 뜻한다.

0506 • **branch**
[bræntʃ]

ⓝ (나뭇)가지

The tree's **branches** were swinging in the wind.
그 나무의 **가지들**이 바람에 흔들리고 있었다.

0507 • leaf
[liːf]

ⓝ 잎, 나뭇잎

Leaves turn red or brown during fall.
잎은 가을철에 빨강 또는 갈색으로 변한다.

fallen **leaves** 낙엽

♣ 숲과 나무

0508 • forest
[fɔ́ːrist]

ⓝ 숲, 산림

There are many wild animals in this **forest**.
이 **숲**에는 많은 야생 동물이 있다.

0509 • maple
[méipəl]

ⓝ 단풍나무

Maple leaves change their color before falling.
단풍나무 잎은 지기 전에 색깔이 변한다.

The Canadian flag has a **maple** leaf on it.
캐나다 국기에는 **단풍나무** 잎이 있다.

0510 • pine
[pain]

ⓝ 소나무

Pine trees are often used as Christmas trees.
소나무는 흔히 크리스마스 트리로 사용된다.

0511 • bush
[buʃ]

ⓝ 수풀, 덤불, 관목

We could see a pair of deer in the **bushes**.
우리는 **덤불** 속에서 사슴 한 쌍을 볼 수 있었다.

A bird in the hand is worth two in the **bush**.
손안의 새 한 마리는 **수풀** 속에 있는 두 마리의 가치가 있다.

📖 a plant that is smaller than a tree and has a lot of branches
(나무보다 작고 가지가 많은 식물)

0512 • grass
[græs]

ⓝ 1 풀 2 풀밭, 잔디밭

Many animals eat **grass** as food.
많은 동물이 먹이로 **풀**을 먹는다.

We sat on the **grass** and ate our lunch.
우리는 **풀밭**에 앉아 점심을 먹었다.

0513 • herb
[əːrb]

ⓝ 풀, 약초

Herbs are used to treat various illnesses.
약초는 다양한 질병을 치료하는 데 사용된다.

✤ 식물의 성장

0514 • **seed**
[siːd]

ⓝ 씨앗, 씨

Seeds fall to the ground, and the roots grow into the soil.
씨앗이 땅에 떨어지고 뿌리가 흙 속에서 자란다.

📖 the small, hard part of a plant from which a new plant grows
(새 식물이 자라는 식물의 작고 딱딱한 부분)

0515 • **sunlight**
[sʌ́nlàit]

ⓝ 햇빛

The energy in **sunlight** makes plants grow.
햇빛에 있는 에너지는 식물이 자라게 한다.

0516 • **bud**
[bʌd]

ⓝ 싹, 눈

In the early spring, new **buds** began to appear on trees.
이른 봄에 새**싹들**이 나무에 생기기 시작했다.

0517 • **bloom**
[bluːm]

ⓝ 꽃 ⓥ 꽃을 피우다, 꽃이 피다

This cherry tree has dark pink **blooms**.
이 벚나무는 진분홍색 **꽃**을 가지고 있다.

Most trees **bloom** every spring.
대부분의 나무들은 봄마다 **꽃을 피운다**.

📖 ⓝ the flower on a plant (식물에 핀 꽃)

0518 • **blossom**
[blɑ́ːsəm]

ⓝ 꽃 ⓥ 꽃을 피우다, 꽃이 피다

Peach **blossoms** are a symbol of a happy marriage.
복숭아**꽃**은 행복한 결혼 생활의 상징이다.

In New England, apple trees **blossom** in May.
뉴잉글랜드에서는 사과나무가 5월에 **꽃을 피운다**.

0519 • **fruit**
[fruːt]

ⓝ 과일, 과실; 열매

eat fresh **fruits** and vegetables 신선한 **과일**과 채소를 먹다
I want to grow some **fruit** trees in my garden.
나는 내 정원에서 **과실**나무를 좀 기르고 싶다.

0520 • **berry**
[béri]

ⓝ 산딸기류 열매, 베리

Berries are used to make jams, jellies, and drinks.
베리는 잼, 젤리, 그리고 음료수를 만드는 데 사용된다.

Daily Check-up

학습 Check	MP3 듣기	본문 학습	Daily Check-up	누적 테스트 Days 25-26	Review Test

A 빈칸에 알맞은 우리말 뜻 또는 영어 단어를 써넣어 워드맵을 완성하시오.

1 _____
식물; 심다

나무의 구조

2 _____
wood

3 _____
뿌리; 근원

4 _____
stem

5 _____
(나무의) 몸통

6 _____
branch

7 _____
잎, 나뭇잎

숲과 나무

8 _____
숲, 산림

9 _____
pine

10 _____
단풍나무

11 _____
bush

12 _____
풀; 풀밭, 잔디밭

13 _____
herb

식물의 성장

14 _____
sunlight

15 _____
씨앗, 씨

16 _____
bud

17 _____
꽃; 꽃이 피다

18 _____
blossom

19 _____
과일; 열매

20 _____
berry

B 우리말을 참고하여 문장을 완성하시오. (필요하면 단어 형태를 바꾸시오.)

1 Many animals eat _____ as food.
많은 동물이 먹이로 풀을 먹는다.

2 The tree's _____ were swinging in the wind.
그 나무의 가지들이 바람에 흔들리고 있었다.

3 There are many wild animals in this _____.
이 숲에는 많은 야생 동물이 있다.

4 The energy in _____ makes plants grow.
햇빛에 있는 에너지는 식물이 자라게 한다.

5 I want to grow some _____ trees in my garden.
나는 내 정원에서 과실나무를 좀 기르고 싶다.

Review Test

A 들려주는 영어 단어를 쓴 후 우리말 뜻을 쓰시오.

영단어	뜻	영단어	뜻
1		**2**	
3		**4**	
5		**6**	
7		**8**	
9		**10**	
11		**12**	
13		**14**	
15		**16**	
17		**18**	
19		**20**	

B 다음 영영 풀이에 해당하는 알맞은 단어를 골라 쓰시오.

보기	feather	desert	seed	island	valley	damp

1 a little wet _____

2 the soft covering on a bird's body _____

3 a piece of land in the middle of a body of water _____

4 a low area of land between hills or mountains _____

5 a large area of land in a hot region with little water or rain _____

6 the small, hard part of a plant from which a new plant grows _____

C 밑줄 친 단어의 동의어(=) 또는 반의어(↔)를 골라 쓰시오.

> 보기　　　　　　　　　top　　rise　　dry　　dark

1 We reached the <u>peak</u> of the mountain.　　　　= _____

2 The sky was <u>bright</u> after the storm.　　　　↔ _____

3 The soil is <u>moist</u> after the August rain.　　　↔ _____

4 The birds <u>fall</u> from the clouds as they fly.　　↔ _____

D 다음을 읽고, 빈칸에 알맞은 단어를 우리말을 참고하여 쓰시오.

1 Their spoons are made of _____.
그들의 숟가락은 **나무**로 만들어졌다.

2 My pet is a white dog with a short _____.
내 반려동물은 짧은 **꼬리**를 가진 하얀색 개다.

3 There is a small _____ at the edge of the park.
공원의 가장자리에 작은 **개울**이 있다.

4 Many kinds of _____ plants covered the hill.
많은 종류의 **야생** 식물이 언덕을 뒤덮고 있었다.

E 다음을 읽고, 빈칸에 들어갈 말을 골라 문장을 완성하시오.

> 보기　　　　　　　bright　　nest　　bloom　　area

1 Red roses began to _____ in her garden.

2 Children like wearing _____ color clothes.

3 Be careful when you walk in the rocky _____.

4 The young birds were ready to leave their _____.

PLAN 8

문화 예술

DAY 27 방송과 영화

DAY 28 건축과 음악

DAY 29 미술

program 프로그램
issue 문제, 쟁점, 사안
film 영화; 촬영하다

structure 구조(물)
steel 강철
instrument 기구; 악기

방송과
영화

건축과
음악

문화
예술

미술

artist 예술가, 화가
draw 그리다
colorful 색채가 풍부한

MP3 듣기

✤ 방송과 언론

0521 • program
[próugræm]

ⓝ 1 프로그램 2 계획, 일정

I like to watch music **programs** on TV.
나는 TV의 음악 **프로그램** 시청하는 것을 좋아한다.

marathon training **program**
마라톤 훈련 **계획**

0522 • live
[laiv]

ⓐ 1 살아 있는 2 생방송의, 생중계의

live flowers 생화
We watched a **live** soccer game on TV.
우리는 TV에서 **생중계** 축구 경기를 시청했다.

0523 • newspaper
[núːzpèipər]

ⓝ 신문

Many people read **newspapers** online now.
많은 사람들이 이제는 온라인으로 **신문**을 읽는다.

0524 • daily
[déili]

ⓐ 매일의; 일간의 ⓐⓓ 매일

I read the **daily** newspaper every morning.
나는 매일 아침 **일간** 신문을 읽는다.

Newspapers are delivered **daily**.
신문은 **매일** 배달된다.

0525 • visual
[víʒuəl]

ⓐ 시각의

Photographs are very useful as **visual** data.
사진은 **시각** 자료로서 매우 유용하다.

✛ visualize ⓥ 시각화하다; 상상하다

✤ 보도와 부작용

0526 • issue
[íʃuː]

ⓝ 문제, 쟁점, 사안

a social **issue** 사회 **문제**
There are so many **issues** regarding jobs.
일자리와 관련한 매우 많은 **쟁점**이 있다.

🔲 a subject or problem that people are thinking and talking
about (사람들이 생각하고 이야기하는 주제나 문제점)

0527 • **concern**
[kənsə́:rn]

ⓝ 1 우려 ⊜ worry 2 관심 ⓥ 1 걱정시키다 2 관계되다

There is growing **concern** about the issue.
그 문제에 대한 **관심**이 늘고 있다.

be **concerned** about nature 자연에 대해 **염려하다**

0528 • **record**
ⓥ [rikɔ́:rd]
ⓝ [rékərd]

ⓥ 기록하다 ⓝ 기록

The hurricane has been **recorded** as the worst in 50 years. 그 허리케인은 50년 만에 최악으로 **기록되었다**.

set a **record** for the number of tourists
관광객 수의 **기록**을 세우다

0529 • **report**
[ripɔ́:rt]

ⓥ 1 보도하다 2 보고하다 ⓝ 1 보도 2 보고(서)

A newspaper **reported** on the local festival.
한 신문이 그 지역 축제에 대해 **보도했다**.

Hand in your **report** by tomorrow.
여러분의 **보고서**를 내일까지 제출하세요.

📖 ⓥ to tell people about something that has happened
(일어난 일에 대해 사람들에게 말하다)

0530 • **interview**
[íntərvjù:]

ⓥ 1 인터뷰하다 2 면접하다 ⓝ 1 인터뷰 2 면접

The reporter **interviewed** the movie star.
그 기자는 그 인기 영화배우를 **인터뷰했다**.

have a job **interview** 구직 **면접**을 보다

0531 • **detail**
[díːteil / ditéil]

ⓝ 상세, 세부

The announcer explained the disease in **detail**.
아나운서는 그 질병을 **상세**하게 설명했다.

↻ in detail 상세하게

📖 a specific fact or piece of information about someone or something (누군가나 무언가에 대한 구체적인 사실이나 정보)

0532 • **attention**
[əténʃən]

ⓝ 1 주의, 주목 2 관심

We pay a lot of **attention** to famous people's lives.
우리는 유명인들의 삶에 많은 **주의**를 기울인다.
↻ pay attention to ~에 주의[관심]를 기울이다

attract **attention** **관심**을 끌다

0533 • **privacy**
[práivəsi]

ⓝ 사생활, 프라이버시

You should care about the **privacy** of others.
여러분은 다른 사람의 **사생활**을 배려해야 한다.

PLAN 8

✤ 영화

0534 • film
[film]

ⓝ 영화 ⊜movie ⓥ 촬영하다, 찍다

The city holds a **film** festival every year.
그 도시는 매년 **영화**제를 개최한다.

film animals in the wild
야생에서 동물들을 **촬영하다**

0535 • science fiction
[sáiəns fíkʃən]

ⓝ 공상 과학 영화/소설 ⊜SF

Avatar is an American **science-fiction** film.
'아바타'는 미국 **공상 과학 영화**이다.

★ 다른 명사 앞에 쓰일 때는 science-fiction으로 하이픈이 들어간다.

0536 • adventure
[ədvéntʃər]

ⓝ 모험

The film tells a story of **adventure** and survival in the Amazon jungle.
그 영화는 아마존 정글에서의 **모험**과 생존 이야기를 전한다.

0537 • comedy
[kɑ́:mədi]

ⓝ 희극, 코미디 ⟷tragedy 비극

We laughed a lot while watching the **comedy**.
우리는 그 **희극**을 보면서 엄청 웃었다.

✚ comic ⓐ 희극의; 웃기는

0538 • horror
[hɔ́:rər]

ⓝ 공포

Dracula movies were the earliest **horror** films.
드라큘라 영화는 최초의 **공포** 영화였다.

🔤 a feeling of great fear (큰 불안감)

0539 • animated
[ǽnəméitid]

ⓐ 1 활기찬, 활발한 2 만화 영화로 된

an **animated** discussion 활발한 토론
Yesterday, I watched the **animated** version of *Beauty and the Beast*.
어제 나는 '미녀와 야수'의 **만화 영화** 버전을 봤다.

✚ animation ⓝ 만화 영화

0540 • dramatic
[drəmǽtik]

ⓐ 극적인

The story of the film is **dramatic** and exciting.
그 영화의 이야기는 **극적이고** 흥미진진하다.

🔤 very sudden and extreme (아주 갑작스럽고 극단적인)

✚ drama ⓝ 극; 연극

A 빈칸에 알맞은 우리말 뜻 또는 영어 단어를 써넣어 워드맵을 완성하시오.

방송과 영화

방송과 언론

1 _____
프로그램; 계획

2 _____
visual

3 _____
매일의; 매일

4 _____
newspaper

5 _____
live

보도와 부작용

6 _____
문제, 쟁점, 사안

7 _____
concern

8 _____
기록하다; 기록

9 _____
report

10 _____
면접하다; 면접

11 _____
detail

12 _____
주의, 주목; 관심

13 _____
privacy

영화

14 _____
영화; 촬영하다

15 _____
adventure

16 _____
공상 과학 영화

17 _____
horror

18 _____
희극, 코미디

19 _____
animated

20 _____
극적인

B 우리말을 참고하여 문장을 완성하시오. (필요하면 단어 형태를 바꾸시오.)

1 Photographs are very useful as _____ data.
사진은 시각 자료로서 매우 유용하다.

2 The story of the film is _____ and exciting.
그 영화의 이야기는 극적이고 흥미진진하다.

3 You should care about the _____ of others.
여러분은 다른 사람의 사생활을 배려해야 한다.

4 We pay a lot of _____ to famous people's lives.
우리는 유명인들의 삶에 많은 주의를 기울인다.

5 The hurricane has been _____ as the worst in 50 years.
그 허리케인은 50년 만에 최악으로 기록되었다.

MP3 듣기

♣ 건축

0541 • structure
[strʌ́ktʃər]

ⓝ 1 **구조** 2 **구조물**

social **structure** 사회 **구조**

Bridges are **structures** used for crossing rivers.
다리는 강을 건너기 위해 사용되는 **구조물**이다.

0542 • design
[dizáin]

ⓥ **설계하다** ⓝ 1 **디자인, 설계** 2 **설계도**

The Eiffel Tower was **designed** by Gustave Eiffel.
에펠탑은 귀스타브 에펠에 의해 **설계되었다**.

designs for a bridge 교량 **설계도**

0543 • architect
[ɑ́:rkitèkt]

ⓝ **건축가**

Architects design buildings and other structures.
건축가들은 건물과 기타 구조물들을 설계한다.

🔲 a person who designs buildings (건물을 설계하는 사람)

➕ architecture ⓝ 건축(학); 건축 양식

0544 • construct
[kənstrʌ́kt]

ⓥ **건설하다, 세우다**

construct a highway 고속도로를 **건설하다**

Angkor Wat was **constructed** in the early 12th century.
앙코르와트는 12세기 초에 **건설되었다**.

🔲 to build or make a building, bridge, or road
(건물, 교량, 도로를 짓거나 만들다)

➕ construction ⓝ 건설, 건축

🔲 con(함께) + struct(세우다) → 함께 세우다 → 건설하다

0545 • beauty
[bjú:ti]

ⓝ **아름다움, 미**

The Sydney Opera House is well known for its **beauty**.
시드니 오페라하우스는 **아름다움**으로 잘 알려져 있다.

➕ beautiful ⓐ 아름다운

0546 • harmony
[hɑ́:rməni]

ⓝ **조화**

All new buildings should be in **harmony** with nature.
새로운 모든 건물은 자연과 **조화**를 이루어야 한다.

🔄 be in harmony with ~: ~와 조화를 이루다

0547 • **unique**
[juníːk]

ⓐ 1 독특한; 특별한 ↔ common 보통의, 흔한 2 고유한

unique beauty 독특한 아름다움

These houses are **unique** to this region.
이런 가옥들은 이 지역의 **고유한** 것이다.

✤ 건축 소재

0548 • **metal**
[métl]

ⓝ 금속

We use different **metals** for different things.
우리는 여러 다른 물건에 여러 다른 **금속**을 사용한다.

0549 • **steel**
[stiːl]

ⓝ 강철

Steel is used to build cars, buildings, and homes.
강철은 자동차, 건물, 주택을 짓는 데 사용된다.

📖 a strong, hard metal

0550 • **brick**
[brik]

ⓝ 벽돌

In this area, most houses have **brick** walls.
이 지역에서는 대부분의 가옥들에 **벽돌** 담장이 있다.

0551 • **concrete**
[káːnkriːt]
[kankríːt]

ⓝ (건축) 콘크리트 ⓐ 콘크리트의

Most buildings were constructed with **concrete**.
대부분의 건물들은 **콘크리트**로 건설되었다.

a **concrete** wall 콘크리트 벽

✤ 음악

0552 • **orchestra**
[ɔ́ːrkəstrə]

ⓝ 오케스트라, 관현악단

There are almost 100 musicians in an **orchestra**.
한 **오케스트라**에 거의 100명에 이르는 음악가들이 있다.

a symphony **orchestra** 교향**악단**

0553 • **concert**
[káːnsərt]

ⓝ 음악회, 연주회, 콘서트

The band gave its final **concert** in 2020.
그 악단은 마지막 **음악회**를 2020년에 가졌다.

0554 • instrument
[ínstrəmənt]

ⓝ 1 기구, 도구 2 **악기** 🟰 musical instrument

scientific **instruments** such as microscopes
현미경과 같은 과학 **기구들**

Do you play any **instruments**? — Yes, I play the piano.
"**악기** 연주 하세요?" "예, 피아노를 칩니다."

📖 2 an object such as a piano, guitar, or flute

0555 • conductor
[kəndʌ́ktər]

ⓝ **지휘자**

The **conductor** keeps an orchestra together.
지휘자는 오케스트라를 하나가 되게 한다.

➕ conduct ⓥ 지휘하다; 행동하다

0556 • amuse
[əmjúːz]

ⓥ **즐겁게 하다** 🟰 please

Listening to music always **amuses** us.
음악 감상은 항상 우리를 **즐겁게 한다**.

➕ amusement ⓝ 즐거움; 오락

0557 • composer
[kəmpóuzər]

ⓝ **작곡가**

Ludwig van Beethoven was a German **composer** and pianist.
루트비히 판 베토벤은 독일 **작곡가**이자 피아니스트였다.

📖 a person who writes music (곡을 쓰는 사람)

➕ compose ⓥ 작곡하다; 작문하다

0558 • create
[kriéit]

ⓥ **창조하다, 창작하다**

During his life, Bach **created** over 1,000 pieces of music.
일생 동안 바흐는 1천 곡이 넘는 음악을 **창작했다**.

➕ creation ⓝ 창조, 창작

0559 • modern
[mɑ́ːdərn]

ⓐ **현대의, 현대적인**

Modern musicians create music by using computers.
현대의 음악가들은 컴퓨터를 사용하여 음악을 창작한다.

0560 • classical
[klǽsikəl]

ⓐ 1 **고전적인** 2 **(음악이) 클래식의**

classical ballet 고전 발레

Do you like **classical** music or pop music?
너는 **클래식** 음악을 좋아하니, 대중음악을 좋아하니?

Daily Check-up

A 빈칸에 알맞은 우리말 뜻 또는 영어 단어를 써넣어 워드맵을 완성하시오.

건축과 음악

건축

1 _____
구조; 구조물

2 _____
architect

3 _____
설계하다; 설계도

4 _____
construct

5 _____
아름다움, 미

6 _____
harmony

7 _____
독특한; 고유한

음악

12 _____
관현악단

13 _____
instrument

14 _____
음악회, 연주회

15 _____
conductor

16 _____
즐겁게 하다

17 _____
작곡가

18 _____
create

19 _____
현대의, 현대적인

20 _____
classical

건축 소재

8 _____
강철

9 _____
metal

10 _____
콘크리트(의)

11 _____
brick

B 우리말을 참고하여 문장을 완성하시오. (필요하면 단어 형태를 바꾸시오.)

1 _____ design buildings and other structures.
건축가들은 건물과 기타 구조물들을 설계한다.

2 Do you like _____ music or pop music?
너는 클래식 음악을 좋아하니, 대중음악을 좋아하니?

3 All new buildings should be in _____ with nature.
새로운 모든 건물은 자연과 조화를 이루어야 한다.

4 Do you play any _____? — Yes, I play the piano.
"악기 연주 하세요?" "예, 피아노를 칩니다."

5 Angkor Wat was _____ in the early 12th century.
앙코르와트는 12세기 초에 건설되었다.

MP3 듣기

✤ 미술 작품

0561 • artist
[ɑ́:rtist]

ⓝ 예술가, 화가

Artists create things that have never been seen before.
예술가들은 이전에 본 적이 없는 것을 창조한다.

0562 • painting
[péintiŋ]

ⓝ 그림, 회화

It is said that Picasso's **paintings** are a diary of his life.
피카소의 **그림들**은 피카소 자신의 삶의 일기라고 한다.

➕ painter ⓝ 화가

0563 • portrait
[pɔ́:rtrət]

ⓝ 초상화; 인물 사진

The painting is a **portrait** of an old lady.
그 그림은 한 노부인의 **초상화**이다.

🔲 a painting or photograph of a person
➕ portray ⓥ 그리다, 묘사하다

0564 • genius
[dʒíːniəs]

ⓝ 1 천재 2 천재성

Leonardo da Vinci was a **genius** at painting.
레오나르도 다빈치는 그림의 **천재**였다.

People noticed her **genius** at a very young age.
사람들은 아주 어릴 때 그녀의 **천재성**을 알아봤다.

🔲 1 a very talented or creative person (매우 재능 있거나 창의적인 사람)

0565 • gallery
[gǽləri]

ⓝ 화랑, 미술관 🟰 art gallery

The **gallery** has many works by modern artists.
그 **화랑**은 현대 예술가들의 많은 작품을 소장하고 있다.

🔲 a place where works of art are displayed
(예술 작품이 전시되어 있는 곳)

0566 • popular
[pɑ́:pjələr]

ⓐ 1 인기 있는 2 대중의, 대중적인

Art museums and galleries are **popular** with tourists.
미술관과 화랑은 관광객에게 **인기가 있다**.

popular music 대중음악(pop music)

➕ popularity ⓝ 인기; 대중성

✚ 작품 만들기

0567 • draw
[drɔː]
draw-drew-drawn

ⓥ 1 (연필·펜 등으로) 그리다　2 끌다; 끌어당기다

Draw your designs and fill them with color.
디자인을 **그리고** 그것들을 색으로 채워라.

draw people's attention　사람들의 관심을 **끌다**

✚ drawing ⓝ 그림

0568 • paint
[peint]

ⓥ 1 (물감으로) 그리다　2 페인트칠하다
ⓝ 1 물감　2 페인트

Paint your picture with oil **paint**.
너의 그림을 유화 **물감**으로 **그려라**.

0569 • carve
[kɑːrv]

ⓥ 조각하다, 새기다

Children can **carve** animals out of wood.
아이들은 나무로 동물을 **조각할** 수 있다.

🔳 to make an object by cutting wood or stone
　　(나무나 돌을 잘라서 물체를 만들다)

0570 • brush
[brʌʃ]

ⓝ 붓, 솔　ⓥ 솔질하다

Painters need **brushes**, paint, and a canvas.
화가는 **붓**, 물감, 그리고 캔버스가 필요하다.

★ toothbrush 칫솔

0571 • glue
[gluː]

ⓝ 풀, 접착제　ⓥ (접착제로) 붙이다

The **glue** is used to stick posters onto walls.
그 풀은 벽에 포스터를 붙이는 데 사용된다.

glue broken parts together　부서진 부분을 **접착제로 붙이다**

0572 • clay
[klei]

ⓝ 점토, 찰흙

Most children like to make things with **clay**.
대부분의 아이들은 **점토**를 가지고 물건을 만드는 것을 좋아한다.

✚ 작품의 특징

0573 • colorful
[kʌ́lərfəl]

ⓐ 색채가 풍부한, 다채로운

Many people like the artist's **colorful** paintings.
많은 사람들이 그 화가의 **색채가 풍부한** 그림을 좋아한다.

0574 • realistic
[rìːəlístik]

ⓐ 1 현실적인   2 사실적인, 사실주의의

a **realistic** goal 현실적인 목표

Her paintings are **realistic**, and they look like photographs.
그녀의 그림은 **사실적이어서** 마치 사진처럼 보인다.

0575 • graphic
[grǽfik]

ⓐ 1 그래픽의   2 상세한, 생생한

Computer **graphic** artists use computers to create designs.
컴퓨터 **그래픽** 예술가들은 디자인을 창조하기 위해 컴퓨터를 사용한다.

a **graphic** description 상세한 묘사

0576 • creative
[kriéitiv]

ⓐ 창의적인, 독창적인

Creative artists always think of new things.
창의적인 예술가들은 항상 새로운 것을 생각한다.

➕ creativity ⓝ 창조성

0577 • vivid
[vívid]

ⓐ 1 생생한   2 (빛·색이) 강렬한, 선명한

a **vivid** memory of the past 과거에 대한 **생생한** 기억

Her paintings are very colorful and **vivid**.
그녀의 그림들은 매우 다채롭고 색이 **강렬하다**.

🔲 2 very bright in color (색이 매우 선명한)

0578 • pale
[peil]

ⓐ 1 (색깔이) 엷은, 연한 ↔dark 짙은   2 (얼굴이) 창백한

The color is **pale** and not clear. 색깔이 **엷고** 분명하지 않다.

pale yellow / pink 연노랑 / 연분홍

Are you okay? You look **pale** today.
너 괜찮아? 오늘 **창백해** 보여.

🔲 1 very light in color (색이 매우 엷은)

0579 • reflect
[riflékt]

ⓥ 1 반사하다   2 반영하다, 나타내다

A mirror **reflects** light. 거울은 빛을 **반사한다**.

Art **reflects** our ideas and feelings.
예술은 우리의 생각과 느낌을 **반영한다**.

➕ reflection ⓝ (거울 등에 비친) 상; 반영

0580 • shade
[ʃeid]

ⓝ 1 그늘   2 색조

sit down in the **shade** of a tree 나무 **그늘**에 앉다

This color palette shows different **shades** of blue.
이 컬러 팔레트는 여러 다른 파란색의 **색조**를 보여 준다.

Daily Check-up

A 빈칸에 알맞은 우리말 뜻 또는 영어 단어를 써넣어 워드맵을 완성하시오.

미술

미술 작품

1 ＿＿＿＿＿＿＿＿
예술가, 화가

2 ＿＿＿＿＿＿＿＿
genius

3 ＿＿＿＿＿＿＿＿
그림, 회화

4 ＿＿＿＿＿＿＿＿
portrait

5 ＿＿＿＿＿＿＿＿
화랑, 미술관

6 ＿＿＿＿＿＿＿＿
popular

작품 만들기

7 ＿＿＿＿＿＿＿＿
draw

8 ＿＿＿＿＿＿＿＿
그리다; 물감

9 ＿＿＿＿＿＿＿＿
brush

10 ＿＿＿＿＿＿＿＿
조각하다, 새기다

11 ＿＿＿＿＿＿＿＿
clay

12 ＿＿＿＿＿＿＿＿
풀, 접착제; 붙이다

작품의 특징

13 ＿＿＿＿＿＿＿＿
색채가 풍부한

14 ＿＿＿＿＿＿＿＿
realistic

15 ＿＿＿＿＿＿＿＿
그래픽의; 상세한

16 ＿＿＿＿＿＿＿＿
creative

17 ＿＿＿＿＿＿＿＿
얇은, 연한; 창백한

18 ＿＿＿＿＿＿＿＿
vivid

19 ＿＿＿＿＿＿＿＿
그늘; 색조

20 ＿＿＿＿＿＿＿＿
reflect

B 우리말을 참고하여 문장을 완성하시오. (필요하면 단어 형태를 바꾸오.)

1 Art ＿＿＿＿＿＿＿＿ our ideas and feelings.
예술은 우리의 생각과 느낌을 반영한다.

2 The painting is a ＿＿＿＿＿＿＿＿ of an old lady.
그 그림은 한 노부인의 초상화이다.

3 Leonardo da Vinci was a ＿＿＿＿＿＿＿＿ at painting.
레오나르도 다빈치는 그림의 천재였다.

4 ＿＿＿＿＿＿＿＿ artists always think of new things.
창의적인 예술가들은 항상 새로운 것을 생각한다.

5 Art museums and galleries are ＿＿＿＿＿＿＿＿ with tourists.
미술관과 화랑은 관광객에게 인기가 있다.

Review Test

A 들려주는 영어 단어를 쓴 후 우리말 뜻을 쓰시오.

영단어	뜻	영단어	뜻
1		2	
3		4	
5		6	
7		8	
9		10	
11		12	
13		14	
15		16	
17		18	
19		20	

B 다음 영영 풀이에 해당하는 알맞은 단어를 골라 쓰시오.

보기	report	architect	portrait	detail	carve	composer

1 a person who writes music _____

2 a person who designs buildings _____

3 a painting or photograph of a person _____

4 to make an object by cutting wood or stone _____

5 to tell people about something that has happened _____

6 a specific fact or piece of information about someone or something _____

C 밑줄 친 단어의 동의어(=) 또는 반의어(↔)를 골라 쓰시오.

보기	common	movies	please	worry

1 Animated movies <u>amuse</u> young kids.   = _____

2 Everything is going well. There is no reason for <u>concern</u>.   = _____

3 Some Korean <u>films</u> are popular in other countries.   = _____

4 They have their own <u>unique</u> languages.   ↔ _____

D 다음을 읽고, 빈칸에 알맞은 단어를 우리말을 참고하여 쓰시오.

1 I keep a _____ of my daily spending.
나는 내 일일 지출을 **기록**해 둔다.

2 Ice cream is always _____ with children.
아이스크림은 아이들에게 항상 **인기가 있다**.

3 Her silence r_____s her disappointment.
그녀의 침묵은 그녀의 실망을 **나타낸다**.

4 Parents always pay _____ to their children's health.
부모들은 항상 자녀의 건강에 **주의**를 기울인다.

E 다음을 읽고, 빈칸에 들어갈 말을 골라 문장을 완성하시오.

보기	draw	interview	orchestra	instrument

1 The guitar is a popular musical _____.

2 The _____ played Mozart and Chopin.

3 Now you need to _____ two circles for eyes.

4 It's a good idea to wear a suit to a job _____.

✿ 예문에서 뽑은 최중요 핵심 표현

핵심 표현 다시 점검하며 빈칸 완성해 보기

1 **be covered with** ~로 덮이다

The peak of the mountain is _____ snow. 그 산의 정상은 눈으로 **덮여 있다.**

2 **take a shower/bath** 샤워하다 / 목욕하다

The weather was sticky, so I _____. 날씨가 무더워서 나는 **샤워를 했다.**

3 **all week/day long** 일주일 내내 / 하루 종일

Snow has been falling all _____. **일주일 내내** 눈이 내리고 있다.

4 **be home to** ~의 보금자리이다

Mountains are _____ many wild animals. 산은 많은 야생 동물의 **보금자리이다.**

5 *A* **be made into** *B* A는 B로 만들어지다

★ A는 재료, B는 완성품을 나타내요.

Goats' milk is _____ cheese. 염소의 젖은 치즈로 **만들어진다.**

6 *A* **be made of** *B* A는 B로 만들어지다

★ 재료의 원형이 남아 있을 때 of를 써요.

Most furniture is _____ wood. 대부분 가구는 나무로 **만들어진다.**

7 **fall to the ground** 땅에 떨어지다

Seeds fall _____. 씨앗이 **땅에 떨어진다.**

| 8 | **hand in** | ~을 제출하다 |

Please _____ your report by
tomorrow. 여러분의 보고서를 내일까지 **제출해** 주세요.

| 9 | **pay attention to** | ~에 주의[관심]를 기울이다 |

pay _____ famous people's lives
유명인들의 삶에 **주의를 기울이다**

| 10 | **be in harmony with** | ~와 조화를 이루다 |

be in _____ nature
자연과 **조화를 이루다**

✿ 발음이나 철자가 유사한 혼동어

0449 **hill** [hil] ⓝ 언덕 | **heal** [hi:l] ⓥ 치유하다 | **heel** [hi:l] ⓝ (발)뒤꿈치

★ 세 단어는 발음은 비슷하지만, 철자와 뜻이 완전히 다른 것에 유의하자.

0451 **cave** [keiv] ⓝ 동굴 | 0569 **carve** [kɑːrv] ⓥ 조각하다, 새기다

★ 두 단어의 철자는 비슷해 보이지만 발음과 뜻이 완전히 다르다.

0461 **weather** [wéðər] ⓝ 날씨 | **whether** [wéðər] ⓒⓞⓝⓙ ~인지 (아닌지)

★ 두 단어는 발음은 동일하지만 철자와 그 뜻이 완전히 다르다.

0497 **cattle** [kǽtl] ⓝ (집합적으로) 소 | **kettle** [kétl] ⓝ 주전자

★ 두 단어의 발음은 비슷하지만, 두 단어의 첫 철자 차이와 뜻 차이에 유의하자.

정답 1 covered with 2 took a shower 3 week long 4 home to 5 made into 6 made of
7 to the ground 8 hand in 9 attention to 10 harmony with

PLAN
9

일상과 여가

DAY 30 **시간**

DAY 31 **일상생활**

DAY 32 **취미**

DAY 33 **스포츠**

시간

calendar 달력
present 현재(의)
always 항상

일상생활

hurry 서두르다
in time 제시간에
return 돌아오다

일상과 여가

취미

pleasure 즐거움
outdoor 야외의
club 클럽, 동호회

스포츠

soccer 축구
stadium 경기장
beat 이기다

MP3 듣기

✚ 때와 날짜

0581 • **calendar**
[kǽləndər]

ⓝ 달력

I put many birthdays on the calendar on my phone.
나는 많은 생일을 내 전화기의 **달력**에 입력했다.

the solar[lunar] calendar 양[음]력

0582 • **date**
[deit]

ⓝ 날짜

What's the date today? — (Today is) August 19.
"오늘 **며칠**이니?" "(오늘은) 8월 19일이야."

We haven't set a date for the next meeting yet.
우리는 아직 다음 회의 **날짜**를 정하지 않았다.

↻ set a date 날짜를 정하다

★ 요일을 물을 때: What day is it today? 오늘이 무슨 요일이지?

0583 • **noon**
[nu:n]

ⓝ 정오, 낮 12시

We have lunch at noon every day.
우리는 매일 **정오(12시)**에 점심 식사를 한다.

↻ at noon 정오에, 낮 12시에

0584 • **daytime**
[déitàim]

ⓝ 낮, 주간

85 percent of people work during the daytime.
85퍼센트의 사람들이 **낮** 동안에 일을 한다.

★ lunchtime 점심시간, nighttime 야간, 밤

0585 • **midnight**
[mídnàit]

ⓝ 한밤중, 자정, 밤 12시

Eating at midnight is not good for your health.
한밤중에 먹는 것은 당신의 건강에 좋지 않다.

↻ at midnight 자정[한밤중]에

0586 • **weekend**
[wí:kènd]

ⓝ 주말

What are you going to do this weekend?
이번 **주말**에 너는 뭘 할 거니?

We went fishing on the weekend.
우리는 **주말**에 낚시를 갔다.

★ weekday 주중, 평일

0587 • monthly
[mʌ́nθli]

ⓐ 월례의, 매달의

Our club's **monthly** meeting is on the second Tuesday of the month.
우리 동아리의 **월례** 모임은 매달 두 번째 화요일이다.

♣ 과거·현재·미래

0588 • already
[ɔːlrédi]

ⓐⓓ 이미, 벌써

When I arrived, they had **already** started the meeting.
내가 도착했을 때, 그들은 **이미** 회의를 시작했다.

0589 • past
[pæst]

ⓝ 과거 ⓐ 과거의; 지난 ↔ future

In the **past**, people lived in caves.
과거에는 사람들이 동굴에 살았다.

I have been very busy for the **past** few weeks.
나는 **지난** 몇 주 동안 아주 바빴다.

0590 • present
[prézənt]

ⓝ 1 현재 2 선물 ⓐ 1 현재의 2 참석[출석]한

I think the **present** is more important than the past.
나는 과거보다 **현재**가 더 중요하다고 생각한다.

Enjoy the **present** moment. **현재의** 순간을 즐겨라.

Was he **present** at the meeting?
그는 회의에 **참석**했나요?

🔎 ⓝ 1 the period of time that we are in now
(우리가 지금 존재하는 시기)

0591 • future
[fjúːtʃər]

ⓝ 미래 ⓐ 미래의

Robots will cook for you in the **future**.
미래에는 로봇이 여러분을 위해 요리할 것이다.

my **future** husband 내 **미래의** 남편

0592 • later
[léitər]

ⓐⓓ 나중에, 후에 ⓐ (~보다) 뒤의, 후의

I'll call you again **later**. 내가 **나중에** 다시 전화할게.

We caught a **later** train.
우리는 **더 뒤에** 출발하는 기차를 탔다.

0593 • from now on

지금부터, 앞으로는

From now on, I will jog every morning.
지금부터 나는 매일 아침 조깅을 할 거야.

0594 • someday
[sʌ́mdèi]

@ad 언젠가, 훗날에

Someday, I'm going to travel around the world.
언젠가 나는 세계 일주 여행을 할 거야.

@ at some time in the future (미래의 언젠가)

0595 • until
[əntíl]

@prep @conj ~ 때까지

I could not sleep **until** midnight.
나는 자정이 될 **때까지** 잠을 이룰 수 없었다.

I will wait for you **until** you arrive.
네가 도착할 **때까지** 너를 기다릴게.

0596 • soon
[suːn]

@ad 곧, 이내 @ before long

It's very cloudy. I think it's going to rain **soon**.
날이 잔뜩 흐려. 내 생각엔 **곧** 비가 올 것 같아.

✤ 빈도

0597 • always
[ɔ́ːlweiz]

@ad 항상, 언제나 @ all the time

I **always** try to be nice to everyone.
나는 **항상** 모든 사람에게 친절하려고 노력한다.

She **always** drinks coffee in the morning.
그녀는 **항상** 아침에 커피를 마신다.

0598 • usually
[júːʒuəli]

@ad 보통, 대개

I **usually** go to school by bus.
나는 **보통** 버스를 타고 학교에 간다.

✤ usual @ 보통의, 일상의

0599 • sometimes
[sʌ́mtàimz]

@ad 때때로, 이따금

People **sometimes** buy things they don't need.
사람들은 **때때로** 필요하지 않은 물건들을 산다.

@ at certain times, but not always (특정한 시간에, 항상은 아닌)

0600 • rarely
[réərli]

@ad 좀처럼 ~하지 않는, 드물게

I **rarely** eat fast food for dinner.
나는 저녁으로 패스트푸드를 **좀처럼** 먹지 **않는**다.

@ not very often

✤ rare @ 드문

A 빈칸에 알맞은 우리말 뜻 또는 영어를 써넣어 워드맵을 완성하시오.

시간

때와 날짜

1 _____ calendar

2 _____ 날짜

3 _____ noon

4 _____ 낮, 주간

5 _____ midnight

6 _____ 주말

7 _____ monthly

과거·현재

8 _____ already

9 _____ 과거; 과거의

10 _____ present

빈도

17 _____ always

18 _____ 때때로

19 _____ usually

20 _____ 좀처럼 ~하지 않는

미래

11 _____ 미래; 미래의

12 _____ 지금부터, 앞으로는

13 _____ until

14 _____ 나중에; 뒤의

15 _____ soon

16 _____ 언젠가, 훗날에

B 우리말을 참고하여 문장을 완성하시오. (필요하면 단어 형태를 바꾸시오.)

1 What's the _____ today?   오늘 며칠이니?

2 _____, I'm going to travel around the world.
언젠가 나는 세계 일주 여행을 할 거야.

3 I _____ eat fast food for dinner.
나는 저녁으로 패스트푸드를 좀처럼 먹지 않는다.

4 I think the _____ is more important than the past.
나는 과거보다 현재가 더 중요하다고 생각한다.

5 When I arrived, they had _____ started the meeting.
내가 도착했을 때, 그들은 이미 회의를 시작했다.

MP3 듣기

✤ 오전

0601 • awake
[əwéik]
awake-awoke-awoken

ⓐ 깨어 있는, 자고 있지 않은   ⓥ 깨다; 깨우다

Worries keep us **awake**.
걱정은 우리를 **깨어 있게** 한다.

I was **awoken** by my alarm.
나는 내 자명종에 **깼다**.

📖 ⓐ not sleeping

0602 • get up

일어나다   ↔ go to bed 잠자리에 들다

I usually **get up** at 7 o'clock in the morning.
나는 아침에 보통 7시에 **일어난다**.

★ wake up은 '잠에서 깨어나다'의 의미이다.

0603 • get used to

~에 익숙해지다

I **got used to** getting up early.
나는 일찍 일어나는 것에 **익숙해졌다**.

I **got used to** my new bike.
나는 내 새 자전거에 **익숙해졌다**.

★ get used to 뒤에는 명사 또는 동명사가 온다.

0604 • breakfast
[brékfəst]

ⓝ 아침 식사

Do you love eating eggs for **breakfast**?
너는 **아침 식사**로 달걀 먹는 것을 좋아하니?

📖 the first meal of the day (하루의 첫 번째 식사)

0605 • almost
[ɔ́:lmoust]

ⓐⓓ 거의   ＝ nearly

It's **almost** time to go to school.
학교에 갈 시간이 **거의** 다 되었다.

Almost all people love some kind of music.
거의 모든 사람들이 어떤 종류의 음악을 좋아한다.

0606 • hurry
[hə́:ri]

ⓝ 서두름, 급함   ⓥ 서두르다

I had to wash and dress in a **hurry**.
나는 **서둘러** 씻고 옷을 입어야 했다.

↪ in a hurry 서둘러, 급히

I'm late! I have to **hurry**.
나 늦었어! 나는 **서둘러야** 해.

0607 · put on

1 (옷을) 입다 ↔ take off 벗다   2 바르다

Put on your socks before you **put on** your jacket.
재킷을 **입기** 전에 양말을 **신어라.**

Don't forget to **put on** sunscreen before you go out.
외출하기 전에 선크림을 **바르는** 것을 잊지 마.

♣ 일

0608 · in time

제시간에, 시간에 맞춰

I am so sorry. I can't get there **in time.**
정말 미안해. 나는 **제시간에** 그곳에 도착할 수 없어.

📖 not late

★ cf. on time 정각에, 시간을 어기지 않고

0609 · greet
[griːt]

ⓥ **인사하다, 환영하다**

Friends **greet** each other by saying hi.
친구들은 "안녕"이라고 말하며 서로 **인사한다.**

0610 · typical
[típikəl]

ⓐ 1 **전형적인**   2 **보통의** ≡ normal

typical English breakfast **전형적인** 영국식 아침 식사

It was a **typical** day with phone call after phone call.
전화가 끊이지 않고 오는 **보통의** 하루였다.

0611 · awful
[ɔ́ːfəl]

ⓐ **끔찍한, 지독한**

It was an **awful** day. We had a lot of work to do.
끔찍한 하루였어. 우리는 할 일이 많았어.

📖 very bad or unpleasant

0612 · finish
[fíniʃ]

ⓥ **마치다, 끝내다** ↔ start 시작하다

Can you **finish** your work before lunch?
점심 전에 일을 **마칠** 수 있나요?

The concert will **finish** at 10 p.m.
그 연주회는 밤 10시에 **끝날** 것이다.

0613 · complete
[kəmplíːt]

ⓥ **완성하다, 완료하다** ≡ finish   ⓐ **완전한**

I could **complete** my drawing in seven hours.
나는 7시간 만에 내 그림을 **완성할** 수 있었다.

a **complete** understanding **완전한** 이해

✤ 저녁

0614 • **return**
[ritə́ːrn]

ⓥ 1 돌아오다[가다] 2 반납하다 ⓝ 돌아옴, 귀가

What time do you usually **return** home?
너는 보통 몇 시에 집에 **돌아오니**?

Did you **return** the book to the library?
너는 도서관에 책을 **반납했니**?

on a **return** trip **돌아오는** 여행길에

📖 ⓥ 1 to go back to a place after one has been away
(다른 곳에 있다가 한 장소로 다시 가다)

0615 • **exercise**
[éksərsàiz]

ⓥ 운동하다 ⓝ 1 운동 2 연습 문제

Do you **exercise** in the morning or evening?
너는 아침에 **운동**을 **하니**, 아니면 저녁에 하니?

do **exercise** for one's health 건강을 위해 **운동**을 하다

exercises in English reading 영어 독해 **연습 문제**

0616 • **supper**
[sʌ́pər]

ⓝ 저녁 식사 🟰 dinner

I always take a walk with my dog after **supper**.
난 **저녁 식사**를 한 후에 항상 나의 개와 산책을 한다.

★ supper는 저녁에 먹는 식사를 뜻하고, dinner는 하루 중에 가장 중요한
식사로 원래는 꼭 저녁 식사를 가리키는 것은 아니었다. 하지만 요즘은 정찬을
주로 저녁에 하므로 dinner를 저녁 식사의 의미로 주로 쓰게 되었다.

0617 • **ordinary**
[ɔ́ːrdənèri]

ⓐ 보통의, 일상적인 🟰 usual

It was just an **ordinary** day at school.
학교에서 그저 **보통의** 하루였다.

0618 • **diary**
[dáiəri]

ⓝ 일기

I keep a **diary** in English. 나는 영어로 **일기**를 쓴다.

🔄 keep a diary 일기를 쓰다

0619 • **clean**
[kliːn]

ⓥ 청소하다 ⓐ 깨끗한 ↔ dirty 더러운, 지저분한

I **clean** my room before I go to bed.
나는 잠자리에 들기 전에 내 방을 **청소한다**.

clean air and water **깨끗한** 공기와 물

0620 • **asleep**
[əslíːp]

ⓐ 잠들어 있는 🟰 sleeping ↔ awake 깨어 있는

He fell **asleep** on the couch. 그는 소파에서 **잠이 들었다**.

Daily Check-up

A 빈칸에 알맞은 우리말 뜻 또는 영어를 써넣어 워드맵을 완성하시오.

일상생활

오전

1 _____
깨어 있는; 깨(우)다

2 _____
get up

3 _____
~에 익숙해지다

4 _____
almost

5 _____
아침 식사

6 _____
hurry

7 _____
(옷을) 입다; 바르다

일

8 _____
제시간에

9 _____
greet

10 _____
typical

11 _____
끔찍한, 지독한

12 _____
complete

13 _____
마치다, 끝내다

저녁

14 _____
돌아오다; 귀가

15 _____
exercise

16 _____
저녁 식사

17 _____
diary

18 _____
보통의, 일상적인

19 _____
clean

20 _____
잠들어 있는

B 우리말을 참고하여 문장을 완성하시오. (필요하면 단어 형태를 바꾸시오.)

1 Worries keep us _____.
걱정은 우리를 깨어 있게 한다.

2 Friends _____ each other by saying hi.
친구들은 "안녕"이라고 말하며 서로 인사한다.

3 I could _____ my drawing in seven hours.
나는 7시간 만에 내 그림을 완성할 수 있었다.

4 Did you _____ the book to the library?
너는 도서관에 책을 반납했니?

5 It was a _____ day with phone call after phone call.
전화가 끊이지 않고 오는 보통의 하루였다.

MP3 듣기

0621 • hobby
[hɑ́:bi]

ⓝ 취미

My brother takes photographs as a **hobby**.
우리 형은 **취미**로 사진을 찍는다.

0622 • pastime
[pǽstàim]

ⓝ 취미, 오락

Gardening is a popular **pastime** for many people.
정원 가꾸기(원예)는 많은 사람들에게 인기 있는 **취미**이다.

🔖 something that a person does in his or her free time because that person loves it (아주 좋아해서 여가 시간에 하는 것)

★ hobby: 여가 시간에 즐겨하는 개인적인 취미
  pastime: 보통 문어체에서 쓰고, 개인적인 취미 외에 일반적인 사람들의 취미도 나타냄 ex) national pastime 국민적 오락

✚ 취미의 즐거움

0623 • leisure
[líːʒər]

ⓝ 여가

What do you do in your **leisure** time? — I watch animated movies.
"당신은 **여가** 시간에 뭘 하세요?" "만화 영화를 봐요."

🔖 the time when one is not working (일하지 않고 있는 시간)

0624 • be into

~에 관심이 많다 ⊜ be interested in

My sister **is into** visual arts.
우리 언니는 시각 예술에 **관심이 많다**.

0625 • pleasure
[pléʒər]

ⓝ 즐거움, 기쁨 ⊜ joy

We all get **pleasure** from reading.
우리 모두는 독서로부터 **즐거움**을 얻는다.

Thank you. — It's my **pleasure**.
감사합니다. – 천만에요.

✚ pleasant ⓐ 즐거운, 유쾌한

0626 • thanks to

~ 덕분에, ~ 때문에

I enjoy fishing **thanks to** my dad.
나는 아빠 **덕분에** 낚시를 즐긴다.

0627 **interested**
[íntrəstəd]

ⓐ 관심[흥미] 있어 하는

I am very **interested** in computer graphics.
나는 컴퓨터 그래픽에 아주 **관심**이 있다.

＋ interest ⓝ 관심, 흥미 ⓥ 관심을 끌다

0628 **stress**
[stres]

ⓝ 스트레스

When I'm experiencing a lot of **stress**, I watch some comedies.
나는 **스트레스**를 많이 받을 때, 희곡을 본다.

＋ stressful ⓐ 스트레스가 많은

♣ 외부 활동

0629 **activity**
[æktívəti]

ⓝ 활동

Traveling is one of the most popular leisure **activities**.
여행은 가장 인기 있는 여가 **활동** 중 하나다.

0630 **outdoor**
[áutdɔ̀ːr]

ⓐ 야외의 　↔indoor 실내의

On rainy days, we cannot do **outdoor** activities.
비 오는 날에 우리는 **야외** 활동을 할 수 없다.

＋ outdoors ⓐⓓ 야외에서

0631 **biking**
[báikiŋ]

ⓝ 자전거 타기

The road is open for **biking** only during daylight hours.
그 도로는 낮 시간 동안에만 **자전거를 타도록** 개방된다.

＋ bike ⓝ 자전거

0632 **hiking**
[háikiŋ]

ⓝ 하이킹, 도보 여행

People go **hiking** in the mountains.
사람들은 산으로 **하이킹**을 간다.

🔁 go hiking 하이킹을 가다

📖 walking a long distance for pleasure
(재미로 긴 거리를 걷는 것)

＋ hike ⓥ 도보 여행하다

0633 **camping**
[kǽmpiŋ]

ⓝ 캠핑, 야영

Let's go **camping** in the valley this weekend.
이번 주말에 계곡으로 **캠핑**을 가자.

＋ camp ⓥ 캠핑[야영]하다 ⓝ 야영지

0634 • **participate**
[pɑːrtísəpèit]

ⓥ 참가[참여]하다

More than 5,000 runners **participated** in this race.
5천 명이 넘는 달리기 선수들이 이 경주에 **참가했다**.

↻ participate in ~: ~에 참가하다 (= take part in)
+ participation ⓝ 참가, 참여

✛ 기타 활동

0635 • **club**
[klʌb]

ⓝ 클럽, 동호회

Students participate in **club** activities after school.
학생들은 방과 후에 **클럽** 활동에 참여한다.

0636 • **talent**
[tǽlənt]

ⓝ 재주, 재능

Amy found her **talent** for cooking.
Amy는 요리에 자신의 **재능**을 발견했다.

0637 • **sign up for**

~을 신청하다, ~에 등록하다

I'll **sign up for** the swimming club.
나는 수영 클럽에 **등록할** 거야.

0638 • **collect**
[kəlékt]

ⓥ 수집하다, 모으다 ⊜ gather

We **collect** old books and give them to poor students.
우리는 헌책을 **수집하여** 그것들을 가난한 학생들에게 줍니다.

+ collection ⓝ 수집(품)

0639 • **volunteer**
[vὰːləntíər]

ⓝ 자원봉사자 ⓐ 자원봉사의 ⓥ 자원봉사하다

I work as a **volunteer** at a local hospital.
나는 지역 병원에서 **자원봉사자**로 일한다.

take part in **volunteer** activities
자원봉사 활동에 참여하다

I **volunteered** to look after the elderly people.
나는 어르신들을 돌보는 일을 **자원봉사했다**.

0640 • **magic**
[mǽdʒik]

ⓝ 마술, 마법

I can do amazing **magic** with my smartphone.
나는 내 스마트폰으로 놀라운 **마술**을 할 수 있다.

+ magical ⓐ 마술의, 마법의

Daily Check-up

A 빈칸에 알맞은 우리말 뜻 또는 영어를 써넣어 워드맵을 완성하시오.

1 _____ 2 p _____
hobby   취미, 오락

취미의 즐거움

3 _____
leisure

4 _____
~에 관심이 많다

5 _____
즐거움, 기쁨

6 _____
thanks to

7 _____
관심[흥미] 있어 하는

8 _____
스트레스

외부 활동

9 _____
outdoor

10 _____
활동

11 _____
camping

12 _____
하이킹, 도보 여행

13 _____
biking

14 _____
참가[참여]하다

기타 활동

15 _____
클럽, 동호회

16 _____
talent

17 _____
~에 등록하다

18 _____
자원봉사자(의)

19 _____
collect

20 _____
마술, 마법

B 우리말을 참고하여 문장을 완성하시오. (필요하면 단어 형태를 바꾸시오.)

1 We all get _____ from reading.
우리 모두는 독서로부터 즐거움을 얻는다.

2 I work as a _____ at a local hospital.
나는 지역 병원에서 자원봉사자로 일한다.

3 What do you do in your _____ time?
당신은 여가 시간에 뭘 하세요?

4 More than 5,000 runners _____ in this race.
5천 명이 넘는 달리기 선수들이 이 경주에 참가했다.

5 On rainy days, we cannot do _____ activities.
비 오는 날에 우리는 야외 활동을 할 수 없다.

MP3 듣기

0641 • **sport**

[spɔːrt]

ⓝ 스포츠(sports), 운동, 경기

Do you play any **sports**? — Yes, I do. I play hockey.
"**스포츠**를 하나요?" "네. 저는 하키를 합니다."

✦ 경기 종류

0642 • **soccer**

[sάkər]

ⓝ 축구

The World Cup is a **soccer** competition.
월드컵은 **축구** 대회이다.

★ 영국 영어에서는 '축구'를 football, 미국 영어에서는 soccer로 쓴다.
American football은 '미식축구'를 뜻한다.
그밖의 종목: baseball 야구, volleyball 배구, basketball 농구

0643 • **table tennis**

[téibl ténis]

ⓝ 탁구

Why is China so good at **table tennis**?
중국은 왜 그렇게 **탁구**를 잘할까?

0644 • **track and field**

[træk ænd fiːld]

ⓝ 육상 경기

Track and field stars compete for the Olympic team.
육상 경기 스타들이 올림픽 팀에 들어가기 위해 경쟁한다.

✦ 시합 전

0645 • **stadium**

[stéidiəm]

ⓝ 경기장, 스타디움

This soccer **stadium** can hold 80,000 people.
이 축구 **경기장**은 8만 명을 수용할 수 있다.

🔲 a large building with many seats that is used for sports events (스포츠 경기에 사용되는 많은 좌석이 있는 대형 건물)

0646 • **player**

[pléiər]

ⓝ 선수

In a game, each **player** on a team has his or her part to play. 경기에서 각 **선수**는 자신이 해야 할 역할이 있다.

0647 • coach
[koutʃ]

ⓝ 코치, (스포츠) 지도자

Coaches must teach players how to avoid injuries.
코치들은 선수들에게 부상을 피하는 방법을 가르쳐야 한다.

🔖 a person who trains a person or team in a sport
　(스포츠에서 개인이나 팀을 훈련시키는 사람)

0648 • fan
[fæn]

ⓝ 팬

Around 50,000 **fans** crowded into the stadium.
약 5만 명에 달하는 **팬들**이 경기장에 운집했다.

0649 • practice
[prǽktəs]

ⓥ 연습하다　ⓝ 연습

We **practice** soccer after school every day.
우리는 방과 후에 매일 축구 **연습을 한다**.
Practice makes perfect. **연습**은 완벽을 낳는다.

0650 • member
[mémbər]

ⓝ 일원; 회원

Our team **members** practice three times a week.
우리 팀**원**들은 일주일에 세 번 연습을 한다.

0651 • amateur
[ǽmətər]

ⓝ 아마추어 (선수)　ⓐ 아마추어의　↔ professional 프로의

He plays golf as an **amateur**.
그는 **아마추어 선수**로 골프를 친다.

🔖 ⓝ someone who does something as a hobby and not as a job
　(어떤 것을 일이 아니라 취미로 하는 사람)

0652 • able
[éibəl]

ⓐ 할 수 있는

The player suffered an injury and won't be **able** to play.
그 선수는 부상을 당해서 경기에 나**설 수** 없을 것이다.

🔄 be able to ~ : ~을 할 수 있다

♣ 시합

0653 • cheer
[tʃíər]

ⓥ 환호하다; 응원하다　ⓝ 환호; 응원

The fans **cheered** their team on during the game.
팬들은 경기 동안 계속 그들의 팀을 **응원했다**.
A great **cheer** came from the crowd.
군중에서 엄청난 **환호**가 나왔다.

🔖 ⓥ to shout loudly to encourage someone
　(누군가를 격려하기 위해 크게 소리치다)

0654 · passion
[pǽʃən]

ⓝ 열정

Our team members always have a **passion** to win.
우리 팀원들은 항상 이기려는 **열정**을 갖고 있다.

0655 · referee
[rèfərí:]

ⓝ 심판

The player wanted a timeout, so the **referee** stopped the game.
그 선수가 타임아웃을 원해서 **심판**은 경기를 중지시켰다.

0656 · goal
[goul]

ⓝ 1 목표, 목적 2 골; 골문

What is your **goal** in joining this club?
이 동아리에 가입하는 **목적**이 무엇인가요?

He scored a **goal** 5 minutes before the game ended.
그는 경기가 끝나기 5분 전에 **골**을 넣었다.

0657 · beat
[bi:t]
beat-beat-beaten

ⓥ 1 (경기에서) 이기다 2 두드리다, 때리다

South Korea **beat** Germany 2-0 in the World Cup.
월드컵에서 대한민국이 독일을 2대0으로 **이겼다**.

I **beat** the carpet with a stick to remove the dust.
나는 먼지를 제거하기 위해서 막대로 카펫을 **두드렸다**.

0658 · lose
[lu:z]
lose-lost-lost

ⓥ 1 잃어버리다 2 (경기에서) 지다 ⟷ win 이기다

I often **lose** my umbrellas.
나는 내 우산을 자주 **잃어버린다**.

Enjoy the game whether you win or **lose**.
이기든 **지든** 경기를 즐겨라.

＋ loss ⓝ 분실; 패배

0659 · tie
[tai]

ⓥ 1 묶다 2 동점을 이루다

I **tied** the gift box with a pink ribbon.
나는 분홍색 리본으로 선물 상자를 **묶었다**.

The game was **tied** 2-2 with five minutes to play.
경기는 경기 시간 5분이 남은 상태에서 2-2 **동점이 되었다**.

📖 2 to have the same number of points in a game
(시합에서 양 팀[선수]이 동일한 득점을 올리다)

0660 · champion
[tʃǽmpiən]

ⓝ 챔피언, 우승자[팀]

Argentina was the **champion** of the 2022 FIFA World Cup.
아르헨티나는 2022년 FIFA(세계 축구 연맹) 월드컵 **챔피언(우승팀)**이었다.

Daily Check-up

학습 Check	MP3 듣기	본문 학습	Daily Check-up	누적 테스트 Days 32-33	Review Test

A 빈칸에 알맞은 우리말 뜻 또는 영어 단어를 써넣어 워드맵을 완성하시오.

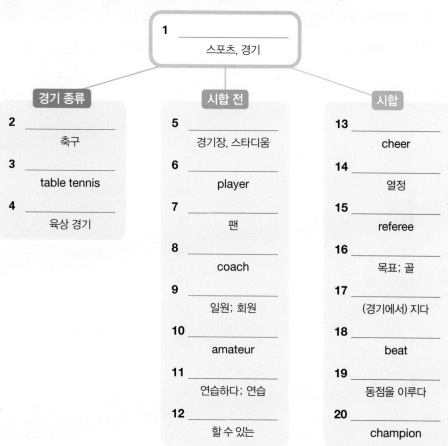

1 _____
스포츠, 경기

경기 종류

2 _____
축구

3 _____
table tennis

4 _____
육상 경기

시합 전

5 _____
경기장, 스타디움

6 _____
player

7 _____
팬

8 _____
coach

9 _____
일원; 회원

10 _____
amateur

11 _____
연습하다; 연습

12 _____
할 수 있는

시합

13 _____
cheer

14 _____
열정

15 _____
referee

16 _____
목표; 골

17 _____
(경기에서) 지다

18 _____
beat

19 _____
동점을 이루다

20 _____
champion

B 우리말을 참고하여 문장을 완성하시오. (필요하면 단어 형태를 바꾸시오.)

1 This soccer _____ can hold 80,000 people.
이 축구 경기장은 8만 명을 수용할 수 있다.

2 Enjoy the game whether you win or _____.
이기든 지든 경기를 즐겨라.

3 We _____ soccer after school every day.
우리는 방과 후에 매일 축구 연습을 한다.

4 The fans _____ their team on during the game.
팬들은 경기 동안 계속 그들의 팀을 응원했다.

5 Our team members always have a _____ to win.
우리 팀원들은 항상 이기려는 열정을 갖고 있다.

Review Test

A 들려주는 영어 단어와 어구를 쓴 후 우리말 뜻을 쓰시오.

영단어	뜻	영단어	뜻
1		**2**	
3		**4**	
5		**6**	
7		**8**	
9		**10**	
11		**12**	
13		**14**	
15		**16**	
17		**18**	
19		**20**	

B 다음 영영 풀이에 해당하는 알맞은 단어를 골라 쓰시오.

보기	cheer	leisure	tie	present	return	breakfast

1 the first meal of the day _____

2 the time when one is not working _____

3 the period of time that we are in now _____

4 to shout loudly to encourage someone _____

5 to have the same number of points in a game _____

6 to go back to a place after one has been away _____

C 밑줄 친 단어의 동의어(=) 또는 반의어(↔)를 골라 쓰시오.

보기	completed　　awake　　normal　　past

1 It was just a <u>typical</u> day for me.　　　　　　= _____

2 I <u>finished</u> my homework and watched TV.　　= _____

3 My dog is <u>asleep</u> on the sofa.　　　　　　↔ _____

4 I want to travel around the world in the <u>future</u>.　　↔ _____

D 다음을 읽고, 빈칸에 알맞은 단어를 우리말을 참고하여 쓰시오.

1 We _____ed branches to make a fire.
우리는 불을 지피기 위해 나뭇가지들을 **모았다**.

2 Watching movies gives me great _____.
영화 감상은 내게 커다란 **즐거움**을 준다.

3 Most male students _____ in sports.
대부분의 남학생들은 스포츠에 **참여한다**.

4 She had to _____ home to look after her baby.
그녀는 아기를 돌보기 위해 **서둘러** 귀가해야 했다.

E 다음을 읽고, 빈칸에 들어갈 말을 골라 문장을 완성하시오.

보기	beat　　from now on　　talent　　pastime

1 Kite flying is a national _____ in Sri Lanka.

2 My younger brother showed _____ in soccer.

3 _____, I'll save money for my trip.

4 To be the champion, you must _____ the champion.

PLAN 10

문학과 언어

DAY 34 **문학과 출판**

DAY 35 **연결어구**

DAY 36 **중요 부사와 어구**

novel 소설
theme 주제, 테마
publish 출판하다

because ~ 때문에
such as 예를 들어
otherwise 그렇지 않으면

문학과
출판

연결어구

문학과
언어

중요 부사와
어구

actually 실제로; 사실은
hardly 거의 ~아니다
mainly 주로

MP3 듣기

✤ 출간물

0661 • novel
[nάːvəl]

ⓝ 소설

I want to read some **novels** during summer vacation.
나는 여름 방학 동안 **소설**을 좀 읽고 싶다.

✚ novelist ⓝ 소설가

0662 • poem
[póuəm]

ⓝ 시

Would you like to hear my **poem**?
제 **시**를 한번 들어보시겠습니까?

✚ poet ⓝ 시인

0663 • cartoon
[kɑːrtúːn]

ⓝ 만화

Did you see the **cartoon** in the newspaper?
너는 신문에 실린 **만화**를 봤니?

📖 a funny drawing in a newspaper or magazine
(신문이나 잡지에 실린 재미있는 그림)

✚ cartoonist ⓝ 만화가

0664 • magazine
[mǽgəzìːn]

ⓝ 잡지

a monthly **magazine** 월간지
She is on the fashion **magazine** cover.
그녀는 패션 **잡지**의 표지를 장식하고 있다.

0665 • series
[síriːz]

ⓝ 1 연속, 일련 2 시리즈, 연속물

a **series** of accidents 사고의 연속
Have you finished reading the *Harry Potter* **series**?
너는 '해리포터' **시리즈**를 다 읽었니?

📖 2 a set of books that deal with the same subject
(같은 주제를 다루는 책 세트)

✤ 이야기의 구성과 특징

0666 • title
[táitl]

ⓝ 1 제목 2 직함

What is the **title** of your favorite book?
네가 제일 좋아하는 책의 **제목**은 무엇이니?

He has the **title** of pope. 그의 **직함**은 교황이다.

0667 · theme
[θiːm]

ⓝ 주제, 테마

The **themes** of the novel are bravery and friendship.
그 소설의 **주제**는 용감함과 우정이다.

0668 · topic
[tάːpik]

ⓝ 주제, 화제 🔤 subject

Love is an interesting **topic** to write about.
사랑은 글을 쓰기에 흥미로운 **주제**이다.

★ theme: 글이나 토론 전반에서 저자나 화자가 전달하고자 하는 중심 생각을 나타냄
   topic: 토론을 하거나 글을 쓸 때의 구체적인 주제를 나타냄

0669 · describe
[diskráib]

ⓥ 묘사하다, 말하다

Can you **describe** how the story changed your life?
그 이야기가 당신의 삶을 어떻게 변화시켰는지 **말해줄** 수 있나요?

📖 to say or write what something or someone is like in detail
   (무언가나 누군가가 어떤지 자세히 말하거나 쓰다)

➕ description ⓝ 서술; 묘사

0670 · event
[ivént]

ⓝ 1 (중요한) 사건   2 행사

His death is an important **event** in the novel.
그의 죽음은 그 소설에서 중요한 **사건**이다.

The bookstore is having a book-signing **event** tomorrow.
내일 서점에서 작가 사인회 **행사**가 열릴 예정이다.

0671 · symbol
[símbəl]

ⓝ 상징

White has always been a **symbol** of purity.
흰색은 언제나 순수함의 **상징**이었다.

➕ symbolize ⓥ 상징하다

0672 · character
[kǽrəktər]

ⓝ 1 성격, 기질   2 특징   3 등장인물

a national **character** 국민성
the unique **character** of the building 그 건물의 독특한 **특징**
How many **characters** are there in this novel?
이 소설에는 **등장인물**이 몇 명이 있는가?

0673 · name after

~의 이름을 따라 짓다

The character in the story **was named after** a famous singer.
이야기 속 등장인물은 한 유명한 가수**의 이름을 따라 지어졌다**.

➕ name ⓝ 이름 ⓥ 이름을 지어주다

PLAN 10

0674 ● **tragedy**
[trǽdʒədi]

ⓝ 비극 ↔ comedy 희극

Hamlet is one of Shakespeare's **tragedies**.
'햄릿'은 셰익스피어의 **비극** 중 하나이다.

📖 a story with a sad ending (결말이 슬픈 이야기)

0675 ● **impress**
[imprés]

ⓥ 감동을 주다, 깊은 인상을 주다

She was really **impressed** by your novel.
그녀는 당신의 소설에 정말 **감동 받았습니다**.

➕ impression ⓝ 인상; 감명

✛ 출판

0676 ● **writer**
[ráitər]

ⓝ 작가 ＝ author

Mark Twain is America's favorite **writer**.
마크 트웨인은 미국이 가장 좋아하는 **작가**이다.

0677 ● **copy**
[kάːpi]

ⓝ 1 복사(본) 2 (책 등의) 한 부 ⓥ 복사하다

I bought a **copy** of *Harry Potter*.
나는 '해리포터' 한 **부**를 구매했다.

Please **copy** the file and send it to me.
파일을 **복사해서** 제게 보내주세요.

0678 ● **correct**
[kərékt]

ⓥ 정정하다 ＝ revise ⓐ 맞는, 정확한 ＝ right

The editor will **correct** your article.
편집자가 당신의 기사를 **정정할** 것이다.

the **correct** answer 맞는 답

📖 ⓥ to make something right or better
(무언가를 정확히 또는 더 낫게 만들다)

0679 ● **print**
[print]

ⓥ 1 인쇄하다; 출판하다 2 (책·신문 등에) 싣다

They **printed** 5,000 copies of the writer's book.
그들은 그 작가의 책을 5,000부 **인쇄했다**.

My article was **printed** in the school newspaper.
내 기사가 학교 신문에 **실렸다**.

0680 ● **publish**
[pʌ́bliʃ]

ⓥ 출판하다

The book was **published** in 2020.
그 책은 2020년에 **출판되었다**.

A 빈칸에 알맞은 우리말 뜻 또는 영어를 써넣어 워드맵을 완성하시오.

문학과 출판

출간물

1 _____ 소설

2 _____ poem

3 _____ 만화

4 _____ magazine

5 _____ 연속; 시리즈

이야기의 구성

6 _____ title

7 _____ 주제, 테마

8 _____ topic

9 _____ 사건; 행사

10 _____ describe

11 _____ 성격; 등장인물

12 _____ symbol

출판

16 _____ 작가

17 _____ correct

18 _____ 인쇄하다; 싣다

19 _____ copy

20 _____ 출판하다

이야기의 특징

13 _____ name after

14 _____ 비극

15 _____ impress

B 우리말을 참고하여 문장을 완성하시오. (필요하면 단어 형태를 바꾸시오.)

1 She was really _____ by your novel.
그녀는 당신의 소설에 정말 감동 받았습니다.

2 She is on the fashion _____ cover.
그녀는 패션 잡지의 표지를 장식하고 있다.

3 They _____ 5,000 copies of the writer's book.
그들은 그 작가의 책을 5,000부 인쇄했다.

4 Can you _____ how the story changed your life?
그 이야기가 당신의 삶을 어떻게 변화시켰는지 말해줄 수 있나요?

5 His death is an important _____ in the novel.
그의 죽음은 그 소설에서 중요한 사건이다.

MP3 듣기

♣ 원인과 결과

0681 • since
[sins]

prep 〜부터[이래] **conj** 1 〜이래 (줄곧) 2 〜이기 때문에

We have been friends **since** elementary school.
우리는 초등학교 **이래로** 쭉 친구이다.

Since our teacher is absent, we are not taking a quiz.
선생님이 결근하셨기 **때문에** 우리는 쪽지 시험을 보지 않을 것이다.

0682 • because
[bikɔ́:z]

conj 〜 때문에 ≡ since

I can't go **because** I have to finish my homework.
나는 숙제를 끝내야 하기 **때문에** 갈 수가 없다.

He was late **because** of a traffic jam.
그는 교통 체증 **때문에** 지각했다.

↪ because of ~: 〜 때문에

0683 • therefore
[ðéərfɔ̀r]

ad 그러므로 ≡ so

I think; **therefore**, I exist.
나는 생각한다, **그러므로** 나는 존재한다.

🔑 for that reason (그런 이유로)

0684 • thus
[ðʌs]

ad 따라서, 그러므로 ≡ therefore

She was the shortest. **Thus**, she had to stand in the first row.
그녀가 제일 작았다. **따라서** 그녀는 첫째 줄에 서야 했다.

0685 • as a result

결국에, 결과적으로

Kevin often lied to his parents. **As a result**, he was scolded.
Kevin은 부모님에게 자주 거짓말을 했다. **결국에** 그는 꾸중을 들었다.

♣ 예시와 추가

0686 • such as

예를 들어, 〜와 같은 ≡ like

I enjoy outdoor activities **such as** camping, surfing, and fishing.
나는 캠핑, 서핑, 그리고 낚시**와 같은** 야외 활동을 즐긴다.

🔑 used to give examples (예를 들기 위해 사용)

0687 · for example

예를 들어　＝for instance

You can choose two cities. **For example**, there are Paris and Seoul.
당신은 두 도시를 선택할 수 있습니다. **예를 들어** 파리와 서울이 있습니다.

0688 · besides
[bisáidz]

ad 게다가　　prep ～ 외에

The hotel was great. **Besides**, the breakfast was nice.
그 호텔은 훌륭했다. **게다가** 아침 식사도 좋았다.

Besides English, I can speak French and Spanish.
나는 영어 **외에** 프랑스어와 스페인어도 할 줄 안다.

0689 · moreover
[mɔːróuvər]

ad 게다가, 더욱이

He enjoys selling things. **Moreover**, he's good at it.
그는 물건 판매를 즐거워한다. **게다가** 그것에 능숙하다.

0690 · in addition

게다가　＝besides

In addition, exercise helps you sleep better at night.
게다가, 운동은 밤에 잠을 더 잘 자게 도와준다.

♣ 대조

0691 · however
[hauévər]

ad 하지만, 그러나　＝but

I like Jenny. **However**, I don't like her habit of always being late.
나는 Jenny를 좋아한다. **하지만** 늘 늦는 그녀의 습관은 싫다.

0692 · despite
[dispáit]

prep ～에도 불구하고　＝in spite of

Despite being sick, he won the game.
아팠음**에도 불구하고**, 그는 경기에서 이겼다.

★ 전치사 despite 뒤에는 명사(구)가 온다.

0693 · although
[ɔːlðóu]

conj ～이긴 하지만

Although it was raining, we went for a walk.
비가 내리고 있었**지만**, 우리는 산책을 갔다.

Although he likes to go hiking, he hasn't had any time to go lately.
그는 하이킹 가는 것을 좋아**하지만**, 그는 최근에 갈 시간이 없었다.

0694 • unlike
[ʌnláik]

prep 1 ~와는 다른   2 ~와는 달리

This music is **unlike** anything I've ever heard before.
이 음악은 내가 전에 들었던 것**과는 다르다**.

Unlike his younger brother, he was very kind.
그의 남동생**과는 달리**, 그는 매우 친절했다.

📖 2 used to show the difference between two people or things
(두 사람 또는 두 사물 사이의 차이점을 보여주려고 사용)

0695 • instead
[instéd]

ad 대신에

I'm busy today. I'm sorry, but can we meet tomorrow **instead**?
제가 오늘 바빠서요. 죄송하지만, **대신** 내일 만나도 될까요?

Can I buy this **instead** of a book?
책 **대신** 이걸 사도 될까요?

🔁 instead of + 명사(구): ~ 대신에

0696 • on the other hand

반면에, 다른 한편으로는

On the other hand, he enjoys staying home alone.
반면에, 그는 집에서 혼자 있는 것을 즐긴다.

♣ 조건과 정리

0697 • otherwise
[ʌ́ðərwàiz]

ad 그렇지 않으면[않았다면]   ⩦ or else

I was worried about you. **Otherwise**, I wouldn't have called you.
널 걱정했어. **그렇지 않았다면**, 내가 너에게 전화하지 않았을 거야.

0698 • unless
[ənlés]

conj ~이 아닌 한, ~하지 않는 한

Unless you take a taxi, you can't get there in time.
네가 택시를 타**지 않는 한**, 넌 제시간에 거기에 도착할 수 없어.

0699 • in short

요약하자면, 요컨대

In short, her business became a success.
요약하자면, 그녀의 사업은 성공했다.

📖 used when summarizing a long story (긴 이야기를 요약할 때 사용)

0700 • that is

즉, 말하자면   ⩦ in other words 다시 말해서

Sam has reached the age of 18. **That is**, he is an adult now.
샘은 18세가 되었다. **다시 말해서**, 그는 이제 성인이다.

Daily Check-up

A 빈칸에 알맞은 우리말 뜻 또는 영어를 써넣어 워드맵을 완성하시오.

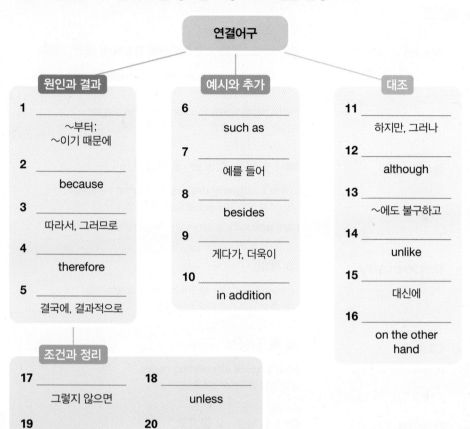

연결어구

원인과 결과

1 _____ ~부터; ~이기 때문에

2 _____ because

3 _____ 따라서, 그러므로

4 _____ therefore

5 _____ 결국에, 결과적으로

예시와 추가

6 _____ such as

7 _____ 예를 들어

8 _____ besides

9 _____ 게다가, 더욱이

10 _____ in addition

대조

11 _____ 하지만, 그러나

12 _____ although

13 _____ ~에도 불구하고

14 _____ unlike

15 _____ 대신에

16 _____ on the other hand

조건과 정리

17 _____ 그렇지 않으면

18 _____ unless

19 _____ 요약하자면

20 _____ that is

B 우리말을 참고하여 문장을 완성하시오. (필요하면 단어 형태를 바꾸시오.)

1 He was late _____ of a traffic jam.
그는 교통 체증 때문에 지각했다.

2 _____, he enjoys staying home alone.
반면에, 그는 집에서 혼자 있는 것을 즐긴다.

3 _____ you take a taxi, you can't get there in time.
네가 택시를 타지 않는 한, 넌 제시간에 거기에 도착할 수 없어.

4 I_____, exercise helps you sleep better at night.
게다가, 운동은 밤에 잠을 더 잘 자게 도와준다.

5 Kevin often lied to his parents. _____, he was scolded.
Kevin은 부모님에게 자주 거짓말을 했다. 결국에 그는 꾸중을 들었다.

MP3 듣기

♣ 강조

0701 • even
[íːvən]

ad 1 ~도[조차] 2 (비교급을 강조하여) **훨씬, 더욱**

She hasn't **even** opened her presents yet.
그녀는 아직 선물을 열어보지**도** 않았다.

Fans sang **even** louder than the singer.
팬들은 가수보다 **훨씬** 더 크게 노래를 불렀다.

0702 • actually
[ǽktʃuəli]

ad 1 실제로, 정말로 2 사실은

I didn't **actually** understand what he said.
나는 그가 말한 것을 **정말로** 이해하지 못했다.

I am **actually** a spy. 저는 **사실** 정보원입니다.

0703 • especially
[ispéʃəli]

ad 특히

I **especially** like strawberry macaroons.
나는 **특히** 딸기 마카롱을 좋아한다.

0704 • quite
[kwait]

ad 꽤, 상당히 ⊜ very

That's **quite** interesting news.
그것은 **꽤** 흥미로운 소식이네요.

0705 • really
[ríːəli]

Really?

ad 1 실제로 2 정말로

The painting shows what the city was **really** like in the 19th century.
그 그림은 그 도시가 19세기에 **실제로** 어땠는지를 보여준다.

I was **really** looking forward to your party.
저는 당신의 파티를 **정말로** 기대하고 있었어요.

♣ 부정

0706 • hardly
[háːrdli]

ad 거의 ~아니다[않다]

I can **hardly** believe what he said.
나는 그가 말한 것을 **거의** 믿을 수가 **없다**.

Hardly anyone comes to visit the old lady in the hospital.
거의 아무도 병원에 있는 할머니를 보러 오지 **않는다**.

🔲 used to show that something almost did not happen
(무언가가 거의 일어나지 않았다는 것을 보여주기 위해 사용)

0707 • never
[névər]

ad 절대[결코] ~ 않다

Never tell this to anyone.
절대로 이것을 아무한테도 말하지 **마세요**.

Most students are **never** late for their classes.
대부분의 학생들은 **절대** 수업에 늦지 **않는다**.

0708 • neither
[níːðər / náiðər]

ad ~도 …도 아니다   **pron** (둘 중) 어느 것도 ~아니다

I want **neither** cakes nor cookies.
나는 케이크도 쿠키도 원하지 **않는다**.

↪ neither A nor B: A도 B도 아닌

Neither of us can drive.   우리 중 **누구도** 운전을 **못한다**.

0709 • unfortunately
[ʌnfɔ́ːrtʃənətli]

ad 불행하게도, 유감스럽게도   ↔ fortunately 다행히도

Unfortunately, I can't help you.
유감스럽게도, 당신을 도와줄 수가 없네요.

♣ 우선순위

0710 • at first

처음에는

At first, she seemed okay, but suddenly she started crying.
처음에는 그녀는 괜찮아 보였지만 갑자기 울기 시작했다.

0711 • above all

무엇보다도; 특히   ≡ especially

Above all, I love singing and dancing.
무엇보다도 나는 노래하고 춤추는 것을 아주 좋아한다.

💬 used to show the most important thing
(가장 중요한 것을 보여주기 위해 사용)

0712 • most of all

무엇보다도   ≡ above all

Most of all, the project isn't as hard as you think.
무엇보다도, 네가 생각하는 것만큼 그 과제는 어렵지 않다.

0713 • finally
[fáinəli]

ad 1 마침내, 결국   ≡ eventually   2 마지막으로

They **finally** won the championship.
그들은 **결국** 선수권 대회에서 우승했다.

Finally, I'd like to thank my family.
마지막으로, 저는 제 가족에게 감사를 드리고 싶습니다.

💬 2 used to describe the last action or event
(마지막 행동이나 일을 설명하기 위해 사용)

✦ 정도

0714 • mainly
[méinli]

ad 주로 (=)mostly

Spiders **mainly** eat insects and other spiders.
거미는 **주로** 벌레와 다른 거미들을 먹는다.

0715 • normally
[nɔ́ːrməli]

ad 보통, 보통 때는

It **normally** takes about 1 hour to reach the airport.
공항에 도착하는 데 **보통** 약 한 시간 정도 걸린다.

✦ normal ⓐ 보통의

0716 • generally
[ʤénrəli]

ad 1 일반적으로 2 보통 (=)usually

People **generally** believed that the Earth was the center of the universe.
사람들은 **일반적으로** 지구가 우주의 중심이라고 믿었다.

I **generally** have breakfast at 8.
나는 **보통** 아침을 8시에 먹는다.

✦ general ⓐ 일반적인; 보통의

0717 • slightly
[sláitli]

ad 약간, 조금 (=)a little

I was **slightly** confused at first.
처음에 나는 **약간** 혼란스러웠다.

0718 • gradually
[grǽʤuəli]

ad 서서히, 차츰 (=)slowly

The baby **gradually** stopped crying.
아기는 **서서히** 울음을 멈췄다.

🔠 changing little by little over a period of time
(일정 기간에 걸쳐 조금씩 변하는)

0719 • totally
[tóutəli]

ad 전적으로, 완전히 (↔)partly 부분적으로

I **totally** agree with you.
난 네게 **전적으로** 동의해.

They are **totally** different from each other.
그들은 서로 **완전히** 다르다.

0720 • completely
[kəmplíːtli]

ad 완전히

Some say that her story is **completely** untrue.
몇몇 사람들은 그녀의 이야기가 **완전히** 사실이 아니라고 말한다.

I **completely** forgot to lock the door last night.
어젯밤에 나는 문을 잠그는 것을 **완전히** 잊어버렸다.

Daily Check-up

학습 Check	MP3 듣기	본문 학습	Daily Check-up	누적 테스트 Days 35-36	Review Test/Plus

A 빈칸에 알맞은 우리말 뜻 또는 영어를 써넣어 워드맵을 완성하시오.

중요 부사와 어구

강조

1 _____
    even

2 a _____
    실제로; 사실은

3 _____
    especially

4 _____
    실제로; 정말로

5 _____
    quite

부정

6 _____
    불행하게도

7 _____
    hardly

8 _____
    ~도 …도 아니다

9 _____
    never

우선순위

10 _____
    처음에는

11 _____
    above all

12 _____
    무엇보다도

13 _____
    finally

정도

14 _____
    주로

15 _____
    generally

16 _____
    보통, 보통 때는

17 _____
    slightly

18 _____
    서서히, 차츰

19 _____
    totally

20 _____
    완전히

B 우리말을 참고하여 문장을 완성하시오. (필요하면 단어 형태를 바꾸시오.)

1 I was _____ confused at first.
처음에 나는 **약간** 혼란스러웠다.

2 M_____, the project isn't as hard as you think.
무엇보다도, 네가 생각하는 것만큼 그 과제는 어렵지 않다.

3 _____ anyone comes to visit the old lady in the hospital.
거의 아무도 병원에 있는 할머니를 보러 오지 않는다.

4 Fans sang _____ louder than the singer.
팬들은 가수보다 **훨씬** 더 크게 노래를 불렀다.

5 People _____ believed that the Earth was the center of the universe.
사람들은 **일반적으로** 지구가 우주의 중심이라고 믿었다.

Review Test

A 들려주는 영어 단어와 어구를 쓴 후 우리말 뜻을 쓰시오.

영단어	뜻	영단어	뜻
1		**2**	
3		**4**	
5		**6**	
7		**8**	
9		**10**	
11		**12**	
13		**14**	
15		**16**	
17		**18**	
19		**20**	

B 다음 영영 풀이에 해당하는 알맞은 단어를 골라 쓰시오.

> 보기 unlike   gradually   therefore   correct   such as   describe

1 for that reason _____

2 used to give examples _____

3 to make something right or better _____

4 changing little by little over a period of time _____

5 used to show the difference between two people or things _____

6 to say or write what something or someone is like in detail _____

C 밑줄 친 단어의 동의어(=) 또는 반의어(↔)를 골라 쓰시오.

보기	eventually	comedy	partly	mostly

1 Our team <u>finally</u> defeated our rivals.　　　= _____

2 The room is <u>mainly</u> used as the guest
bedroom.　　　　　　　　　　　　　　　= _____

3 The film was a famous <u>tragedy</u>.　　　　↔ _____

4 He was <u>totally</u> responsible for the mistake.　↔ _____

D 다음을 읽고, 두 문장에 공통으로 들어갈 단어를 골라 쓰시오.

보기	writer	cartoon	magazine	copy

1 Children usually like watching _____s.

Everyone recognizes Disney's _____ characters.

2 Do you have a _____ of yesterday's newspaper?

The thieves replaced the original painting with a _____.

E 다음을 읽고, 빈칸에 알맞은 단어를 우리말을 참고하여 쓰시오.

1 D_____ the stormy weather, he went fishing.
폭풍우 치는 날씨**에도 불구하고**, 그는 낚시하러 갔다.

2 Tell me who your favorite _____ in the movie is.
영화에서 당신이 제일 좋아하는 **등장인물**이 누구인지 말해주세요.

3 I can't help you u_____ you tell me your problems.
네 문제를 내게 말해주지 **않는 한** 난 너를 도와줄 수가 없어.

4 She didn't seem ill _____, but she ended up in the hospital.
처음에 그녀는 아파보이지 않았지만, 결국 그녀는 병원에 가게 되었다.

✿ 예문에서 뽑은 최중요 핵심 표현

핵심 표현 다시 점검하며 빈칸 완성해 보기

1 **set a date**   날짜를 정하다

set a ＿＿＿＿＿＿＿ for the next meeting
다음 회의 **날짜를 정하다**

2 **it is time to v**   ～할 시간이다

It's almost ＿＿＿＿＿＿＿ go to school.
학교에 **갈 시간이** 거의 다 되었다.

3 **in a hurry**   서둘러, 급히

I had to wash and dress ＿＿＿＿＿＿＿.
나는 **서둘러** 씻고 옷을 입어야 했다.

4 **keep a diary**   일기를 쓰다

keep ＿＿＿＿＿＿＿ in English
영어로 **일기를 쓰다**

5 **fall asleep**   잠이 들다

He ＿＿＿＿＿＿＿ on the couch.
그는 소파에서 **잠이 들었다.**

6 **be interested in**   ～에 관심[흥미]이 있다
= be into

I'm ＿＿＿＿＿＿＿ computer graphics.
나는 컴퓨터 그래픽에 **관심이 있다.**

7 **participate in**   ～에 참가[참여]하다
= take part in

＿＿＿＿＿＿＿ the race
경주에 **참가하다**

8 be good at　　　~을 잘하다

Why is China so _____ table tennis?
중국은 왜 그렇게 탁구를 **잘할까**?

9 be able to　　　~을 할 수 있다

The player won't _____ play.
그 선수는 경기를 **할 수** 없을 것이다.

10 neither *A* nor *B*　　　A도 B도 아닌

I want _____ cakes _____ cookies.　나는 케이크도 쿠키도 원하지 **않는다**.

⚙ 발음이나 철자가 유사한 혼동어

0592 **later** [léitər] ⓐⓓ 나중에 │ **latter** [lætər] ⓐ 후자의

★ 두 단어의 철자는 비슷하지만 모음의 발음 차이에 유의하자.

0618 **diary** [dáiəri] ⓝ 일기 │ **dairy** [déəri] ⓝ 낙농업 ⓐ 유제품의

★ 철자가 매우 유사한 두 단어의 발음과 뜻 차이에 유의하자.

0657 **beat** [biːt] ⓥ 이기다; 때리다 │ 0769 **bit** [bit] ⓝ 조금; 한 조각

★ 두 단어의 발음은 비슷하지만 철자와 뜻이 아주 다르다.

0704 **quite** [kwait] ⓐⓓ 꽤, 상당히 │ 0228 **quiet** [kwáiət] ⓐ 조용한

★ 철자가 매우 유사한 두 단어의 발음과 뜻 차이에 유의하자.

정답　1 date　2 time to　3 in a hurry　4 a diary　5 fell asleep　6 interested in
7 participate in　8 good at　9 be able to　10 neither, nor

PLAN

11

수와 양

DAY 37 사물

DAY 38 수치

DAY 39 수량과 크기

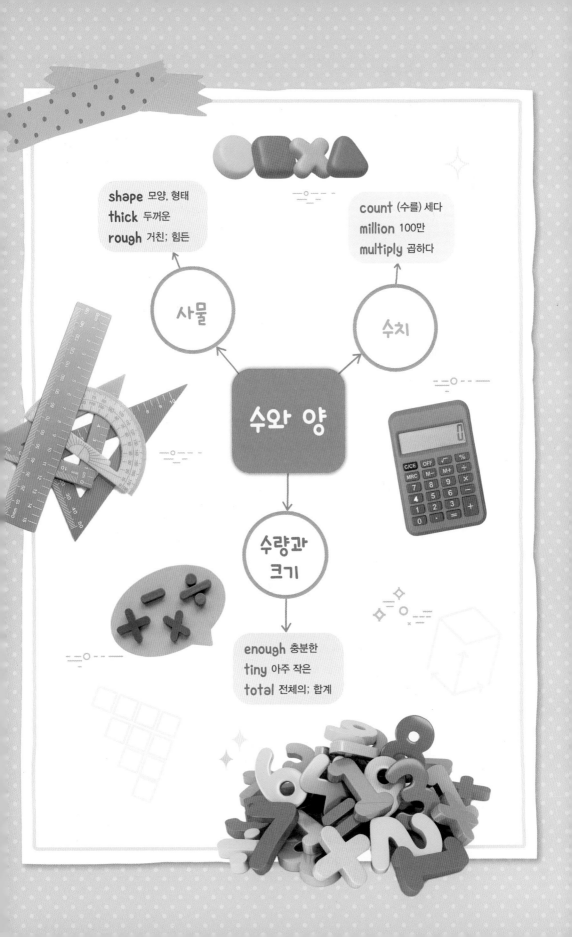

shape 모양, 형태
thick 두꺼운
rough 거친; 힘든

count (수를) 세다
million 100만
multiply 곱하다

사물

수치

수와 양

수량과
크기

enough 충분한
tiny 아주 작은
total 전체의; 합계

MP3 듣기

0721 • object
ⓝ [άːbdʒikt]
ⓥ [əbdʒékt]

ⓝ 1 물건, 사물 = thing 2 목적 ⓥ 반대하다

Please move those **objects** away from the child.
그 **물건들**을 아이로부터 멀리 치워주세요.

What is the **object** of the game?
그 게임의 **목적**은 무엇인가요?

I **object** to making changes without asking.
나는 묻지 않고 바꾸는 것에 **반대한다**.

♣ 모양

0722 • shape
[ʃeip]

ⓝ 모양, 형태

I baked cookies in the **shape** of a heart.
나는 하트 **모양**으로 쿠키를 구웠다.

영영 the form of an object (물건의 형태)

0723 • circle
[sə́ːrkl]

ⓝ 동그라미, 원 ⓥ 동그라미를 그리다

The child drew a **circle** in the middle of his paper.
아이는 종이 한가운데에 **동그라미**를 그렸다.

Circle the correct answer.
정답에 **동그라미를** 치세요.

0724 • square
[skweər]

ⓝ 1 정사각형 2 광장 ⓐ 정사각형의

My dad cut the rice cake into 4 **squares**.
아빠가 떡 케이크를 4개의 **정사각형**으로 잘랐다.

the town **square** 마을 **광장**

0725 • triangle
[tráiæ̀ŋɡəl]

ⓝ 삼각형

She cut her sandwich into two **triangles**.
그녀는 샌드위치를 두 개의 **삼각형**으로 잘랐다.

0726 • round
[raund]

ⓐ 둥근, 원형의 ⓐⓓ 둥글게, 빙빙

The full moon is so **round** and beautiful.
보름달이 아주 **둥글고** 아름답다.

go **round** and **round** 빙글빙글 돌다

♣ 무게·두께·넓이

0727 • heavy
[hévi]

ⓐ 1 무거운   2 (양·정도 등이) 많은, 심한

My bag is really **heavy** because it's full of books.
내 가방이 책으로 꽉 차서 정말 **무겁다**.

heavy rain **많은** 비(폭우)

0728 • light
[lait]

ⓐ 1 밝은   2 가벼운   3 (양·정도 등이) 적은, 약한

Her room was **light** and clean. 그녀의 방은 **밝고** 깨끗했다.
The shoes are **light** as a feather.
그 신발은 깃털처럼 **가볍다**.

light rain **약한** 비

0729 • thick
[θik]

ⓐ 1 두꺼운   2 빽빽한   3 짙은

I need **thick** blankets because it's cold outside.
밖이 추워서 난 **두꺼운** 담요가 필요해.

a **thick** forest 울창한 숲
thick fog 짙은 안개

0730 • thin
[θin]

ⓐ 1 얇은   2 (몸이) 마른

This T-shirt is too **thin** to wear during fall.
이 티셔츠는 가을에 입기에는 너무 **얇다**.

My brother is tall and **thin**. 우리 형은 키가 크고 **말랐다**.

0731 • wide
[waid]

ⓐ 1 넓은   2 폭이 ~인

Do you know how **wide** the room is?
그 방이 얼마나 **넓은지** 너는 알고 있니?

The river is 10 meters **wide**. 그 강은 **폭이** 10미터이다.

0732 • narrow
[nǽrou]

ⓐ 좁은

It was hard to drive through the **narrow** streets.
좁은 길을 지나 운전하는 것은 어려웠다.

♣ 표면·정도·상태

0733 • rough
[rʌf]

ⓐ 1 (표면이) 거친   2 힘든

Your skin looks **rough**. 네 피부가 **거칠어** 보여.
have a **rough** time **힘든** 시간을 보내다

0734 • **smooth**
[smu:ð]

ⓐ 1 매끄러운 2 순조로운

The surface of the floor was **smooth**.
바닥의 표면이 **매끄러웠다**.

My first trip to New York was **smooth**.
내 첫 뉴욕 여행은 **순조로웠다**.

0735 • **flat**
[flæt]

ⓐ 평평한; 납작한

Ancient people believed that the Earth was **flat**.
고대인들은 지구가 **평평하다고** 믿었다.

flat shoes 굽이 낮은 신발

0736 • **sharp**
[ʃɑːrp]

ⓐ 1 뾰족한, 날카로운 2 급격한

Be careful of the **sharp** edge of the knife.
칼의 **뾰족한** 날을 조심하세요.

a **sharp** increase in oil prices 유가의 **급격한** 상승

0737 • **tight**
[tait]

ⓐ 1 단단한, 단단히 맨 2 꽉 조이는 ↔loose 풀린; 헐렁한

The ribbon was too **tight** to untie.
그 리본은 풀기에 너무 **단단히 묶여져** 있었다.

a **tight** jacket (몸에) **꽉 조이는** 재킷

0738 • **empty**
[émpti]

ⓐ 비어 있는

The jar was **empty** with only cookie crumbs left.
통은 과자 부스러기만 남고 **비어 있었다**.

an **empty** house 빈집

0739 • **full**
[ful]

ⓐ 1 가득한 2 배부른

I drank a **full** glass of milk in the morning.
나는 아침에 우유 한 잔 **가득** 마셨다.

No, thanks. I'm **full**. 아니요, 괜찮습니다. 저는 **배가 불러요**.

🔲 to be filled completely (완전히 가득 찬)

0740 • **separate**
ⓥ [sépərèit]
ⓐ [sépərət]

ⓥ 분리하다 ⓐ 분리된

How do you **separate** oil from water?
기름과 물을 어떻게 **분리하나요**?

Keep raw meat **separate** from other foods.
날고기는 다른 음식과 **분리하여** 보관하세요.

✚ separately ⓐⓓ 따로따로, 별도로 | separation ⓝ 분리

A 빈칸에 알맞은 우리말 뜻 또는 영어 단어를 써넣어 워드맵을 완성하시오.

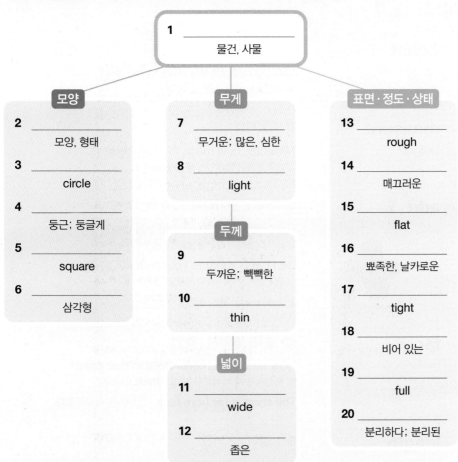

1 _____ 물건, 사물

모양
2 _____ 모양, 형태
3 _____ circle
4 _____ 둥근; 둥글게
5 _____ square
6 _____ 삼각형

무게
7 _____ 무거운; 많은, 심한
8 _____ light

두께
9 _____ 두꺼운; 빽빽한
10 _____ thin

넓이
11 _____ wide
12 _____ 좁은

표면·정도·상태
13 _____ rough
14 _____ 매끄러운
15 _____ flat
16 _____ 뾰족한, 날카로운
17 _____ tight
18 _____ 비어 있는
19 _____ full
20 _____ 분리하다; 분리된

B 우리말을 참고하여 어구 또는 문장을 완성하시오. (필요하면 단어 형태를 바꾸시오.)

1 have a _____ time
힘든 시간을 보내다

2 My dad cut the rice cake into 4 _____.
아빠가 떡 케이크를 4개의 정사각형으로 잘랐다.

3 The shoes are _____ as a feather.
그 신발은 깃털처럼 가볍다.

4 The child drew a _____ in the middle of his paper.
아이는 종이 한가운데에 동그라미를 그렸다.

5 I need _____ blankets because it's cold outside.
밖이 추워서 난 두꺼운 담요가 필요해.

MP3 듣기

♣ 수치 재기

0741 · count
[kaunt]

ⓥ (수를) 세다; 계산하다

Can you **count** the stars in the sky?
하늘에 있는 별의 **수를 셀 수** 있니?

0742 · measure
[méʒər]

ⓥ 측정하다

Measure how much the bag weighs.
가방의 무게가 얼마인지 **측정하세요.**

0743 · add
[æd]

ⓥ 더하다, 추가하다 ⟷ subtract 빼다

How much is it if we **add** this one?
우리가 이것까지 **더하면** 얼마인가요?

Don't **add** sugar to your coffee.
커피에 설탕을 **추가하지** 마세요.

✛ addition ⓝ 덧셈; 추가

0744 · far
[fɑ:r]

⒜ 멀리; 떨어져 ⓐ 먼

How **far** is it from this point to that point?
이 지점에서 저 지점까지 얼마나 **떨어져** 있나요?

The shop is **far** from here. 그 가게는 여기서 **멀다.**

0745 · length
[leŋθ]

ⓝ 1 길이 2 기간

What is the **length** of the new curtains?
새 커튼의 **길이**가 어떻게 되나요?

the **length** of a stay in a hospital 병원에서의 입원 **기간**

🔍 1 the measurement of how long an object is
(물건이 얼마나 긴지에 대한 측정)

♣ 개수와 단위

0746 · thousand
[θáuzənd]

ⓝ 1,000, 천

That will be five **thousand** dollars in total.
총 5**천** 달러가 될 거예요.

thousands of people **수천** 명의 사람들

↻ thousands of 수천의

0747 • **million** [míljən]	ⓝ 100만 It's surprising that this table costs a **million** won. 이 탁자가 **100만**원이라는 것이 놀랍다. **millions** of years ago **수백만** 년 전에 🔊 millions of 수백만의
0748 • **billion** [bíljən]	ⓝ 10억 The population of India is above a **billion** people. 인도의 인구는 **10억**명 이상이다. **billions** of dollars **수십억** 달러
0749 • **couple** [kʌ́pəl] 	ⓝ 1 부부, 한 쌍　2 두어 명/개, 몇 명/개 I met the lovely **couple** at the party. 나는 그 아름다운 **한 쌍**을 파티에서 만났다. Do you have a **couple** of those cookies left? 저 쿠키 **몇 개** 남은 게 있나요? 🔊 a couple of ~: 몇 개/사람의
0750 • **pair** [peər]	ⓝ 한 벌; 한 쌍 I bought a **pair** of jeans.　나는 청바지 **한 벌**을 샀다. a **pair** of earrings　귀걸이 **한 쌍** 🔊 a pair of ~: ~ 한 벌/쌍
0751 • **bunch** [bʌntʃ]	ⓝ 다발, 송이 He brought me a **bunch** of flowers. 그는 내게 꽃 한 **다발**을 가져다주었다. a **bunch** of grapes　포도 한 **송이** 🔊 a bunch of ~: ~ 한 다발/송이 
0752 • **dozen** [dʌ́zn]	ⓝ 12개짜리 한 묶음 I would like a **dozen** eggs, please. 계란 **12개짜리 한 판** 주세요.

♣ 곱셈과 나눗셈

0753 • **multiply** [mʌ́ltəplài]	ⓥ 곱하다 It's so hard for me to **multiply** numbers. 숫자를 **곱하는** 것은 나에게 매우 어렵다. 3 **multiplied** by 5 is 15.　3 **곱하기** 5는 15이다.

0754 • twice
[twais]

ad 1 두 번 2 두 배로

I called you **twice** this morning.
오늘 아침에 네게 **두 번**이나 전화했어.

Montreal is **twice** the size of Seattle.
몬트리올은 시애틀의 크기의 **두 배**이다.

0755 • double
[dʌ́bəl]

a 1 두 배의 2 2인용의 **v** 두 배로 되다

Can I order a **double** burger?
더블(두 배 크기의) 햄버거를 주문해도 될까요?

a **double** bed 2인용 침대

The number of tourists **doubled** last year.
관광객 수가 작년에 **두 배가 되었다**.

0756 • whole
[houl]

a 전체의, 모든 **n** 전체

I can eat a **whole** pizza by myself.
나는 혼자 피자 **전체**를 먹을 수 있다.

the **whole** of the city 그 도시 **전체**

ⓐ complete, including every part (모든 부분을 포함한 전체의)

0757 • divide
[dəváid]

v 나누다

Mom told me to **divide** the pie.
엄마가 내게 파이를 **나눠** 자르라고 말했다.

10 **divided** by 2 is 5. 10 **나누기** 2는 5이다.

to separate into two or more parts (두 부분 이상으로 나누다)

0758 • per
[pər]

prep ~당[마다]

We got one slice of pie **per** person.
우리는 일인**당** 파이 한 조각씩을 받았다.

60 kilometers **per** hour 시속 60km

0759 • half
[hæf]

n 반, 절반 **a** 반의

This is not even **half** of the tour.
이것은 투어의 **반**도 안 됩니다.

a **half** cup of water 물 **반** 잔

0760 • quarter
[kwɔ́:rtər]

n 1 1/4 2 15분 3 (미국) 25센트짜리 동전

a **quarter** of the sandwich 샌드위치 1/4

It's a **quarter** to five. 5시 **15분** 전이야. (4시 45분이야.)

You need to change your bills into **quarters**.
너는 지폐를 **25센트짜리 동전**으로 바꿔야 해.

A 빈칸에 알맞은 우리말 뜻 또는 영어 단어를 써넣어 워드맵을 완성하시오.

수치

수치 재기

1 _____
측정하다

2 _____
count

3 _____
더하다, 추가하다

4 _____
length

5 _____
far

개수와 단위

6 _____
1,000, 천

7 _____
million

8 _____
10억

9 _____
couple

10 _____
한 벌; 한 쌍

11 _____
다발, 송이

12 _____
dozen

곱셈과 나눗셈

13 _____
곱하다

14 _____
twice

15 _____
두 배의; 2인용의

16 _____
전체(의), 모든

17 _____
~당[마다]

18 _____
divide

19 _____
반, 절반; 반의

20 _____
quarter

B 우리말을 참고하여 문장을 완성하시오. (필요하면 단어 형태를 바꾸시오.)

1 _____ how much the bag weighs.
가방의 무게가 얼마인지 측정하세요.

2 He brought me a _____ of flowers.
그는 내게 꽃 한 다발을 가져다주었다.

3 What is the _____ of the new curtains?
새 커튼의 길이가 어떻게 되나요?

4 I can eat a _____ pizza by myself.
나는 혼자 피자 전체를 먹을 수 있다.

5 The population of India is above a _____ people.
인도의 인구는 10억 명 이상이다.

MP3 듣기

♣ 많고 적음

0761 · amount
[əmáunt]

ⓝ 1 양 2 액수, 총액

Fruit juice contains a large **amount** of sugar.
과일 주스는 많은 **양**의 당분이 들어있다.

I paid a small **amount** of money.
나는 적은 **액수**의 돈을 지불했다.

0762 · enough
[inʌ́f]

ⓐ 충분한 ad ~할 만큼 (충분히)

Will that be **enough** food for us?
우리가 먹기에 음식이 **충분할**까요?

My sister is tall **enough** to ride the roller coaster.
내 여동생은 롤러코스터를 탈 수 있을 만큼 **충분히** 크다.

0763 · a lot of

많은 ⊜ lots of

Wow, you have **a lot of** gifts.
어머나, 너는 **많은** 선물을 받았구나.

I spent **a lot of** time in front of a computer.
나는 컴퓨터 앞에서 **많은** 시간을 보냈다.

★ a lot of 뒤에는 셀 수 있는 명사와 셀 수 없는 명사가 모두 올 수 있다.

0764 · many
[méni]

ⓐ 많은 pron 다수의 사람/것

I have **many** things to do today. 나는 오늘 할 일이 **많다**.

Many of my friends like to go to the movies.
내 친구 **대다수**는 영화 보러 가는 것을 좋아한다.

0765 · much
[mʌtʃ]

ⓐ 많은 ad 매우; 훨씬

I spent too **much** money on the games.
나는 게임에 너무 **많은** 돈을 썼다.

I'm feeling **much** better today.
나는 오늘 기분이 **훨씬** 나아졌다.

★ much + 셀 수 없는 명사 / many + 셀 수 있는 명사

0766 · plenty
[plénti]

pron 많음, 풍부

plenty of time 많은 시간
We have **plenty** of books for kids.
우리는 아이들을 위한 책이 **많이** 있다.

★ plenty of 뒤에는 셀 수 있는 명사와 셀 수 없는 명사가 모두 올 수 있다.

0767 • **little**
[lítl]

ⓐ 1 작은 ㅌsmall　2 어린　ⓐⓓ 별로[거의] ~않다

The puppy is so **little** that I can carry it in my bag.
강아지가 아주 **작아서** 내 가방에 넣고 다닐 수 있다.

I know **little** about him. 나는 그에 대해 **거의** 알지 **못한다**.

0768 • **few**
[fjuː]

ⓐ 1 (수가) 많지 않은　2 약간의

Few students understood the lesson.
그 수업을 이해하는 학생이 **거의 없었다**.

I have a **few** good friends. 나는 좋은 친구가 **몇 명** 있다.

📖 a small number

★ few + 셀 수 있는 명사 / little + 셀 수 없는 명사

0769 • **bit**
[bit]

ⓝ 1 조금　2 한 조각

I was a **bit** surprised. 나는 **조금** 놀랐다.
🔁 a bit 조금, 약간 (= a little)

Can I have a **bit** of cheese? 치즈 **한 조각** 좀 먹어도 될까요?

0770 • **least**
[liːst]

ⓐ 가장 적은[작은]　ⓝ 최소(의 것)　↔most 최대의; 최대량

He has the **least** experience of all the members.
그는 모든 회원들 중에서 **가장 경험이 적다**.

★ little - less - least

♣ 크고 작음

0771 • **size**
[saiz]

ⓝ 1 크기　2 치수

I was amazed by the **size** of the museum.
나는 그 박물관의 **크기**에 매우 놀랐다.

What **size** do you wear? **치수**가 어떻게 되나요?

0772 • **tiny**
[táini]

ⓐ 아주 작은 ㅌvery small

The baby's feet are **tiny** and cute.
아기의 발은 **아주 작고** 귀엽다.

0773 • **average**
[ǽvəridʒ]

ⓐ 1 평균의　2 보통의　ⓝ 평균

average rainfall **평균** 강수량
an **average** day **보통의** 날
It takes an **average** of two months to change a habit.
습관을 바꾸려면 **평균** 두 달이 걸린다.

0774 · huge
[hju:ʤ]

ⓐ 거대한 ↔ tiny 아주 작은

I made a **huge** sandcastle.
나는 **거대한** 모래성을 만들었다.

영영 very large in size, amount, or degree (크기, 양, 정도가 아주 큰)

0775 · enormous
[inɔ́:rməs]

ⓐ 거대한, 막대한

They live in an **enormous** house.
그들은 **거대한** 집에서 산다.

an **enormous** amount of time **막대한** 시간

✤ 전체와 일부

0776 · total
[tóutl]

ⓐ 전체의, 총   ⓝ 합계, 총액

What is the **total** number of passengers?
승객의 **총** 수는 얼마입니까?

She borrowed a **total** of $1,000 from a bank.
그녀는 은행에서 **총** 1,000달러를 빌렸다.

0777 · entire
[intáiər]

ⓐ 전체의, 온 ⊜ whole

I spent the **entire** day swimming in the pool.
나는 **온**종일 수영장에서 수영을 하며 보냈다.

0778 · several
[sévərəl]

ⓐ 몇몇의   pron 몇몇

I've read **several** books about China.
나는 중국에 관한 책 **몇** 권을 읽었다.

Several of the boys wanted to play basketball.
남자아이들 **몇몇**은 농구를 하고 싶어 했다.

0779 · piece
[pi:s]

ⓝ 조각, 부분

Each of us enjoyed a **piece** of cake.
우리 각자가 케이크 한 **조각**씩 먹었다.

영영 a bit of something (무언가의 한 조각)

0780 · equally
[í:kwəli]

adv 똑같이, 동등하게

The work should be divided **equally**.
그 일은 **똑같이** 나누어져야 한다.

Treat the children **equally**. 아이들을 **똑같이** 대해주세요.

✤ equal ⓐ 동일한

Daily Check-up

A 빈칸에 알맞은 우리말 뜻 또는 영어 단어를 써넣어 워드맵을 완성하시오.

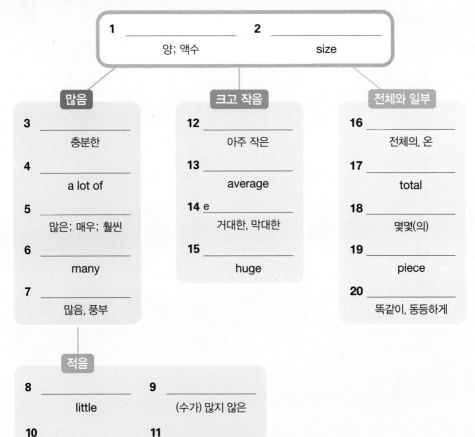

1 _____ 양; 액수
2 _____ size

많음

3 _____ 충분한
4 _____ a lot of
5 _____ 많은; 매우; 훨씬
6 _____ many
7 _____ 많음, 풍부

크고 작음

12 _____ 아주 작은
13 _____ average
14 e_____ 거대한, 막대한
15 _____ huge

전체와 일부

16 _____ 전체의, 온
17 _____ total
18 _____ 몇몇(의)
19 _____ piece
20 _____ 똑같이, 동등하게

적음

8 _____ little
9 _____ (수가) 많지 않은
10 _____ bit
11 _____ 가장 적은[작은]

B 우리말을 참고하여 문장을 완성하시오. (필요하면 단어 형태를 바꾸시오.)

1 I have a _____ good friends.
나는 좋은 친구가 몇 명 있다.

2 _____ of my friends like to go to the movies.
내 친구 대다수는 영화 보러 가는 것을 좋아한다.

3 I spent the _____ day swimming in the pool.
나는 온종일 수영장에서 수영을 하며 보냈다.

4 It takes an _____ of two months to change a habit.
습관을 바꾸려면 평균 두 달이 걸린다.

5 My sister is tall _____ to ride the roller coaster.
내 여동생은 롤러코스터를 탈 수 있을 만큼 충분히 크다.

Review Test

A 들려주는 영어 단어를 쓴 후 우리말 뜻을 쓰시오.

영단어	뜻	영단어	뜻
1		2	
3		4	
5		6	
7		8	
9		10	
11		12	
13		14	
15		16	
17		18	
19		20	

B 다음 영영 풀이에 해당하는 알맞은 단어를 골라 쓰시오.

보기	full shape whole piece few divide

1 a small number _____

2 the form of an object _____

3 a bit of something _____

4 to be filled completely _____

5 complete, including every part _____

6 to separate into two or more parts _____

C 밑줄 친 단어의 동의어(=) 또는 반의어(↔)를 골라 쓰시오.

> 보기   loose   whole   thin   things

1 I spent my <u>entire</u> weekend doing my homework.   = _____

2 Please do not touch any <u>objects</u> inside the museum.   = _____

3 The new pants were too <u>tight</u> for me.   ↔ _____

4 This blanket is very <u>thick</u> and warm.   ↔ _____

D 다음을 읽고, 두 문장에 공통으로 들어갈 단어를 골라 쓰시오.

> 보기   object   length   quarter   square

1 The hotel is just off the main _____.

Windows usually have a _____ shape.

2 The team's _____ is to win the game.

What is that bright _____ over there?

E 다음을 읽고, 빈칸에 알맞은 단어를 우리말을 참고하여 쓰시오.

1 4 _____ by 9 is 36.
4 **곱하기** 9는 36이다.

2 I ate _____ of the watermelon by myself.
나는 혼자서 수박 **반쪽**을 먹었다.

3 The letters are too _____ for the old man to read.
글자가 그 노인이 읽기에는 너무 **작다**.

4 He told me to _____ sheep if I have trouble sleeping.
그는 나에게 잠드는 것이 힘들면 양을 **세라고** 말했다.

PLAN

12

사회

DAY 40 종교와 역사

DAY 41 사회 문제

DAY 42 법과 규칙

DAY 43 도덕 예절

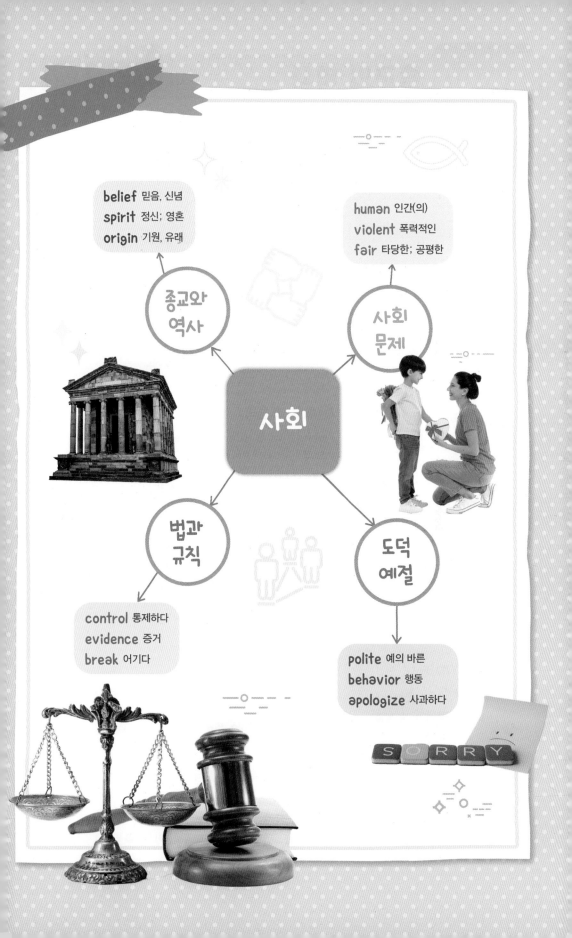

belief 믿음, 신념
spirit 정신; 영혼
origin 기원, 유래

human 인간(의)
violent 폭력적인
fair 타당한; 공평한

종교와
역사

사회
문제

사회

법과
규칙

도덕
예절

control 통제하다
evidence 증거
break 어기다

polite 예의 바른
behavior 행동
apologize 사과하다

SORRY

종교와 역사

MP3 듣기

♣ 종교와 믿음

0781 · god
[gɑ:d]

ⓝ 1 (대문자로) 하느님 2 신

I prayed for **God** to save her.
나는 **하느님**에게 그녀를 구해달라고 기도했다.

The Aztecs believed in a sun **god**.
아즈텍 사람들은 태양**신**을 믿었다.

0782 · belief
[bilí:f]

ⓝ 믿음, 신념

My dad has a strong **belief** in God.
우리 아빠는 하느님에 대한 강한 **믿음**이 있다.

✛ believe ⓥ 믿다 | believer ⓝ 신자; 믿는 사람

0783 · heaven
[hévən]

ⓝ (대문자로) 천국 ↔Hell 지옥

I wonder what **Heaven** is like.
나는 **천국**이 어떤 곳일지 궁금하다.

🔲 the place where God lives and good people go after death
(하느님이 살고 선한 사람들이 사후에 가는 곳)

0784 · church
[tʃə:rtʃ]

ⓝ 교회

I go to **church** every Sunday.
나는 매주 일요일마다 **교회**에 간다.

church services 예배

★ a Catholic Church 천주교회, cathedral 대성당, mosque 이슬람 사원

0785 · temple
[témpəl]

ⓝ 신전, 절, 사찰

The ancient Greek **temples** were built for the gods.
고대 그리스 **신전들**은 신들을 위해 지어졌다.

a Buddhist **temple** 불교 사찰

0786 · bless
[bles]

ⓥ (신의) 가호[축복]를 빌다

The priest **blessed** the child.
신부는 아이의 **축복을 빌어 주었다.**

God **bless** you! 당신에게 **신의 축복**이 있기를 빕니다!

✛ blessing ⓝ 축복

0787 • **miracle** [mírəkəl]	**ⓝ 기적** Jesus turning water into wine was a **miracle**. 예수가 물을 포도주로 바꾼 것은 **기적**이었다. It's a **miracle** that the baby is alive. 그 아기가 살아있는 것은 **기적**이다.
0788 • **myth** [miθ]	**ⓝ 신화** Zeus is a Greek god in **myths**. 제우스는 **신화** 속에 나오는 그리스 신이다.

♣ 미신

0789 • **spirit** [spírit]	**ⓝ 1 정신, 마음　2 영혼** Sports are good for the body and the **spirit**. 스포츠는 몸과 **정신**에 좋다. Do you believe in **spirits**? 당신은 **영혼**이 존재한다고 믿나요?
0790 • **soul** [soul]	**ⓝ 영혼** Some people believe that the **soul** leaves the body after death. 어떤 사람들은 사후에 **영혼**이 몸을 떠난다고 믿는다.
0791 • **devil** [dévl]	**ⓝ 악마**　↔ angel 천사 They were afraid of **devils** and witches. 그들은 **악마**와 마녀를 두려워했다. 🔗 an evil spirit (악령)
0792 • **ghost** [goust]	**ⓝ 유령** Some people say that they can see **ghosts**. 어떤 사람들은 자신들은 **유령**을 볼 수 있다고 말한다.

✦ 역사

0793 • **history** [hístəri] 	**ⓝ 역사** **History** repeats itself. 역사는 되풀이 된다. I'm going to study Korean **history**. 나는 한국**사**를 공부할 것이다. ✦ historical ⓐ 역사상의

0794 · origin
[ɔ́:rədʒin]

ⓝ 기원, 유래 ＝ beginning

Tell me about the **origin** of the universe.
우주의 **기원**에 대해서 얘기해주세요.

＋ originate ⓥ 유래하다

0795 · century
[séntʃəri]

ⓝ 100년; 세기

My grandmother lived for a **century**.
우리 할머니는 **100년**을 사셨다.

the 21st **century** 21세기

0796 · treasure
[tréʒər]

ⓝ 보물

They found **treasure** at the bottom of the ocean.
그들은 해저에서 **보물**을 찾았다.

Namdaemun is National **Treasure** Number 1.
남대문은 **국보** 1호이다.

📖 valuable objects like gold and silver (금은과 같은 귀중한 것들)

0797 · tribe
[traib]

ⓝ 부족, 종족

There are many **tribes** in Africa.
아프리카에는 여러 **부족들**이 있다.

0798 · kingdom
[kíŋdəm]

ⓝ 왕국

The young prince refused to become the king of the **kingdom**.
어린 왕자는 **왕국**의 왕이 되기를 거부했다.

📖 a country ruled by a king or queen
(왕이나 여왕이 통치하는 나라)

0799 · palace
[pǽləs]

ⓝ 궁전

a royal **palace** 왕궁
The princess lived happily in the **palace**.
공주는 **궁전**에서 행복하게 살았다.

0800 · class
[klæs]

ⓝ 1 학급; 수업 2 계층; 계급

a history **class** 역사 **수업**
the middle **class** 중산층
They had to marry within the same **class**.
그들은 같은 **계급** 내에서 결혼해야 했다.

Daily Check-up

A 빈칸에 알맞은 우리말 뜻 또는 영어 단어를 써넣어 워드맵을 완성하시오.

종교와 역사

종교와 믿음

1 _____ 하느님; 신

2 _____ 믿음, 신념

3 _____ heaven

4 _____ 신전, 절, 사찰

5 _____ church

6 _____ 가호[축복]를 빌다

7 _____ miracle

8 _____ 신화

미신

9 _____ soul

10 _____ 정신, 마음; 영혼

11 _____ ghost

12 _____ 악마

역사

13 _____ 역사

14 _____ origin

15 _____ 100년; 세기

16 _____ treasure

17 _____ 부족, 종족

18 _____ palace

19 _____ 왕국

20 _____ class

B 우리말을 참고하여 문장을 완성하시오. (필요하면 단어 형태를 바꾸시오.)

1 My dad has a strong _____ in God.
우리 아빠는 하느님에 대한 강한 믿음이 있다.

2 Jesus turning water into wine was a _____.
예수가 물을 포도주로 바꾼 것은 기적이었다.

3 The ancient Greek _____ were built for the gods.
고대 그리스 신전들은 신들을 위해 지어졌다.

4 The young prince refused to become the king of the _____.
어린 왕자는 왕국의 왕이 되기를 거부했다.

5 Some people believe that the _____ leaves the body after death.
어떤 사람들은 사후에 영혼이 몸을 떠난다고 믿는다.

MP3 듣기

0801 · **society**
[səsáiəti]

ⓝ 사회

modern **society** 현대 **사회**
A school is also a small **society**.
학교도 작은 **사회**이다.

➕ social ⓐ 사회의

✤ 사회 약자

0802 · **disabled**
[diséibəld]

ⓐ 장애를 가진

The **disabled** child uses a wheelchair.
그 **장애를 가진** 아이는 휠체어를 사용한다.

We will increase services for **disabled** people.
우리는 **장애인들**을 위한 서비스를 늘릴 것이다.

0803 · **homeless**
[hóumlis]

ⓐ 노숙자의

The volunteers provided meals to **homeless** people.
자원봉사자들은 **노숙자들**에게 식사를 제공했다.

★ home(집) + less(~이 없는) → 집이 없는 → 노숙자의

0804 · **human**
[hjú:mən]

ⓐ 인간의 ⓝ 인간

human kindness 인정
All **humans** are equal. 모든 **인간**은 평등하다.

0805 · **remain**
[riméin]

ⓥ 1 계속[여전히] ~이다   2 남다, 남아 있다

Many young people **remain** jobless.
많은 젊은 사람들이 **계속** 직장이 없는 채로 **있다**.

It still **remains** in my memory.
그것은 여전히 내 기억 속에 **남아 있다**.

✤ 사고와 문제

0806 · **accident**
[ǽksidənt]

ⓝ 사고

Many people were injured in the traffic **accident**.
많은 사람들이 그 교통 **사고**로 부상을 입었다.

0807 • **fault**
[fɔ:lt]

ⓝ 1 **잘못**   2 **결점**

The accident was not your **fault**, so don't cry.
그 사고는 네 **잘못**이 아니었어. 그러니 울지 마.

Her only **fault** is her laziness.
그녀의 유일한 **결점**은 게으름이다.

📖 1 a problem or a mistake caused by a person
(누군가로 인해 생긴 문제나 실수)

0808 • **cheat**
[tʃi:t]

ⓥ 1 **속이다**   2 **부정행위를 하다**

The salesman tried to **cheat** me.
그 판매원은 나를 **속이려**고 했다.

Don't **cheat** on the test.
시험에서 **부정행위를 하**지 마라.

0809 • **steal**
[sti:l]
steal-stole-stolen

ⓥ **훔치다, 도둑질하다**

You shouldn't **steal** from others even if you're hungry.
배가 고프더라도 다른 사람들의 것을 **도둑질해서는** 안 된다.

0810 • **thief**
[θi:f]

ⓝ **도둑**   ⊜ robber 강도

The **thief** tried to get inside the house.
도둑은 집 안으로 들어가려고 시도했다.

★ thieves (복수형)

0811 • **serious**
[síriəs]

ⓐ 1 **심각한**   2 **진지한**

The number of **serious** crimes increased last year.
작년에 **심각한** 범죄의 수가 증가했다.

have a **serious** talk   **진지한** 대화를 하다

+ seriously ⓐⓓ 심각하게; 진지하게

0812 • **violent**
[váiələnt]

ⓐ **폭력적인**

Schools are focusing on reducing **violent** acts.
학교들은 **폭력** 행위를 줄이는 것에 초점을 두고 있다.

+ violence ⓝ 폭력

0813 • **murder**
[mə́:rdər]

ⓝ **살인**   ⓥ **살해하다**

Murder is a violent crime.   **살인**은 폭력 범죄이다.
He was **murdered** by his neighbor.
그는 이웃에게 **살해당했다**.

+ murderer ⓝ 살인범

0814 • risk
[risk]

ⓝ 위험 ⊜ danger ⓥ ~을 위태롭게 하다[걸다]

the **risk** of serious accidents 심각한 사고의 **위험**
She **risked** her life to save her son.
그녀는 자신의 아들을 구하기 위해서 목숨을 **내걸었다.**

＋ risky ⓐ 위험한

♣ 바람직한 사회

0815 • proper
[prɑ́:pər]

ⓐ 적절한, 제대로 된

This is the **proper** way to fix the problem.
이것은 그 문제를 해결하는 **적절한** 방법이다.
a **proper** education **적절한** 교육

＋ properly ⓐⓓ 제대로, 적절히

0816 • fair
[feər]

ⓐ 1 타당한 2 공평한, 공정한 ⟷ unfair 불공평한

a **fair** price **타당한[적당한]** 가격
The judge must be **fair** to all.
판사는 모두에게 **공평해야** 한다.

0817 • trust
[trʌst]

ⓝ 신뢰 ⓥ 신뢰하다

I have **trust** in you. 저는 당신에 대한 **신뢰**가 있습니다.
It is important to **trust** each other.
서로를 **신뢰하는** 것이 중요하다.

0818 • safe
[seif]

ⓐ 안전한 ⟷ dangerous 위험한

It is not **safe** to go out in the dark.
어두울 때 밖에 나가는 것은 **안전하지** 않다.

＋ safety ⓝ 안전

0819 • opportunity
[ɑ̀:pərtjú:nəti]

ⓝ 기회

an equal **opportunity** 동등한 **기회**
The teacher gave me another **opportunity**.
선생님은 내게 또 한 번의 **기회**를 주셨다.

0820 • charity
[tʃǽrəti]

ⓝ 1 자선 2 자선 단체

a **charity** event **자선** 행사
We raised over $5,000 for local **charities**.
우리는 지역 **자선 단체들**을 위해 5,000달러 이상을 모았다.

A 빈칸에 알맞은 우리말 뜻 또는 영어 단어를 써넣어 워드맵을 완성하시오.

1 _____
사회

사회 약자

2 _____
장애를 가진

3 _____
homeless

4 _____
인간의; 인간

5 _____
계속 ~이다

사고와 문제

6 _____
사고

7 _____
fault

8 _____
속이다

9 _____
thief

10 _____
훔치다, 도둑질하다

11 _____
심각한; 진지한

12 _____
violent

13 _____
살인; 살해하다

14 _____
risk

바람직한 사회

15 _____
proper

16 _____
타당한; 공평한

17 _____
safe

18 _____
신뢰; 신뢰하다

19 _____
charity

20 _____
기회

B 우리말을 참고하여 문장을 완성하시오. (필요하면 단어 형태를 바꾸시오.)

1 Many people were injured in the traffic _____.
많은 사람들이 그 교통 사고로 부상을 입었다.

2 The teacher gave me another _____.
선생님은 내게 또 한 번의 기회를 주셨다.

3 We will increase services for _____ people.
우리는 장애인들을 위한 서비스를 늘릴 것이다.

4 Schools are focusing on reducing _____ acts.
학교들은 폭력 행위를 줄이는 것에 초점을 두고 있다.

5 You shouldn't _____ from others even if you're hungry.
배가 고프더라도 다른 사람들의 것을 도둑질해서는 안 된다.

PLAN 12

DAY 41 사회 문제 ★ 229

법과 규칙

MP3 듣기

0821 • **law**
[lɔː]

ⓝ 법

There are **laws** in every country.
모든 나라에는 **법**이 존재한다.

🔳 a system of rules that people in a country have to follow
(한 나라의 국민들이 따라야 하는 규칙 시스템)

♣ 법과 규칙 준수

0822 • **follow**
[fɑ́ːlou]

ⓥ 1 (뒤를) 따라가다   2 뒤를 잇다   3 (지시 등을) 따르다

The dog is **following** me.   개가 나를 **따라오고** 있다.

The cooking class is **followed** by lunch.
요리 수업 **뒤에** 점심 식사가 **있다.**

Please **follow** the safety instructions.
안전 지시에 **따라주세요.**

0823 • **rule**
[ruːl]

ⓝ 규칙   ⓥ 통치하다, 지배하다

The police asked us to follow the **rules**.
경찰은 우리에게 **규칙**을 따르라고 요청했다.

The country was once **ruled** by France.
그 나라는 한때 프랑스에 **통치를 받았다.**

0824 • **necessary**
[nésəsèri]

ⓐ 필요한, 필수의   ↔unnecessary 불필요한

It's **necessary** to know the traffic laws.
교통법을 아는 것이 **필요하다.**

0825 • **control**
[kəntróul]

ⓥ 통제하다, 지배하다   ⓝ 통제, 지배

The police **controlled** traffic in the town.
경찰은 마을의 교통을 **통제했다.**

The soldiers took **control** of the city.
군인들이 그 도시를 **장악했다.**

↩ take control of ~: ~을 장악[지배]하다

0826 • **permit**
[pərmít]

ⓥ 허용하다   ⊜allow   ↔forbid 금지하다

Photos are not **permitted** inside the temple.
사진은 사원 안에서 **허용되지** 않는다.

0827 • guard
[gɑ:rd]

ⓝ 경비 요원 ⓥ 지키다, 보호하다 ⊜ protect

The **guard** checked our tickets before letting us in.
경비 요원이 우리를 들여보내기 전에 표를 확인했다.

Police officers **guarded** the building.
경찰관들이 그 건물을 **지켰다**.

✤ 범죄 증거

0828 • notice
[nóutis]

ⓥ 알아채다, 인지하다 ⓝ 신경 씀, 알아챔

He **noticed** something bad had happened.
그는 무언가 나쁜 일이 일어났다는 것을 **알아챘다**.

I didn't take **notice** of my doctor's advice.
나는 의사 선생님의 충고에 **신경** 쓰지 않았다.

0829 • proof
[pru:f]

ⓝ 증거

I have **proof** that he stole my car.
나는 그가 내 차를 훔쳤다는 **증거**를 가지고 있다.

📖 a fact or information that shows something is true or correct
(무엇인가가 사실이거나 맞다고 보여 주는 사실이나 정보)

✚ prove ⓥ 증명[입증]하다

0830 • evidence
[évidəns]

ⓝ 증거

Do you have any **evidence** that he murdered her?
당신은 그가 그녀를 살인했다는 **증거**를 갖고 있습니까?

📖 something that makes you believe that something is true or
exists (무언가가 맞거나 존재한다고 당신을 믿게 만드는 어떤 것)

★ proof와 evidence는 둘 다 바꿔서 사용할 수 있지만, proof는 의심할 여지가
없는 결정적인 증거를 나타낸다.

0831 • scene
[si:n]

ⓝ 1 (사건의) 현장 2 (영화·책 등의) 장면

The police looked around the crime **scene**.
경찰은 범죄 **현장**을 둘러봤다.

an impressive **scene** in a movie 영화에서 인상적인 **장면**

0832 • look into

조사하다 ⊜ investigate

The police **looked into** the crime carefully.
경찰은 그 범죄를 꼼꼼히 **조사했다**.

0833 • innocent
[ínəsənt]

ⓐ 1 무죄인 2 순진한

He was declared **innocent**. 그는 **무죄**를 선고받았다.

✤ 법 위반

0834 • commit
[kəmít]

ⓥ (죄·과실 등을) 저지르다, 범하다

My neighbor **committed** a crime.
내 이웃이 범죄를 **저질렀다.**

📖 to do something bad or illegal (나쁘거나 불법적인 것을 하다)

0835 • break
[breik]
break-broke-broken

ⓥ 1 깨다, 부수다 2 고장 내다 3 어기다 ↔ follow 따르다

break the window 창문을 **깨다**
Her phone was **broken.** 그녀의 전화기가 **고장이 났다.**
He **broke** the law again. 그는 법을 다시 **어겼다.**

0836 • suspect
ⓝ [sÁspèkt]
ⓥ [səspékt]

ⓝ 용의자 ⓥ 의심하다

the prime **suspect** 유력한 **용의자**
Why do you **suspect** that he broke the window?
왜 너는 그가 창문을 깼다고 **의심하니?**

0837 • guilty
[gílti]

ⓐ 1 유죄의 ↔ innocent 2 죄책감을 느끼는

The man refused to admit that he was **guilty.**
그 남자는 자신이 **유죄임**을 인정하기를 거부했다.
I felt **guilty** about cheating on the test.
나는 시험에서 부정행위를 한 것에 **죄책감을 느꼈다.**

0838 • fine
[fain]

ⓝ 벌금

You have to pay a large **fine** for speeding.
속도위반을 하면 많은 **벌금**을 내야 한다.

📖 an amount of money one pays for breaking a law
(법을 어긴 것에 지불해야 하는 돈)

0839 • punish
[pÁniʃ]

ⓥ 처벌하다, 벌주다

The murderer was caught and **punished.**
그 살인자는 잡혀서 **처벌되었다.**
The mother **punished** her child for lying.
엄마는 아이가 거짓말을 해서 **벌을 주었다.**

✚ punishment ⓝ 벌, 처벌

0840 • prison
[prízn]

ⓝ 교도소, 감옥

She was sent to **prison** for 2 years.
그녀는 2년형으로 **교도소**에 수감되었다.

✚ prisoner ⓝ 죄수

A 빈칸에 알맞은 우리말 뜻 또는 영어를 써넣어 워드맵을 완성하시오.

1 _____
법

법과 규칙 준수

2 _____
rule

3 _____
따라가다; 따르다

4 _____
필요한, 필수의

5 _____
control

6 _____
허용하다

7 _____
guard

범죄 증거

8 _____
notice

9 p_____
증거

10 _____
evidence

11 _____
현장; 장면

12 _____
look into

13 _____
무죄인; 순진한

법 위반

14 _____
저지르다, 범하다

15 _____
break

16 _____
용의자; 의심하다

17 _____
guilty

18 _____
벌금

19 _____
punish

20 _____
교도소, 감옥

B 우리말을 참고하여 문장을 완성하시오. (필요하면 단어 형태를 바꾸시오.)

1 The cooking class is _____ by lunch.
요리 수업 뒤에 점심 식사가 있다.

2 Photos are not _____ inside the temple.
사진은 사원 안에서 허용되지 않는다.

3 I didn't take _____ of my doctor's advice.
나는 의사 선생님의 충고에 신경 쓰지 않았다.

4 Why do you _____ that he broke the window?
왜 너는 그가 창문을 깼다고 의심하니?

5 Do you have any e_____ that he murdered her?
당신은 그가 그녀를 살인했다는 증거를 갖고 있습니까?

MP3 듣기

0841 • **manner**
[mǽnər]

ⓝ 1 (일의) 방식   2 태도   3 (복수로) 예의

The work was done in the proper **manner**.
그 일은 적절한 **방식**으로 완료되었다.

a friendly **manner** 호의적인 **태도**
The child had good table **manners**.
그 아이는 바른 식사 **예절**을 가지고 있었다.

🔁 have good manners 예의가 바르다

0842 • **etiquette**
[étikət]

ⓝ 예의

You need to take **etiquette** lessons.
너는 **예절** 교육을 받아야 한다.

★ manner: 모든 사람이 갖춰야 할 일반적인 예의범절
etiquette: 특정 집단이나 특정 상황에서의 예의 바른 행동에 대한 규칙

✤ 호의와 용기

0843 • **gentle**
[dʒéntl]

ⓐ 온화한, 부드러운   ⊜kind

He talked to us in a **gentle** voice.
그는 **부드러운** 목소리로 우리에게 말했다.

➕ gently ⓐⓓ 부드럽게

0844 • **favor**
[féivər]

ⓝ 1 친절한 행위; 부탁   2 찬성

I would like to ask a **favor** of you.
당신에게 **부탁** 하나 하고 싶은데요.

They are in **favor** of the law.
그들은 그 법에 **찬성**한다.

🔁 in favor of ~에 찬성[지지]하여

0845 • **polite**
[pəláit]

ⓐ 예의 바른, 정중한   ↔impolite 무례한

Be **polite** to your elders.
어르신들에게 **정중하게** 행동하세요.

➕ politely ⓐⓓ 예의 바르게, 공손히

0846 • **thank**
[θæŋk]

ⓥ 감사하다, 감사를 표하다

Amy **thanked** her classmates for their presents.
Amy는 반 친구들에게 그들의 선물에 **감사를 전했다**.

0847 • warmhearted
[wɔ́ːrmhɑ́ːrtid]

ⓐ 마음이 따뜻한, 친절한 ↔ coldhearted 냉담한

Mother Teresa was a **warmhearted** person.
테레사 수녀는 **마음이 따뜻한** 사람이었다.

0848 • courage
[kə́ːridʒ]

ⓝ 용기 ⓔ bravery

If you have **courage**, you'll succeed.
용기를 가지면 너는 성공할 거야.

✛ courageous ⓐ 용감한

✛ 바른 행실

0849 • behave
[bihéiv]

ⓥ 행동하다, 처신하다

The father **behaved** like a happy child in front of his children.
아버지는 자녀들 앞에서 즐거운 아이처럼 **행동했다**.

📖 to act in a certain way (특정한 방식으로 행동하다)

0850 • behavior
[bihéivjər]

ⓝ 행동

Good **behavior** makes us all happy.
좋은 **행동**은 우리 모두를 기분좋게 한다.

0851 • share
[ʃeər]

ⓥ 1 함께 쓰다 2 나누다

He **shares** the car with his wife.
그는 자신의 아내와 차를 **같이 쓴다**.

The girl **shared** her chocolate bar with her friends.
그 여자아이는 초콜릿 바를 친구들과 **나눠 먹었다**.

0852 • support
[səpɔ́ːrt]

ⓥ 1 지지하다 2 지원하다 ⓝ 1 지지 2 지원

I strongly **support** your decision.
나는 너의 결정을 강력하게 **지지해**.

The charity **supports** homeless people.
그 자선 단체는 노숙자들을 **지원한다**.

Thank you for your **support** and love.
여러분의 **지지**와 애정에 감사드립니다.

0853 • praise
[preiz]

ⓥ 칭찬하다 ↔ criticize 비판하다 ⓝ 칭찬

Parents should **praise** their children for their good behavior.
부모는 아이의 바른 행동에 대해 **칭찬해줘야** 한다.

win [receive] **praise** 칭찬을 받다

0854 • respect
[rispékt]

ⓝ 존경 ⓥ 존경하다

The soldier showed a lot of **respect** for his grandfather.
군인은 자신의 할아버지에 대해 많은 **존경**을 표했다.

The teacher is **respected** by her students.
그 선생님은 학생들에게 **존경을 받는다**.

➕ respectful ⓐ 존경심을 보이는, 공손한

0855 • deserve
[dizə́:rv]

ⓥ ～을 받을 만하다, ～을 누릴 자격이 있다

She **deserves** a lot of praise.
그녀는 칭찬을 많이 **받을 만하다**.

You **deserve** to go on a long vacation.
당신은 긴 휴가를 떠날 **자격이 있다**.

✤ 사과와 용서

0856 • apologize
[əpɑ́:lədʒàiz]

ⓥ 사과하다

The German government sincerely **apologized** to the Jews.
독일 정부는 유대인들에게 진심으로 **사과했다**.

➕ apology ⓝ 사과

0857 • pity
[píti]

ⓝ 연민, 동정(심)

She felt **pity** for the homeless old man.
그녀는 노숙하는 노인에게 **동정심**을 느꼈다.

0858 • excuse
ⓝ [ikskjú:s]
ⓥ [ikskjú:z]

ⓝ 변명 ⓥ (실수나 잘못 등을) 용서하다

What's your **excuse** for not doing your homework?
숙제를 하지 않은 너의 **변명**은 뭐니?

Please **excuse** my brother.
제 남동생을 **용서해주세요**.

0859 • forgive
[fərgív]
forgive-forgave-forgiven

ⓥ 용서하다

The king wanted to **forgive** the prince, but he couldn't.
왕은 왕자를 **용서하고** 싶었지만, 그럴 수 없었다.

0860 • pardon
[pɑ́:rdn]

ⓝ 용서 ⓥ 용서하다

I beg your **pardon**.
죄송합니다. / (말을 못 알아들었을 때) 뭐라고요?

Pardon me for being late. 늦어서 죄송합니다.

Daily Check-up

학습 Check	MP3 듣기	본문 학습	Daily Check-up	누적 테스트 Days 42-43	Review Test/Plus

A 빈칸에 알맞은 우리말 뜻 또는 영어 단어를 써넣어 워드맵을 완성하시오.

1 _____ 예의

2 _____ manner

호의와 용기

3 _____ 친절한 행위; 찬성

4 _____ gentle

5 _____ 예의 바른, 정중한

6 _____ thank

7 _____ 마음이 따뜻한

8 _____ courage

바른 행실

9 _____ 행동하다, 처신하다

10 _____ behavior

11 _____ 함께 쓰다; 나누다

12 _____ support

13 _____ 존경; 존경하다

14 _____ praise

15 _____ ~을 받을 만하다

사과와 용서

16 _____ 사과하다

17 _____ pity

18 _____ 변명; 용서하다

19 _____ forgive

20 p_____ 용서; 용서하다

B 우리말을 참고하여 문장을 완성하시오. (필요하면 단어 형태를 바꾸시오.)

1 The child had good table _____.
그 아이는 바른 식사 예절을 가지고 있었다.

2 Mother Teresa was a _____ person.
테레사 수녀는 마음이 따뜻한 사람이었다.

3 Thank you for your _____ and love.
여러분의 지지와 애정에 감사드립니다.

4 The king wanted to _____ the prince, but he couldn't.
왕은 왕자를 용서하고 싶었지만, 그럴 수 없었다.

5 The father _____ like a happy child in front of his children.
아버지는 자녀들 앞에서 즐거운 아이처럼 행동했다.

Review Test

A 들려주는 영어 단어를 쓴 후 우리말 뜻을 쓰시오.

영단어	뜻	영단어	뜻
1		2	
3		4	
5		6	
7		8	
9		10	
11		12	
13		14	
15		16	
17		18	
19		20	

B 다음 영영 풀이에 해당하는 알맞은 단어를 골라 쓰시오.

보기	fine behave treasure proof fault law

1 to act in a certain way   _____

2 valuable objects like gold and silver   _____

3 an amount of money one pays for breaking a law   _____

4 a problem or a mistake caused by a person   _____

5 a system of rules that people in a country have to follow   _____

6 a fact or information that shows something is true or correct   _____

C 밑줄 친 단어의 동의어(=) 또는 반의어(↔)를 골라 쓰시오.

보기	criticized	robber	followed	beginning

1 A <u>thief</u> broke into our house yesterday. = _____

2 Do you know the <u>origin</u> of the language? = _____

3 He was <u>praised</u> for his unique paintings. ↔ _____

4 The student never <u>broke</u> the school rules. ↔ _____

D 다음을 읽고, 두 문장에 공통으로 들어갈 단어를 골라 쓰시오.

보기	class	scene	manner	excuse

1 We have no _____ today, so I'll go on a picnic.

Some countries separated people into different _____(e)s.

2 I don't like his _____ of speaking.

Someone should teach you some _____(e)s.

E 다음을 읽고, 빈칸에 알맞은 단어를 우리말을 참고하여 쓰시오.

1 I feel _____ed to have a family that loves me.
나를 사랑해주는 가족이 있어서 나는 **축복받았다고** 느낀다.

2 Let's give some food to the _____ people on the street.
거리의 **노숙자분**들에게 음식을 줍시다.

3 It took about a _____ to find the hidden treasure.
숨겨진 보물을 찾는 데 약 **100년**이 걸렸다.

4 He was _____ed for not cleaning up his messy room.
그는 자신의 더러운 방을 치우지 않아서 **벌을 받았다**.

✿ 예문에서 뽑은 최중요 핵심 표현

핵심 표현 다시 점검하며 빈칸 완성해 보기

1 **in the shape of** ～의 모양으로

bake cookies in the _____ a heart
하트 **모양으로** 쿠키를 굽다

2 **be careful of** ～을 조심[주의]하다

Be _____ the sharp edge of the knife.
칼의 뾰족한 날을 **조심하세요.**

3 **millions of** 수백만의

★ thousands of 수천의,
billions of 수십억의

_____ years ago
수백만 년 전에

4 **a couple of** 몇 개/사람의

_____ cookies
쿠키 **몇 개**

5 **believe in** ～을 믿다

They _____ a sun god.
그들은 태양신을 **믿었다.**

6 **take control of** ～을 장악[지배]하다

The soldiers _____ of the city.
군인들이 그 도시를 **장악했다.**

7 **take notice of** ～을 신경 쓰다, 주의하다

I didn't _____ of my doctor's advice.
나는 의사 선생님의 충고에 **신경 쓰지** 않았다.

8 commit a crime 범죄를 저지르다

My neighbor _____ a crime.
내 이웃이 범죄를 **저질렀다**.

9 be sent to prison 수감되다

be sent _____ for 2 years
2년형으로 교도소에 **수감되다**

10 in favor of ~에 찬성[지지]하여

They are _____ the law.
그들은 그 법에 **찬성한다**.

⚙ 발음이나 철자가 유사한 혼동어

0733 **rough** [rʌf] ⓐ 1 (표면이) 거친 2 힘든 | **tough** [tʌf] ⓐ 1 질긴, 단단한 2 힘든

★ 철자와 발음 차이는 있지만, '힘든'이라는 동일한 뜻을 가지고 있다.

0779 **piece** [pi:s] ⓝ 조각, 부분 | **peace** [pi:s] ⓝ 평화

★ 두 단어는 발음은 동일하지만 철자와 뜻이 완전히 다르다.

0809 **steal** [sti:l] ⓥ 훔치다, 도둑질하다 | **still** [stil] ⓐⓓ 아직, 여전히

★ 두 단어는 발음은 비슷하지만 철자와 뜻이 완전히 다르다.

0816 **fair** [feər] ⓐ 타당한; 공평한, 공정한 | **fare** [feər] ⓝ 운임, 통행료

★ 두 단어는 발음은 같지만 철자와 뜻이 완전히 다르다.

정답 1 shape of 2 careful of 3 millions of 4 a couple of 5 believed in 6 took control
7 take notice 8 committed 9 to prison 10 in favor of

PLAN 13

산업과 경제

DAY 44 **산업**

DAY 45 **직장과 직업**

DAY 46 **소비와 저축**

farming 농사, 농업
fishing 낚시; 어업
factory 공장

office 사무실
labor 노동
businessman 사업가

산업

직장과
직업

산업과
경제

소비와
저축

savings 저축, 저금
export 수출하다; 수출(품)
consume 소비하다

MP3 듣기

0861 · industry
[índəstri]

ⓝ 산업, 공업

the tourist **industry** 관광 **산업**
I work in the fashion **industry**.
나는 패션 **산업**에 종사한다.

➕ industrial ⓐ 산업의, 공업의

✤ 농업

0862 · farming
[fɑ:rmiŋ]

ⓝ 농업, 농사

organic **farming** 유기 **농업**
This land is good for **farming**.
이 땅은 **농사**에 좋다.

➕ farm ⓝ 농장; 농가 ⓥ 농사를 짓다

0863 · grow
[grou]
grow-grew-grown

ⓥ 1 커지다, 증가하다 2 (사람·동물이) 자라다 3 재배하다

Social networks have **grown** fast.
소셜 네트워크(사회 연결망)가 빠르게 **증가했다**.
I **grew** up in London. 나는 런던에서 **자랐다**.
I plan to **grow** carrots and tomatoes in my garden.
나는 정원에서 당근과 토마토를 **재배할** 계획이다.

0864 · raise
[reiz]

ⓥ 1 (들어) 올리다 2 기르다 3 (돈을) 모으다

Please **raise** your hand. 손을 **들어** 주세요.
I'm going to **raise** chickens on my farm.
나는 농장에서 닭을 **기를** 예정이다.
raise money for charity 자선 **모금을 하다**

0865 · crop
[krɑ:p]

ⓝ 농작물

What kinds of **crops** should be planted here?
이곳에 어떤 종류의 **농작물**을 심어야 하나요?

0866 · rice
[rais]

ⓝ 쌀; 밥

Rice is the main crop in many Asian countries.
쌀은 많은 아시아 국가들에서 주요 농작물이다.
cook **rice** **밥**을 짓다

0867 ● **wheat**
[wiːt]

ⓝ 밀

wheat flour **밀가루**
We grow **wheat** on our farm.
우리는 농장에서 **밀**을 재배한다.

★ 세계 3대 곡물은 rice(쌀), wheat(밀), corn(옥수수)이다.

0868 ● **orchard**
[ɔ́ːrtʃərd]

ⓝ 과수원

We are going to visit our grandma's apple **orchard**.
우리는 할머니 댁의 사과 **과수원**을 방문할 예정이다.

🔤 a place where fruit trees are grown (과일나무가 자라는 곳)

0869 ● **pick**
[pik]

ⓥ 1 고르다, 선택하다　2 (과일 등을) 따다

Pick the one you want.　네가 원하는 것을 **고르렴**.
We are going to **pick** grapes and make wine.
우리는 포도를 **따서** 와인을 만들 것이다.

0870 ● **harvest**
[háːrvist]

ⓝ 수확; 수확량　ⓥ 수확하다

The **harvest** is good this year.　올해 **수확량**이 좋다.
He has been **harvesting** grapes for 30 years.
그는 30년간 포도를 **수확하고** 있다.

🔤 ⓥ to gather a crop (농작물을 거두어들이다)

♣ 어업

0871 ● **fishing**
[fíʃiŋ]

ⓝ 낚시; 어업

a **fishing** boat　**낚싯배**, 어선
Do you want to go **fishing** this evening?
너는 오늘 저녁에 **낚시**하러 가고 싶니?

0872 ● **net**
[net]

ⓝ 망, 그물

fishing **net**　어망
Should we cast a **net** here?　여기에 **망**을 던질까요?

0873 ● **salmon**
[sǽmən]

ⓝ 연어

wild **salmon**　자연산 **연어**
Salmon swim upstream.
연어는 물살을 거슬러 헤엄친다.

0874 • shrimp
[ʃrimp]

ⓝ 새우

Shrimp live in rivers, lakes, and oceans.
새우는 강, 호수, 바다에 서식한다.

♣ 제조업·공업

0875 • factory
[fǽktəri]

ⓝ 공장

a car factory 자동차 공장
The factory was shut down last year.
그 공장은 작년에 문을 닫았다.

🔠 a building where goods are made
(상품이 만들어지는 건물)

0876 • produce
[prədúːs]

ⓥ 생산하다

The factory produces thousands of phones each day.
그 공장은 하루에 수천 대의 전화기를 **생산한다**.

➕ production ⓝ 생산

0877 • product
[prάːdʌkt]

ⓝ 상품, 제품 ⊜ goods

Would you like to see our new product?
저희 신**제품**을 한번 보시겠습니까?

0878 • pile
[pail]

ⓝ 더미, 쌓아 놓은 것 ⓥ 쌓다, 포개다

Workers carried a pile of boxes through the factory.
근로자들은 공장에서 상자 **더미**를 옮겼다.

Kids like to pile fallen leaves high and jump into them.
아이들은 낙엽을 높이 **쌓아서** 그 속에서 뛰는 것을 좋아한다.

0879 • set up

1 ~을 시작하다   2 ~을 세우다

I will set up a new business in Brazil.
나는 브라질에서 새로운 사업을 **시작할** 것이다.

set up a museum 박물관을 **세우다**

0880 • major
[méidʒər]

ⓐ 주요한, 중대한 ⟷ minor 중요하지 않은 **ⓥ 전공하다**

Burger King is a major fast-food chain.
버거킹은 **주요** 패스트푸드 체인이다.

a major problem **중대한** 문제
She majored in law. 그녀는 법을 **전공했다**.

Daily Check-up

A 빈칸에 알맞은 우리말 뜻 또는 영어를 써넣어 워드맵을 완성하시오.

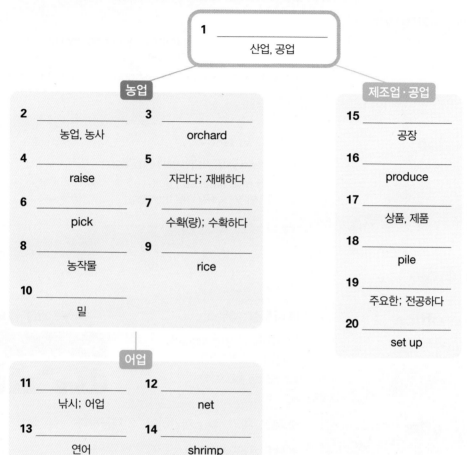

1 _____ 산업, 공업

농업

2 _____ 농업, 농사

3 _____ orchard

4 _____ raise

5 _____ 자라다; 재배하다

6 _____ pick

7 _____ 수확(량); 수확하다

8 _____ 농작물

9 _____ rice

10 _____ 밀

제조업·공업

15 _____ 공장

16 _____ produce

17 _____ 상품, 제품

18 _____ pile

19 _____ 주요한; 전공하다

20 _____ set up

어업

11 _____ 낚시; 어업

12 _____ net

13 _____ 연어

14 _____ shrimp

B 우리말을 참고하여 문장을 완성하시오. (필요하면 단어 형태를 바꾸시오.)

1 I will _____ a new business in Brazil.
나는 브라질에서 새로운 사업을 시작할 것이다.

2 What kinds of _____ should be planted here?
이곳에 어떤 종류의 농작물을 심어야 하나요?

3 We are going to visit our grandma's apple _____.
우리는 할머니 댁의 사과 과수원을 방문할 예정이다.

4 He has been _____ grapes for 30 years.
그는 30년간 포도를 수확하고 있다.

5 The factory _____ thousands of phones each day.
그 공장은 하루에 수천 대의 전화기를 생산한다.

MP3 듣기

0881 • company
[kʌ́mpəni]

ⓝ 회사

I worked for only one **company** during my lifetime.
나는 한평생 한 **회사**에서만 일을 했다.

Amazon is one of the biggest **companies** in the world.
Amazon은 세계에서 가장 큰 **회사들** 중 하나이다.

0882 • job
[dʒɑ:b]

ⓝ 직장, 일, 일자리

apply for a **job** 직장[일자리]에 지원하다
The **job** paid little, so I quit.
그 **직장**은 임금이 낮아서 나는 그만두었다.

♣ 취업

0883 • office
[ɔ́:fis]

ⓝ 사무실, 사무소

My **office** is downstairs.
내 **사무실**은 아래층이다.

an **office** job 사무직

0884 • offer
[ɔ́:fər]

ⓝ 제안, 제의   ⓥ 1 제안하다   2 제공하다

accept a job **offer** 일자리 **제안**을 받아들이다
My son was **offered** a job at Google.
내 아들은 구글에서 일자리를 **제안받았다**.

offer advice and support 조언과 지지를 **제공하다**

0885 • hire
[háiər]

ⓥ 고용하다   ⟷ fire 해고하다

The company **hired** me for the project.
그 회사는 그 프로젝트에 나를 **고용했다**.

0886 • salary
[sǽləri]

ⓝ 월급, 급여

Are you satisfied with your **salary**?
당신의 **급여**에 만족하나요?

She gets a high **salary**. 그녀는 높은 **급여**를 받는다.

📖 money you receive from your company, usually every month
(보통 매달 회사에서 받는 돈)

✦ 일과 경력

0887 · **labor**
[léibər]

ⓝ 노동   🟰 work

heavy **labor** 중**노동**(육체적으로 힘이 드는 일)
How many hours of **labor** does this job require?
이 일은 몇 시간의 **노동**을 요하나요?

0888 · **experience**
[ikspíəriəns]

ⓝ 경험, 경력   ⓥ 경험하다

We are looking for someone with at least 3 years of **experience**.
우리는 최소 3년의 **경력**이 있는 사람을 찾고 있습니다.

experience new things 새로운 것들을 **경험하다**

📖 knowledge or skill that one gets from doing a job or from doing or seeing something
(일을 해서 얻거나 무언가를 하거나 본 것을 통해 얻은 지식이나 기술)

0889 · **skill**
[skil]

ⓝ 숙련; 기술

Do you have computer **skills**?
당신은 컴퓨터 활용 **기술**을 갖고 있나요?

📖 the ability to do something, which one gets from experience or practice (경험이나 연습을 통해 얻은 무언가를 할 수 있는 능력)

0890 · **successful**
[səksésfəl]

ⓐ 성공한, 성공적인

Her first project was **successful**.
그녀의 첫 프로젝트는 **성공적이었다**.

He is a **successful** farmer. 그는 **성공한** 농부이다.

✦ successfully ⓐⓓ 성공적으로 | success ⓝ 성공

✦ 다양한 직업

0891 · **hairdresser**
[héərdrèsər]

ⓝ 미용사

My aunt works as a **hairdresser** in Tokyo.
우리 이모는 도쿄에서 **미용사**로 일하고 계신다.

★ 남자 머리를 이발하는 이발사는 barber이다.

0892 · **dentist**
[déntist]

ⓝ 치과 의사

Most children are afraid of **dentists**.
대부분의 아이들은 **치과 의사들**을 무서워한다.

★ cf. physician 내과 의사, surgeon 외과 의사

PLAN 13

0893 • **baker**
[béikər]

ⓝ 제빵사

The **baker** bakes the most delicious baguettes.
그 **제빵사**는 가장 맛있는 바게트를 굽는다.

0894 • **actor**
[æktər]

ⓝ 배우　↔ actress 여배우

The **actor** played Shakespeare in the movie.
그 **배우**는 영화에서 셰익스피어 역을 연기했다.

＋ act ⓥ 행동하다; 연기하다　ⓝ 행동

0895 • **police officer**
[pəlí:s ́́d:fisər]

ⓝ 경찰관

The **police officer** helped me find my dog.
경찰관은 내 강아지를 찾는 데 도와주었다.

0896 • **professor**
[prəfésər]

ⓝ 교수

The **professor** wrote a book about world history.
그 **교수**는 세계사에 대한 책을 썼다.

0897 • **businessman**
[bíznəsmæ̀n]

ⓝ 사업가, 경영인

All of the Johnson brothers are important **businessmen**.
모든 Johnson 가 형제들은 중요한 **사업가**이다.

📖 someone who works at a business, usually in a high position
(보통 높은 지위에 있는 사업체에서 일을 하는 사람)

＋ business ⓝ 사업, 장사; 업무

0898 • **detective**
[ditéktiv]

ⓝ 탐정, 형사

The **detective** is searching for clues in the living room.
탐정은 거실에서 단서를 찾는 중이다.

＋ detect ⓥ 발견하다

0899 • **chef**
[ʃef]

ⓝ 요리사

I'd like to thank the **chef** for the delicious meal.
맛있는 식사에 대해 **요리사**에게 감사를 드리고 싶습니다.

📖 a person whose job is to cook food in a restaurant or hotel
(레스토랑이나 호텔에서 음식을 만드는 직업을 가진 사람)

0900 • **creator**
[kriéitər]

ⓝ 창작자, 제작자

My sister is a content **creator** on YouTube.
내 언니는 유튜브의 콘텐츠 **제작자**이다.

The **creator** developed a new online game.
그 **창작자**는 새로운 온라인 게임을 개발했다.

A 빈칸에 알맞은 우리말 뜻 또는 영어 단어를 써넣어 워드맵을 완성하시오.

1 ＿＿＿＿＿＿＿＿＿
회사

2 ＿＿＿＿＿＿＿＿＿
job

취업

3 ＿＿＿＿＿＿＿＿＿
office

4 ＿＿＿＿＿＿＿＿＿
고용하다

5 ＿＿＿＿＿＿＿＿＿
offer

6 ＿＿＿＿＿＿＿＿＿
월급, 급여

다양한 직업

11 ＿＿＿＿＿＿＿＿＿
미용사

12 ＿＿＿＿＿＿＿＿＿
baker

13 ＿＿＿＿＿＿＿＿＿
dentist

14 ＿＿＿＿＿＿＿＿＿
배우

15 ＿＿＿＿＿＿＿＿＿
chef

16 ＿＿＿＿＿＿＿＿＿
경찰관

17 ＿＿＿＿＿＿＿＿＿
교수

18 ＿＿＿＿＿＿＿＿＿
사업가, 경영인

19 ＿＿＿＿＿＿＿＿＿
detective

20 ＿＿＿＿＿＿＿＿＿
창작자, 제작자

일과 경력

7 ＿＿＿＿＿＿＿＿＿
경험, 경력; 경험하다

8 ＿＿＿＿＿＿＿＿＿
labor

9 ＿＿＿＿＿＿＿＿＿
숙련; 기술

10 ＿＿＿＿＿＿＿＿＿
successful

B 우리말을 참고하여 문장을 완성하시오. (필요하면 단어 형태를 바꾸시오.)

1 My son was ＿＿＿＿＿＿＿ a job at Google.
내 아들은 구글에서 일자리를 제안받았다.

2 The company ＿＿＿＿＿＿＿ me for the project.
그 회사는 그 프로젝트에 나를 고용했다.

3 The ＿＿＿＿＿＿＿ helped me find my dog.
경찰관은 내 강아지를 찾는 데 도와주었다.

4 The ＿＿＿＿＿＿＿ is searching for clues in the living room.
탐정은 거실에서 단서를 찾는 중이다.

5 We are looking for someone with at least 3 years of ＿＿＿＿＿＿＿.
우리는 최소 3년의 경력이 있는 사람을 찾고 있습니다.

소비와 저축

MP3 듣기

✦ 저축과 재산

0901 • **savings**
[séiviŋz]

ⓝ 저축, 예금, 저금

How much money do you put in your **savings** account?
네 **저축** 예금 계좌에 돈을 얼마나 넣니?

↪ savings account 저축 예금 계좌

🔲 the amount of money that one has saved in a bank
(은행에 저축하는 돈)

0902 • **allowance**
[əláuəns]

ⓝ 용돈

I receive a monthly **allowance** of $200.
나는 한 달 **용돈**으로 200달러를 받는다.

0903 • **fortune**
[fɔ́:rtʃən]

ⓝ 1 재산, 부 2 행운

Warren Buffet is giving away some of his **fortune**.
워런 버핏은 그의 **재산**의 일부를 기부하고 있다.

↪ give away 기부하다, 나누어 주다

Fortune smiled on us. **행운**(의 여신)이 우리에게 미소지었다.

0904 • **wealthy**
[wélθi]

ⓐ 부유한 ⊜ rich

Bill Gates is a **wealthy** businessman.
빌 게이츠는 **부유한** 사업가이다.

✚ wealth ⓝ 부, 재산

✦ 경제

0905 • **economy**
[ikά:nəmi]

ⓝ 경제; 경기

The **economy** will be better next year.
경제가 내년에 더 좋아질 것이다.

✚ economic ⓐ 경제의

0906 • **export**
ⓥ [ikspɔ́:rt]
ⓝ [ékspɔ:rt]

ⓥ 수출하다 ⓝ 수출(품)

The company mainly **exports** products to the U.S.
그 회사는 주로 미국에 상품을 **수출한다**.

South Korea's **exports** will continue to grow.
한국의 **수출**은 계속 성장할 것이다.

🔲 ex(바깥으로) + port(나르다) → 바깥으로 물건을 나르다 → 수출하다

0907 • **import**
  ⓥ [impɔ́:rt]
  ⓝ [ímpɔ:rt]

ⓥ 수입하다   ⓝ 수입(품)

The country has to **import** beef.
그 나라는 쇠고기를 **수입해야** 한다.

reduce / increase **imports**   **수입**을 줄이다 / 늘리다

🔡 im(안으로) + port(나르다) → 안으로 물건을 나르다 → 수입하다

0908 • **earn**
  [ə:rn]

ⓥ (돈을) 벌다   ↔ spend 지출하다

How much did you **earn** last month?
지난달에 너는 얼마 **벌었니**?

🔡 to get money for the work one does (한 일에 대한 돈을 받다)

0909 • **budget**
  [bʌ́dʒit]

ⓝ 예산

the family **budget**   가계 **예산**
I went over my **budget** by $100.
나는 **예산**을 100달러 초과했다.

0910 • **purpose**
  [pə́:rpəs]

ⓝ 목적

The **purpose** of this charity is to help poor children.
이 자선 단체의 **목적**은 가난한 아이들을 돕는 것이다.

She did it on **purpose**.   그녀는 **일부러** 그것을 했다.

↩ on purpose 일부러

0911 • **lend**
  [lend]
  lend-lent-lent

ⓥ 빌려주다

Nobody wanted to **lend** me any money.
그 누구도 나에게 돈을 **빌려주고** 싶어 하지 않았다.

0912 • **borrow**
  [bɑ́:rou]

ⓥ 빌리다   ↔ lend

I **borrowed** $5 from my brother.
나는 형에게 5달러를 **빌렸다**.

✤ 판매와 소비

0913 • **sale**
  [seil]

ⓝ 1 판매; (복수로) 매출(량)   2 할인 판매

Sales increase during the holiday season.
휴가 시즌 동안에는 **매출**이 증가한다.

The department store is going to have a spring **sale** this week.
백화점은 이번 주에 봄 **세일(할인 판매)**을 할 것이다.

0914 · **consume**
[kənsúːm]

ⓥ 소비하다; 소모하다

This refrigerator **consumes** too much energy.
이 냉장고는 너무 많은 에너지를 **소비한다**.

📖 to use time, energy, a product, etc. (시간, 에너지, 물건 등을 쓰다)

➕ consumer ⓝ 소비자

0915 · **worth**
[wəːrθ]

ⓐ ~의[할] 가치가 있는[되는]

The new product is **worth** its price.
그 신상품은 그 가격**의 가치가 있다**.

This essay is **worth** reading. 이 수필은 읽을 **가치가 있다**.

0916 · **effective**
[iféktiv]

ⓐ 효과적인   ⊜ efficient 능률적인, 효율적인

We need an **effective** sales plan.
우리는 **효과적인** 판매 계획이 필요하다.

➕ effectively ⓐⓓ 효과적으로

0917 · **discount**
[dískàunt]

ⓝ 할인 ⊜ sale **ⓥ 할인하다**

We have an additional **discount** on shoes.
신발에는 추가 **할인**이 적용됩니다.

a **discounted** price **할인된** 가격

📖 dis(반대로) + count(세다) → 반대로 세다 → 깎다, 할인하다

0918 · **change**
[tʃeindʒ]

ⓝ 1 변화 2 거스름돈 ⓥ 변하다; 변화시키다

a **change** in sales 매출량의 **변화**
You can keep the **change**.
거스름돈은 가져도 됩니다.
The company **changed** its original plan.
그 회사는 기존의 계획을 **바꿨다**.

0919 · **coin**
[kɔin]

ⓝ 동전

Put the **coins** in the piggy bank.
동전은 돼지 저금통에 넣어두세요.

★ cf. check 수표

0920 · **bill**
[bil]

ⓝ 1 청구서; 계산서 2 지폐

Did you get the electricity **bill** this month?
이번 달에 전기 요금 **청구서**를 받았니?

I would like my change in $5 **bills**.
거스름돈을 5달러짜리 **지폐**로 받고 싶어요.

Daily Check-up

학습 Check	MP3 듣기	본문 학습	Daily Check-up	누적 테스트 Days 45-46	Review Test

A 빈칸에 알맞은 우리말 뜻 또는 영어 단어를 써넣어 워드맵을 완성하시오.

소비와 저축

저축과 재산

1 _____
저축, 예금, 저금

2 _____
allowance

3 _____
재산, 부; 행운

4 _____
wealthy

경제

5 _____
경제; 경기

6 _____
export

7 _____
수입하다; 수입(품)

8 _____
earn

9 _____
목적

10 _____
budget

11 _____
빌려주다

12 _____
borrow

판매와 소비

13 _____
판매; 할인 판매

14 _____
consume

15 _____
~의[할] 가치가 있는

16 _____
effective

17 _____
할인; 할인하다

18 _____
bill

19 _____
거스름돈; 변하다

20 _____
coin

B 우리말을 참고하여 문장을 완성하시오. (필요하면 단어 형태를 바꾸시오.)

1 We need an _____ sales plan.
우리는 효과적인 판매 계획이 필요하다.

2 This refrigerator _____ too much energy.
이 냉장고는 너무 많은 에너지를 소비한다.

3 The company mainly _____ products to the U.S.
그 회사는 주로 미국에 상품을 수출한다.

4 The _____ of this charity is to help poor children.
이 자선 단체의 목적은 가난한 아이들을 돕는 것이다.

5 How much money do you put in your _____ account?
네 저축 예금 계좌에 돈을 얼마나 넣니?

Review Test

A 들려주는 영어 단어를 쓴 후 우리말 뜻을 쓰시오.

영단어	뜻	영단어	뜻
1		2	
3		4	
5		6	
7		8	
9		10	
11		12	
13		14	
15		16	
17		18	
19		20	

B 다음 영영 풀이에 해당하는 알맞은 단어를 골라 쓰시오.

보기	consume	salary	orchard	savings	skill	factory

1 a building where goods are made   _____

2 a place where fruit trees are grown   _____

3 to use time, energy, a product, etc.   _____

4 the amount of money that one has saved in a bank   _____

5 money you receive from your company, usually every month   _____

6 the ability to do something, which one gets from experience or practice   _____

C 밑줄 친 단어의 동의어(=) 또는 반의어(↔)를 골라 쓰시오.

| 보기 | efficient　　fired　　rich　　minor |

1 Jack became <u>wealthy</u> after he won the lottery.　　= ＿＿＿＿＿＿＿＿

2 The system was <u>effective</u> at solving problems.　　= ＿＿＿＿＿＿＿＿

3 I was <u>hired</u> after two months.　　↔ ＿＿＿＿＿＿＿＿

4 A <u>major</u> problem occurred at the factory.　　↔ ＿＿＿＿＿＿＿＿

D 다음을 읽고, 두 문장에 공통으로 들어갈 단어를 골라 쓰시오.

| 보기 | change　　discount　　consume　　earn |

1 Can you give me ＿＿＿＿＿＿＿＿ for a dollar?

We can't ＿＿＿＿＿＿＿＿ human nature.

2 The new lights ＿＿＿＿＿＿＿＿ less electricity.

They ＿＿＿＿＿＿＿＿ huge amounts of bread with every meal.

E 다음을 읽고, 빈칸에 알맞은 단어를 우리말을 참고하여 쓰시오.

1 The ＿＿＿＿＿＿＿＿ told me I had several cavities.
치과 의사는 나에게 충치가 여러 개 있다고 말했다.

2 I ＿＿＿＿＿＿＿ed some books from the library.
나는 도서관에서 책 몇 권을 빌렸다.

3 He plans to donate half of his ＿＿＿＿＿＿＿＿.
그는 자신의 **재산**의 반을 기부할 계획이다.

4 I had an interview before I was ＿＿＿＿＿＿＿ed the new job.
새로운 일자리를 **제안받기** 전에 나는 면접을 봤다.

PLAN 14

과학과 환경

DAY 47 과학

DAY 48 기술

DAY 49 지구와 우주

DAY 50 환경

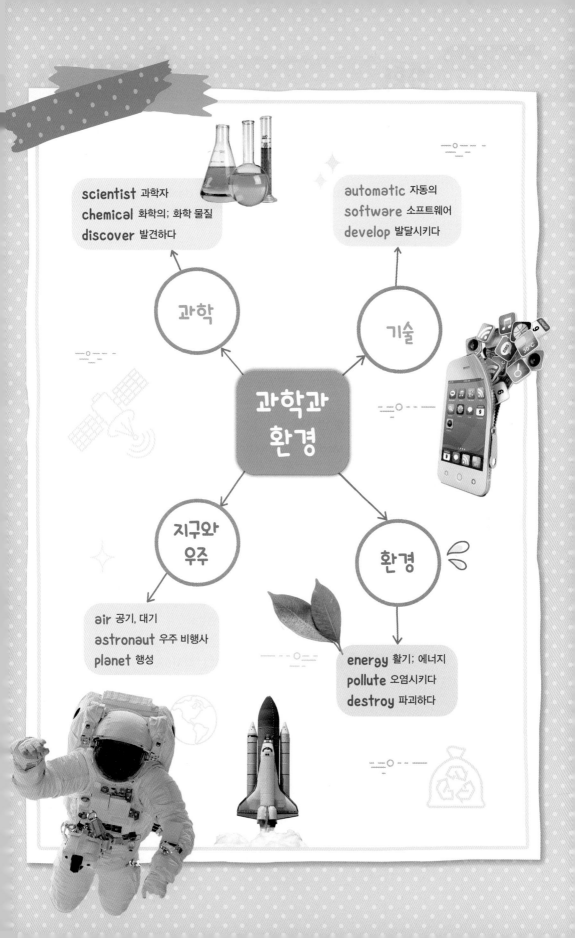

MP3 듣기

0921 • **scientific**
[sàiəntífik]

ⓐ 과학의; 과학적인

scientific evidence 과학적인 증거
It is not a **scientific** way to deal with the problem.
그것은 그 문제를 다루는 데 **과학적인** 방법이 아니다.
+ science ⓝ 과학

✿ 과학 연구

0922 • **scientist**
[sáiəntist]

ⓝ 과학자

The **scientist** was working on an experiment.
과학자는 실험을 하는 중이었다.

0923 • **researcher**
[risə́:rtʃer]

ⓝ 연구원

Medical **researchers** study diseases.
의학 **연구원들**은 질병을 연구한다.

🗎 a person who studies something to find out new things
(새로운 것을 발견하기 위해 무언가를 연구하는 사람)
+ research ⓝ 연구 ⓥ 연구하다

0924 • **laboratory**
[lǽbrətɔ̀:ri]

ⓝ 실험실

He went to the **laboratory** to carry out some research.
그는 연구를 하기 위해 **실험실**에 갔다.

a research **laboratory** 연구소

0925 • **test**
[test]

ⓝ 시험, 검사 ⓥ 시험하다, 검사하다

Your doctor will run some blood **tests**.
의사가 혈액 **검사**를 할 것입니다.

Scientists have **tested** the new device.
과학자들은 새로운 장치를 **시험했다**.

0926 • **data**
[déitə / dǽtə]

ⓝ 자료, 정보, 데이터

We have all the **data** on your health.
저희는 여러분의 건강에 대한 모든 **데이터**를 가지고 있습니다.

🗎 information or facts about something (어떤 것에 대한 정보나 사실들)
★ data는 datum의 복수형이지만, 동사는 단수와 복수형 모두 올 수 있다.

✤ 연구 과정

0927 • basic
[béisik]

ⓐ 1 기본적인　2 기초적인

basic ideas **기본적인** 생각

We only have your **basic** health information.
저희는 당신의 **기본적인** 건강 정보만 있습니다.

basic science **기초** 과학

📖 1 being the most important part of something
(무언가의 가장 중요한 부분이 되는)

✚ **basically** ⓐⓓ 기본적으로, 근본적으로

0928 • sample
[sǽmpəl]

ⓝ 샘플, 견본

The researcher tested a new **sample**.
연구원은 새로운 **견본**을 시험했다.

0929 • chemical
[kémikəl]

ⓐ 화학의; 화학적인　ⓝ 화학 물질

We think there will be a **chemical** reaction.
우리는 **화학** 반응이 일어날 것이라고 생각한다.

dangerous **chemicals** 위험한 **화학 물질**

0930 • combine
[kəmbáin]

ⓥ 결합하다　🟰 mix

What happens if hydrogen and oxygen **combine**?
수소와 산소가 **결합하면** 어떤 일이 벌어질까?

✚ **combination** ⓝ 결합

0931 • tube
[tuːb]

ⓝ 관

They collected blood samples in the test **tubes**.
그들은 혈액 샘플을 시험**관**에 모았다.

📖 a long pipe for a liquid or gas to flow through
(액체나 기체가 흐를 수 있는 긴 관)

0932 • consist
[kənsíst]

ⓥ (부분·요소로) 이루어져 있다

The research **consists** of several steps.
그 연구는 몇 가지 단계로 **이루어져 있다**.

0933 • form
[fɔːrm]

ⓝ 1 종류　2 형태　ⓥ 형성되다

a **form** of art 예술의 한 **종류**

Ice is a solid **form** of water.
얼음은 물의 고체 **형태**이다.

Why does moss **form** in wet places?
왜 이끼는 축축한 곳에서 **형성되나요**?

✤ 연구 결과

0934 • prove
[pruːv]

ⓥ 증명[입증]하다

The ancient Greeks **proved** that the world was round.
고대 그리스인들은 세상이 둥글다는 것을 **증명했다**.

0935 • result
[rizʌ́lt]

ⓝ 결과   ⓥ (~의 결과로) 생기다

The scientist explained the **results** of his experiment.
그 과학자는 자신의 실험 **결과**를 설명했다.

A flood **results** from days of heavy rain.
홍수는 수일간의 폭우로 **생긴다**.

0936 • specific
[spəsífik]

ⓐ 구체적인, 명확한   ↔ general 일반적인

We need **specific** details on how the robot works.
그 로봇이 어떻게 작동하는지에 대해 우리는 **구체적인** 세부 사항이 필요하다.

0937 • sudden
[sʌdn]

ⓐ 갑작스러운

There was a **sudden** change in the results.
결과에 **갑작스러운** 변화가 있었다.

He got the answer all of a **sudden**.   그는 **갑자기** 답을 찾았다.

🔁 all of a sudden 갑자기

★ sudden이 명사로 쓰일 때는 all of a sudden의 숙어로만 쓴다.

0938 • come up with

~을 생각해내다

come up with an answer   답을 찾아내다
The Wright brothers **came up with** the first airplane.
라이트 형제는 최초의 비행기를 **생각해냈다**.

0939 • discover
[diskʌ́vər]

ⓥ 발견하다   = find out

Alexander Fleming **discovered** penicillin.
알렉산더 플레밍은 페니실린을 **발견했다**.

✚ discovery ⓝ 발견

0940 • invent
[invént]

ⓥ 발명하다

Edison **invented** the record player.
에디슨은 레코드플레이어(전축)를 **발명했다**.

📖 to create something for the first time
(처음으로 무언가를 만들어내다)

✚ invention ⓝ 발명(품) | inventor ⓝ 발명가

A 빈칸에 알맞은 우리말 뜻 또는 영어를 써넣어 워드맵을 완성하시오.

1 _____ 과학의; 과학적인

과학 연구

2 _____ scientist

3 _____ 연구원

4 _____ laboratory

5 _____ 자료, 정보, 데이터

6 _____ test

연구 과정

7 _____ 샘플, 견본

8 _____ basic

9 _____ 화학의; 화학 물질

10 _____ 결합하다

11 _____ tube

12 _____ 이루어져 있다

13 _____ form

연구 결과

14 _____ 증명[입증]하다

15 _____ result

16 _____ ~을 생각해내다

17 _____ 발견하다

18 _____ invent

19 _____ 갑작스러운

20 _____ specific

B 우리말을 참고하여 문장을 완성하시오. (필요하면 단어 형태를 바꾸시오.)

1 We think there will be a _____ reaction.
우리는 화학 반응이 일어날 것이라고 생각한다.

2 It is not a _____ way to deal with the problem.
그것은 그 문제를 다루는 데 과학적인 방법이 아니다.

3 The ancient Greeks _____ that the world was round.
고대 그리스인들은 세상이 둥글다는 것을 증명했다.

4 The research _____ of several steps.
그 연구는 몇 가지 단계로 이루어져 있다.

5 We need _____ details on how the robot works.
그 로봇이 어떻게 작동하는지에 대해 우리는 구체적인 세부 사항이 필요하다.

MP3 듣기

0941 • **technology**
[teknɑ́:lədʒi]

ⓝ (과학) 기술

Technology has made our lives easier.
기술은 우리의 삶을 더 편하게 만들었다.

✛ technological ⓐ (과학) 기술의

✛ 기계와 기술

0942 • **technique**
[tekní:k]

ⓝ 기법 ⊜ method

a new 3D printing **technique**
새로운 3D 프린트 **기법**

The farmer learned a new farming **technique**.
그 농부는 새로운 농사 **기법**을 배웠다.

📖 a special way of doing something (무언가를 하는 특별한 방법)

0943 • **automatic**
[ɔ̀:təmǽtik]

ⓐ 자동의

automatic dishwasher 자동 식기세척기

Most people learn how to drive an **automatic** car.
대부분의 사람들은 **자동**(오토매틱) 차량을 운전하는 법을 배운다.

✛ automatically ⓐⓓ 자동적으로

0944 • **connect**
[kənékt]

ⓥ 1 연결하다 2 접속하다 ⟷ disconnect 연결을 끊다

This road **connects** the two areas.
이 도로는 두 지역을 **연결한다**.

Could you help me **connect** this printer to the computer?
이 프린터기를 컴퓨터에 **연결하는** 것을 도와주시겠어요?

connect to the Internet 인터넷에 **접속하다**

✛ connection ⓝ 연결, 접속

0945 • **machine**
[məʃí:n]

ⓝ 기계 ⊜ device

I don't know how to run this **machine**.
나는 어떻게 이 **기계**를 작동시키는지 모르겠다.

0946 • **mechanic**
[məkǽnik]

ⓝ (특히 차량 엔진) 정비공

The **mechanic** fixed my truck.
정비공은 내 트럭을 고쳤다.

✤ 컴퓨터

0947 • file
[fail]

ⓝ 1 파일, 서류철 2 (컴퓨터) 파일

The secretary arranged the **files**.
비서는 **파일**을 정리했다.

Don't forget to save the **file**.
파일을 저장하는 것을 잊지 마.

0948 • download
[dáunlòud]

ⓥ 내려받다, 다운로드하다

download movies from the Internet
인터넷에서 영화를 **내려받다**

How long will it take to **download** all the files?
모든 파일을 **내려받는** 데 시간이 얼마나 걸릴까요?

0949 • upload
[ʌ́plòud]

ⓥ 올리다, 업로드하다

upload data to the Internet
인터넷에 데이터를 **올리다**

Please **upload** the notice to the school website.
학교 웹사이트에 공지를 **올려주세요**.

0950 • post
[poust]

ⓥ 올리다, 게시하다 ⓝ 우편

I'm going to **post** this picture on my Facebook account.
나는 이 사진을 내 페이스북 계정에 **게시할** 거야.

send a letter by **post** **우편**으로 편지를 보내다

★ '우편'을 영국 영어에서는 post, 미국 영어에서는 mail로 쓴다.

0951 • surf
[sə:rf]

ⓥ 1 파도타기를 하다 2 인터넷을 검색하다

I'm **surfing** the Web for new chairs.
나는 새 의자를 인터넷에 **검색하고 있다**.

0952 • virus
[váirəs]

ⓝ 바이러스

Did you remove the computer **virus**?
너는 컴퓨터 **바이러스**를 제거했니?

0953 • software
[sɔ́:ftweər]

ⓝ 소프트웨어 ⟷ hardware 하드웨어

Download some **software** on your computer.
네 컴퓨터에 **소프트웨어**를 좀 내려받으렴.

a **software** developer **소프트웨어** 개발자

📖 programs that tell a computer how to do a job
(컴퓨터에게 어떻게 일을 해야 하는지 말해주는 프로그램)

✦ 기술의 발달

0954 · develop
[divéləp]

ⓥ 1 발달[발전]시키다 〓grow 2 개발하다

Learning how to code **develops** a child's creativity.
코딩하는 법을 배우는 것은 아이의 창의력을 **발달시킨다**.

The researchers have **developed** some new software.
연구원들은 새로운 소프트웨어를 **개발했다**.

✦ development ⓝ 발달; 개발

0955 · filter
[fíltər]

ⓥ 여과하다, 거르다

Social media should be **filtered** to remove harmful content.
소셜 미디어는 유해한 내용을 제거하기 위해 **여과되어야** 한다.

Let's **filter** out items above $100.
100달러를 초과하는 항목들을 **걸러내자**.

0956 · failure
[féiljər]

ⓝ 실패 ⟷success 성공

Our computer project was a total **failure**.
우리의 컴퓨터 프로젝트는 완전히 **실패**했다.

✦ fail ⓥ 실패하다

0957 · solution
[səlú:ʃən]

ⓝ 1 해법, 해결책 2 정답 〓answer

We found a **solution** to your problem.
저희는 여러분의 문제에 대한 **해결책**을 찾았습니다.

the **solution** to the puzzle 수수께끼의 **정답**

0958 · perfect
[pə́rfikt]

ⓐ 완벽한

Not all application programs are **perfect**.
모든 응용 프로그램들이 **완벽한** 것은 아니다.

0959 · useful
[jú:sfəl]

ⓐ 유용한 ⟷useless 쓸모없는

Learning how to use Excel is very **useful**.
엑셀 프로그램 사용법을 배우는 것은 매우 **유용하다**.

📖 effective and helpful (효과적이고 도움이 되는)

0960 · achieve
[ətʃíːv]

ⓥ 이루다, 달성하다

achieve success 성공을 **이루다**

Technology helps students **achieve** meaningful goals.
기술은 학생들이 유의미한 목표들을 **이룰 수 있도록** 도와준다.

✦ achievement ⓝ 성취

A 빈칸에 알맞은 우리말 뜻 또는 영어 단어를 써넣어 워드맵을 완성하시오.

1 _____
(과학) 기술

기계와 기술

2 _____
technique

3 _____
자동의

4 _____
connect

5 _____
정비공

6 _____
machine

컴퓨터

7 _____
내려받다

8 _____
upload

9 _____
게시하다; 우편

10 _____
file

11 _____
소프트웨어

12 _____
surf

13 _____
바이러스

기술의 발달

14 _____
발달[발전]시키다;
개발하다

15 _____
filter

16 _____
실패

17 _____
solution

18 _____
유용한

19 _____
perfect

20 _____
이루다, 달성하다

B 우리말을 참고하여 문장을 완성하시오. (필요하면 단어 형태를 바꾸시오.)

1 We found a _____ to your problem.
저희는 여러분의 문제에 대한 해결책을 찾았습니다.

2 _____ has made our lives easier.
기술은 우리의 삶을 더 편하게 만들었다.

3 I'm going to _____ this picture on my Facebook account.
나는 이 사진을 내 페이스북 계정에 게시할 거야.

4 Could you help me _____ this printer to the computer?
이 프린터기를 컴퓨터에 연결하는 것을 도와주시겠어요?

5 Technology helps students _____ meaningful goals.
기술은 학생들이 유의미한 목표들을 이룰 수 있도록 도와준다.

MP3 듣기

0961 • **Earth**
[ə:rθ]

ⓝ 지구

About 70% of the **Earth** is covered in water.
지구의 약 70퍼센트는 물로 덮여 있다.

0962 • **space**
[speis]

ⓝ 1 공간 2 우주 ⊜ outer space

The couch takes up too much **space**.
소파가 너무 많은 **공간**을 차지한다.

We can see the Earth from **space**.
우리는 **우주**에서 지구를 볼 수 있다.

✤ 지구의 특징

0963 • **air**
[éər]

ⓝ 공기, 대기

Earth has land, **air**, and water.
지구에는 땅, **공기**, 물이 있다.

fresh **air** 신선한 **공기**

0964 • **life**
[laif]

ⓝ 1 생명; 생명체 2 삶, 인생

Earth is the only place where **life** exists.
지구는 **생명체**가 존재하는 유일한 곳이다.

Life is too short, so enjoy your **life**.
인생은 너무 짧으니 네 **삶**을 즐겨라.

0965 • **layer**
[léjər]

ⓝ 층

ozone **layer** 오존**층**
The Earth is made up of several **layers**.
지구는 몇 개의 **층**으로 구성되어 있다.

0966 • **spin**
[spin]
spin-spun-spun

ⓥ 돌다, 회전하다

The Earth **spins** around the sun.
지구는 태양 주위를 **돈다**.

The figure skater is **spinning** on the ice.
피겨 스케이트 선수가 빙상에서 **돌고** 있다.

🔎 to turn around and around repeatedly (반복하여 계속 돌다)

0967 • magnet
[mǽɡnət]

ⓝ 자석

The Earth has north and south poles like a **magnet**.
지구는 **자석**처럼 북극과 남극이 있다.

✿ 우주 탐험

0968 • astronaut
[ǽstrənɔ̀ːt]

ⓝ 우주 비행사

Astronauts train before going into space.
우주 비행사들은 우주에 가기 전에 훈련을 받는다.

0969 • launch
[lɔːntʃ]

ⓥ 1 (우주선 등을) 발사하다　2 착수하다; (상품을) 출시하다

How hard is it to **launch** a rocket?
로켓을 발사하는 것은 얼마나 어려운가요?

🔁 launch a rocket 로켓을 발사하다

launch a new product 신제품을 **출시하다**

0970 • shuttle
[ʃʌ́tl]

ⓝ 우주 왕복선; 정기 왕복 차량

NASA launched a space **shuttle** yesterday.
어제 나사(미국 항공 우주국)는 **우주 왕복선**을 발사했다.

a **shuttle** bus 셔틀버스(근거리 **왕복** 버스)

0971 • detect
[ditékt]

ⓥ (알아내기 쉽지 않은 것을) 발견하다　⊜ discover

The astronaut **detected** a problem during the flight.
우주 비행사는 비행 도중 문제를 **발견했다**.

0972 • alien
[éiliən]

ⓝ 외계인　ⓐ 1 외국의　2 외계의

I am sure that **aliens** will never attack humans.
외계인이 인간을 절대 공격하지 않을 거라고 나는 확신한다.

an **alien** culture **외국** 문화

🔤 ⓝ external beings that live in outer space
(우주 공간에 사는 외부의 존재)

0973 • darkness
[dɑ́ːrknis]

ⓝ 어둠, 암흑　↔ brightness 밝음

Space is filled with total **darkness**.
우주는 완전한 **암흑**으로 가득 차 있다.

✚ dark ⓐ 어두운

✦ 행성

0974 · planet
[plǽnət]

ⓝ 행성

How many **planets** are in the solar system?
태양계에는 **행성**이 몇 개 있나요?

Earth is the third **planet** from the sun.
지구는 태양으로부터 3번째 **행성**이다.

🖼 a round object in space that moves around a star
(별 주위로 움직이는 우주의 둥근 물체)

0975 · Milky Way
[mílki wei]

ⓝ 은하계

There are so many stars in the **Milky Way**.
은하계에는 수많은 별이 있다.

0976 · Mercury
[mə́ːrkjəri]

ⓝ 수성

Mercury is the closest planet to the sun.
수성은 태양과 가장 가까운 행성이다.

0977 · Venus
[víːnəs]

ⓝ 금성

Venus has a lot of volcanoes.
금성에는 화산이 많다.

0978 · Mars
[mɑːrz]

ⓝ 화성

There were several space missions to **Mars**.
화성으로의 몇 가지 우주 임무가 있었다.

➕ Martian ⓐ 화성의 ⓝ 화성인

0979 · Jupiter
[dʒúːpətər]

ⓝ 목성

Jupiter is famous for the Great Red Spot.
목성은 대적점으로 유명하다.

0980 · Saturn
[sǽtəːrn]

ⓝ 토성

Saturn is the second largest planet in our solar system.
토성은 태양계에서 두 번째로 큰 행성이다.

★ 그 밖의 행성: Uranus [jɔ́rənəs] 천왕성, Neptune [néptjuːn] 해왕성

A 빈칸에 알맞은 우리말 뜻 또는 영어 단어를 써넣어 워드맵을 완성하시오.

```
1 _____          2 _____
       지구                      space
```

지구의 특징

3 _____
　　생명; 생명체

4 _____
　　air

5 _____
　　층

6 _____
　　magnet

7 _____
　　돌다, 회전하다

우주 탐험

8 _____
　　우주 비행사

9 _____
　　shuttle

10 _____
　　발사하다; 착수하다

11 _____
　　alien

12 _____
　　발견하다

13 _____
　　darkness

행성

14 _____
　　행성

15 _____
　　Milky Way

16 _____
　　수성

17 _____
　　Venus

18 _____
　　화성

19 _____
　　Jupiter

20 _____
　　토성

B 우리말을 참고하여 문장을 완성하시오. (필요하면 단어 형태를 바꾸시오.)

1 _____ has a lot of volcanoes.
금성에는 화산이 많다.

2 NASA launched a space _____ yesterday.
어제 나사(미국 항공 우주국)는 우주 왕복선을 발사했다.

3 There are so many stars in the _____.
은하계에는 수많은 별이 있다.

4 I am sure that _____ will never attack humans.
외계인이 인간을 절대 공격하지 않을 거라고 나는 확신한다.

5 The Earth has north and south poles like a _____.
지구는 자석처럼 북극과 남극이 있다.

MP3 듣기

0981 • environment
[inváirənmənt]

ⓝ 환경

We have damaged our **environment** in many ways.
우리는 많은 방식으로 우리의 **환경**을 훼손했다.

a working **environment** 작업 환경

➕ environmental ⓐ 환경의

♣ 에너지원

0982 • energy
[énərdʒi]

ⓝ 1 활기 2 에너지

My daughter is always full of **energy**.
내 딸은 늘 **활기**가 넘친다.

We can produce **energy** from the sun.
우리는 태양으로부터 **에너지**를 생산할 수 있다.

0983 • source
[sɔːrs]

ⓝ 1 원천 2 근원, 원인

The sun is a major **source** of energy.
태양은 에너지의 주요 **원천**이다.

a **source** of a problem 문제의 **근원**

📟 where something comes from (무언가가 생겨난 곳)

0984 • power
[páuər]

ⓝ 1 힘 2 동력, 에너지

the **power** of a storm 폭풍우의 **힘**
Wind **power** is cheaper than natural gas.
풍력은 천연가스보다 저렴하다.

0985 • wave
[weiv]

ⓝ 파도, 물결 ⓥ (손을) 흔들다

There are some methods of getting energy from **waves**.
파도로부터 에너지를 얻는 몇 가지 방법이 있다.

The actress **waved** at us. 그 여배우는 우리에게 **손을 흔들었다**.

0986 • heat
[hiːt]

ⓝ 1 열 2 더위 ⓥ 가열하다

Heat is a form of energy.
열은 에너지의 한 형태이다.

Heat the soup until it boils.
수프가 끓을 때까지 **가열하세요**.

✤ 환경 오염

0987 • pollute
[pəlúːt]

ⓥ 오염시키다

Chemicals have **polluted** the river.
화학 물질이 강을 **오염시켰다**.

✦ pollution ⓝ 오염, 공해

0988 • waste
[weist]

ⓝ 1 낭비　2 쓰레기, 폐기물　⊜garbage　**ⓥ 낭비하다**

a **waste** of energy　에너지 **낭비**
industrial **waste**　산업 **폐기물**
Don't **waste** your money on it.　그것에 돈을 **낭비하지** 마라.

0989 • plastic
[plǽstik]

ⓝ 플라스틱　ⓐ 플라스틱으로 된

There is so much **plastic** in the ocean.
바다에 너무 많은 **플라스틱**이 있다.

a **plastic** bag　비닐봉지

0990 • warn
[wɔːrn]

ⓥ 경고하다, 주의를 주다

Scientists **warn** of more extreme weather.
과학자들은 더 많은 기상 이변에 대해 **경고한다**.

0991 • pure
[pjuər]

ⓐ 1 순수한　2 깨끗한　⊜clean

pure wool sweater　순모 스웨터
Where can we find **pure** water?
어디에서 우리는 **깨끗한** 물을 찾을 수 있나요?

0992 • matter
[mǽtəːr]

ⓝ 문제, 사안　ⓥ 중요하다; 문제 되다

Fine dust is a **matter** of concern in Korea.
미세 먼지는 한국에서 관심 **사안**이다.

It doesn't **matter** who did it.　누가 그것을 했는지 **중요하지** 않다.

　🔲 ⓝ something that one has to think about or deal with
　　　(생각하거나 처리해야 하는 것)

✤ 온난화와 대책

0993 • global
[glóubəl]

ⓐ 세계적인; 지구의

Air pollution is a **global** problem.
대기 오염은 **세계적인** 문제이다.

0994 • **cause**
[kɔːz]

ⓝ 원인 ⊜ source ⓥ 야기하다, 초래하다

the main **cause** of global warming
지구 온난화의 주요 **원인**

Humans have **caused** global warming.
사람들이 지구 온난화를 **초래했다**.

0995 • **danger**
[déindʒər]

ⓝ 위험

Pandas are in **danger** of dying out.
판다는 멸종될 **위험**에 처해 있다.

↻ be in danger of ~: ~할 위험에 처하다

+ dangerous ⓐ 위험한

0996 • **destroy**
[distrɔ́i]

ⓥ 파괴하다

The Amazon Rainforest is being **destroyed** by humans.
아마존 열대 우림이 인간에 의해 **파괴되어 가고** 있다.

+ destruction ⓝ 파괴

0997 • **ruin**
[rúːin]

ⓥ 파괴하다, 파멸시키다 ⊜ destroy ⓝ 붕괴; 파멸

Too much farming can **ruin** the environment.
지나친 농사는 환경을 **파괴할** 수 있다.

financial **ruin** 재정적 **파멸**

0998 • **disappear**
[dìsəpíər]

ⓥ 사라지다 ↔ appear 나타나다

How did the dinosaurs **disappear** from the Earth?
공룡은 지구에서 어떻게 **사라졌을까**?

🔲 to stop existing anywhere (어디에도 존재하지 않다)

0999 • **save**
[seiv]

ⓥ 1 (재난·위험 등에서) 구하다 ⊜ rescue 2 모으다

We need to **save** the trees from burning.
우리는 나무가 타는 것으로부터 **구해야** 한다.

↻ save A from B: A를 B로부터 구하다

I have **saved** money for a new car.
나는 새 차를 사려고 돈을 **모았다**.

1000 • **solve**
[sɑːlv]

ⓥ 1 (어려운 일을) 해결하다 2 (문제 등을) 풀다

There are various ways to help **solve** water pollution.
수질 오염을 **해결하는** 데 도움이 되는 다양한 방법이 있다.

solve a hard math problem 어려운 수학 문제를 **풀다**

Daily Check-up

A 빈칸에 알맞은 우리말 뜻 또는 영어 단어를 써넣어 워드맵을 완성하시오.

1 _____
환경

에너지원

2 _____
활기; 에너지

3 _____
power

4 _____
원천; 근원

5 _____
wave

6 _____
열; 가열하다

환경 오염

7 _____
pollute

8 _____
쓰레기; 낭비하다

9 _____
플라스틱(으로 된)

10 _____
warn

11 _____
순수한; 깨끗한

12 _____
matter

온난화와 대책

13 _____
global

14 _____
원인; 야기하다

15 _____
danger

16 _____
파괴하다

17 _____
ruin

18 _____
사라지다

19 _____
save

20 _____
해결하다; 풀다

B 우리말을 참고하여 문장을 완성하시오. (필요하면 단어 형태를 바꾸시오.)

1 Air pollution is a _____ problem.
대기 오염은 세계적인 문제이다.

2 The sun is a major _____ of energy.
태양은 에너지의 주요 원천이다.

3 We need to _____ the trees from burning.
우리는 나무가 타는 것으로부터 구해야 한다.

4 How did the dinosaurs _____ from the Earth?
공룡은 지구에서 어떻게 사라졌을까?

5 Fine dust is a _____ of concern in Korea.
미세 먼지는 한국에서 관심 사안이다.

A 들려주는 영어 단어와 어구를 쓴 후 우리말 뜻을 쓰시오.

영단어	뜻	영단어	뜻
1		2	
3		4	
5		6	
7		8	
9		10	
11		12	
13		14	
15		16	
17		18	
19		20	

B 다음 영영 풀이에 해당하는 알맞은 단어를 골라 쓰시오.

보기	matter	planet	spin	data	useful	software

1 effective and helpful   _____

2 to turn around and around repeatedly   _____

3 information or facts about something   _____

4 programs that tell a computer how to do a job   _____

5 something that one has to think about or deal with   _____

6 a round object in space that moves around a star   _____

C 밑줄 친 단어의 동의어(=) 또는 반의어(↔)를 골라 쓰시오.

보기	garbage	successes	source	general

1 Household <u>waste</u> is dumped into the ocean.   = _____

2 Stress is the main <u>cause</u> of health problems.   = _____

3 Everyone experiences <u>failures</u>.   ↔ _____

4 The actor mentioned <u>specific</u> foods he didn't eat.   ↔ _____

D 다음을 읽고, 두 문장에 공통으로 들어갈 단어를 골라 쓰시오.

보기	save	launch	result	matter

1 If you really want to _____ the planet, sell your car.

    I'll _____ up some money for travel.

2 We need to talk about the important _____.

    It may not _____ to you, but it does to me.

E 다음을 읽고, 빈칸에 알맞은 단어를 우리말을 참고하여 쓰시오.

1 He wanted to _____ his goals within 5 years.
그는 5년 안에 그의 목표를 **이루고** 싶었다.

2 There was no other _____ to the problem.
그 문제에 대한 다른 **해결책**은 없었다.

3 The magician made the girl _____ from the stage.
마술사는 무대에서 소녀를 **사라지게** 만들었다.

4 Every time I did the experiment, I got different _____s.
매번 실험을 할 때마다, 나는 다른 **결과**를 얻었다.

✿ 예문에서 뽑은 최중요 핵심 표현

핵심 표현 다시 점검하며 빈칸 완성해 보기

1 **apply for**   ～에 지원하다

_____ a job
직장[일자리]에 **지원하다**

2 **be satisfied with**   ～에 만족하다

Are you _____ your salary?
당신의 급여에 **만족하나요?**

3 **give away**   기부하다, 나누어 주다

He is _____ some of his fortune.
그는 그의 재산의 일부를 **기부하고 있다.**

4 **on purpose**   일부러

She did it _____.
그녀는 **일부러** 그것을 했다.

5 **deal with**   다루다

It is not a scientific way to _____ the
problem. 그것은 그 문제를 **다루는** 데 과학적인 방법이 아니다.

6 **carry out**   실행하다; 완수하다

go to the laboratory to _____ some
research 연구를 **하기** 위해 실험실에 가다

7 **connect A to B**   A를 B에 연결하다

_____ the printer _____ the
computer 프린터기를 컴퓨터에 **연결하다**

8 **take up** 　　차지하다

The couch _____ too much space.
소파가 너무 많은 공간을 **차지한다**.

9 **be made up of** 　　~로 구성되다

The Earth is _____ of several layers.
지구는 몇 개의 층으로 **구성되어 있다**.

10 **be in danger of** 　　~할 위험에 처하다

Pandas are _____ of dying out.
판다는 멸종될 **위험에 처해** 있다.

✿ 발음이나 철자가 유사한 혼동어

0864 **raise** [reiz] ⓥ (들어) 올리다; 기르다 │ **rise** [raiz] ⓥ (높은 위치로) 오르다; 일어나다

★ 철자가 비슷한 두 단어의 발음과 뜻 차이에 유의하자.

0878 **pile** [pail] ⓝ 더미 ⓥ 쌓다 │ 0947 **file** [fail] ⓝ 파일, 서류철; (컴퓨터) 파일

★ 두 단어의 첫 글자 p, f의 차이에 따른 발음 차이와 뜻이 완전히 다른 것을 유의하자.

0911 **lend** [lend] ⓥ 빌려주다 │ **land** [lænd] ⓝ 땅, 육지

★ 유사해 보이지만, 두 단어의 모음 차이에 따른 발음과 뜻 차이에 유의하자.

0983 **source** [sɔːrs] ⓝ 원천; 근원 │ 0060 **sauce** [sɔːs] ⓝ 소스, 양념

★ 유사해 보이는 두 단어의 발음과 뜻 차이에 유의하자.

정답 **1** apply for **2** satisfied with **3** giving away **4** on purpose **5** deal with **6** carry out
　　7 connect, to **8** takes up **9** made up **10** in danger

Answer Key

Daily Check-up

PLAN 1 **가정생활** ·····················

DAY 1 · 가족과 생활   p.15

A   1 household 2 조부모 3 parent 4 친척;
비교상의; 상대적인 5 cousin 6 중요한
7 depend on 8 바치다, 쏟다 9 marry
10 결혼(식) 11 husband 12 딸 13 twin
14 비슷한, 닮은 15 resemble 16 ~를
키우다, ~를 양육하다 17 준비하다
18 수리하다; 수리 19 get together
20 나머지; 휴식

B   1 daughter 2 rest 3 devoted
4 similar 5 relatives

DAY 2 · 집   p.19

A   1 지붕 2 yard 3 차고 4 울타리, 담
5 balcony 6 furniture 7 서랍 8 closet
9 긴 의자, 소파 10 shelf 11 lamp
12 담요 13 거울; 잘 보여주다, 반영하다
14 frame 15 바닥; 층 16 ceiling
17 계단 18 toilet 19 거실 20 bedroom

B   1 floor 2 garage 3 mirror 4 drawer
5 living room

DAY 3 · 주방   p.23

A   1 kitchen 2 싱크대, 개수대; 가라앉다
3 microwave oven 4 식기세척기
5 refrigerator 6 난로, 스토브; 가스레인지
7 plate 8 병 9 bowl 10 냄비, 솥
11 jar 12 쟁반 13 팬, 냄비; 프라이팬
14 scissors 15 recipe 16 튀기다,
굽다 17 boil 18 설탕; 당분 19 pepper
20 소스, 양념

B   1 sugar 2 recipe 3 stove 4 bottles
5 sink

DAY 4 · 음식   p.27

A   1 짠, 소금기가 있는 2 bitter 3 양념 맛이
강한, 매운 4 sweet 5 신, 시큼한; 상한
6 delicious 7 grain 8 밀가루, (곡물의)
가루 9 meat 10 돼지고기 11 beef
12 vegetable 13 해산물 14 bean
15 접시; 요리 16 diet 17 snack
18 국수, 면 19 주된, 주요한 20 dessert

B   1 bitter 2 seafood 3 snack 4 spicy
5 dish

Review Test   pp.28-29

A   1 grandparent 조부모 2 mirror 거울;
잘 보여주다, 반영하다 3 garage 차고
4 boil 끓다, 끓이다; 삶다 5 refrigerator
냉장고 6 delicious 아주 맛있는 7 relative
친척; 비교상의; 상대적인 8 important
중요한 9 recipe 조리법, 요리법 10 grain
곡물; 낟알 11 flour 밀가루, (곡물의) 가루
12 pepper 후추; 고추; 피망 13 depend
on ~에 의존하다 14 ceiling 천장
15 dessert 디저트, 후식 16 get together
모이다, 만나다 17 yard 마당, 뜰
18 dish 접시; 요리 19 resemble 닮다
20 floor 바닥; 층

B   1 household 2 pot 3 diet 4 devote
5 spicy 6 balcony

C   1 fixing 2 tasty 3 wife 4 sweet

D   1 married 2 vegetable(s) 3 scissors
4 furniture

E   1 main 2 closet 3 bottle 4 sour

Daily Check-up

DAY 5 · 학교
p.35

A 1 classroom 2 교과서 3 blackboard
4 사전 5 cafeteria 6 도서관
7 playground 8 elementary 9 사적인,
개인적인; 사립의 10 public 11 grade
12 들어가다; 입학하다 13 대학, 전문학교
14 university 15 presentation 16 대회,
경연 17 uniform 18 결석한, 결근한
19 include 20 mark

B 1 elementary 2 enter 3 textbooks
4 grades 5 absent

DAY 6 · 교육과 학습
p.39

A 1 lesson 2 explain 3 명심하다, 유념하다
4 시험; 조사, 검토 5 encourage 6 꾸짖다,
야단치다 7 homework 8 노력, 수고
9 repeat 10 어려움, 곤경 11 review
12 초점; 집중하다 13 bother 14 미술;
예술 15 mathematics 16 지리학
17 chemistry 18 사회
19 physical education 20 언어

B 1 examination 2 lesson 3 difficulty
4 review 5 language

DAY 7 · 친구
p.43

A 1 classmate 2 또래 3 senior 4 파트너,
동료, 협력자 5 introduce 6 친숙한, 낯익은
7 relationship 8 이야기를 나누다,
수다 떨다; 잡담, 수다 9 friendship
10 약속하다; 약속 11 care about
12 접촉, 연락; 연락하다 13 common
14 compete 15 경쟁자, 경쟁 상대
16 jealous 17 혼자의; 혼자서
18 pressure 19 비교하다 20 motivate

B 1 contact 2 familiar 3 peers
4 promise 5 compares

Review Test
pp.44-45

A 1 textbook 교과서 2 classmate 급우,
반 친구 3 compete 경쟁하다; 참가하다
4 familiar 친숙한, 낯익은 5 presentation
발표; 제출; 수여 6 absent 결석한, 결근한
7 care about ~에 마음을 쓰다, ~에 관심을
가지다 8 compare 비교하다 9 lesson
수업, 교습; 과; 교훈 10 repeat 반복하다,
되풀이하다 11 grade 학년; 성적; 등급
12 mark 표시하다; 자국; 점수 13 effort
노력, 수고 14 bother 귀찮게 하다, 괴롭히다
15 difficulty 어려움, 곤경 16 introduce
소개하다 17 include 포함하다; 포함시키다
18 enter 들어가다; 입학하다
19 relationship 관계 20 encourage
격려하다; 권장[장려]하다

B 1 elementary 2 review 3 motivate
4 peer 5 effort 6 social studies

C 1 concentrate 2 competition 3 praise
4 public

D 1 senior 2 common

E 1 promise 2 geography
3 Keep in mind 4 jealous

Daily Check-up

DAY 8 · 장소
p.53

A 1 지역 사회, 주민; 공동체 2 neighbor
3 지역의, 현지의 4 city 5 소도시, 읍
6 village 7 시골, 전원 지대 8 capital
9 mall 10 식료품점 11 department
store 12 빵집, 제과점 13 market
14 restaurant 15 극장; 연극
16 everywhere 17 police station
18 우체국 19 fire station 20 museum

B 1 community 2 grocery 3 theaters
4 countryside 5 capitals

DAY 9 · 교통 p.57

A 1 vehicle 2 자동차 3 subway 4 철도;
철로 5 station 6 항구; 항구 도시
7 airport 8 road 9 거리, 도로 10 path
11 표지판; 징후; 서명하다
12 transportation 13 교통 체증
14 fasten 15 pass 16 빨리 가다,
질주하다; 속도위반하다; 속도 17 get on
18 연료 19 block 20 전후로, 왔다 갔다

B 1 airport 2 railway 3 got on
4 traffic jam 5 back and forth

DAY 10 · 위치와 방향 1 p.61

A 1 direction 2 진로, 방향; 강의
3 toward(s) 4 across 5 ~을 따라;
앞으로 6 through 7 eastern 8 서쪽의
9 southern 10 북쪽의 11 맞는;
오른쪽의[으로] 12 left 13 앞으로
14 backward 15 center 16 중앙,
한가운데 17 bottom 18 지하에; 지하의
19 outside 20 inside

B 1 across 2 underground 3 forward
4 southern 5 course

DAY 11 · 위치와 방향 2 p.65

A 1 above 2 ~의 위에; ~을 넘어[건너]
3 below 4 ~ 아래에, ~의 바로 밑에
5 front 6 ~의 뒤에 7 between 8 ~에서
가까이, ~의 근처에; 가까운 9 (b)eside
10 ~ 바로 옆에 11 around 12 beyond
13 ~ 안으로, ~ 안에 14 out of 15 apart
16 떨어진 곳에; 다른 데로 17 aside
18 앞으로, 앞에; 미리 19 upside down
20 opposite

B 1 above 2 between 3 below
4 around 5 apart

Review Test pp.66-67

A 1 fasten 매다, 채우다 2 street 거리,
도로 3 community 지역 사회, 주민;
공동체 4 opposite ~의 건너편[맞은편]에;
반대편[맞은편]의 5 above ~보다 위에[위로];
위에 6 eastern 동쪽의 7 back and forth
전후로, 왔다 갔다 8 capital 수도; 대문자
9 neighbor 이웃 사람 10 northern 북쪽의
11 apart 떨어져, 헤어져; 산산이
12 between 사이에 13 middle 중앙,
한가운데 14 underground 지하에; 지하의
15 grocery 식료품점 16 subway 지하철
17 automobile 자동차 18 through ~을
통하여; 지나서, 뚫고서 19 behind ~의 뒤에
20 get on 타다, 승차하다

B 1 ahead 2 backward 3 port 4 path
5 vehicle 6 town

C 1 direction 2 next to 3 above 4 top

D 1 sign, sign(ed) 2 block, block(ed)

E 1 department 2 fuel 3 (f)orward
4 upside

Daily Check-up

PLAN 4 개인 생활 ·····

DAY 12 · 성격 p.73

A 1 personality 2 활발한; 적극적인
3 cheerful 4 brave 5 호기심이 많은;
궁금한 6 humorous 7 careful
8 수줍음이 많은, 부끄러워하는 9 quiet
10 부지런한, 근면한 11 patient
12 kindness 13 정직한; 솔직한
14 friendly 15 상냥한, 애정 어린; 부드러운

16 탐욕스러운, 욕심 많은 17 selfish
18 엄격한, 엄한 19 게으른, 나태한
20 cruel

B 1 honest 2 personality 3 curious
4 patient 5 strict

DAY 13 · 감정
p.77

A 1 기쁨, 즐거움 2 pleased 3 기쁜
4 excited 5 proud 6 감사하는, 고맙게
여기는 7 unhappy 8 눈물; 찢다, 뜯다
9 worry 10 놓치다; 그리워하다 11 두려움,
공포; 두려워[무서워]하다 12 (a)fraid
13 무서워하는, 겁먹은 14 surprised
15 충격을 받은 16 wonder 17 anger
18 속상한; 속상하게 하다 19 annoyed
20 실망한, 낙담한

B 1 surprised 2 (s)cared 3 joy
4 thankful 5 disappointed

DAY 14 · 생각
p.81

A 1 understand 2 ～할 것 같은 3 믿다;
생각하다 4 express 5 바라다, 원하다;
소원, 바람 6 regard 7 부인하다, 부정하다
8 ignore 9 상관하다, 언짢아하다; 마음, 정신
10 remember 11 잊다 12 confuse
13 의도하다, 작정하다 14 determine
15 확신하는, 확실한 16 prefer 17 idea
18 어리석은, 바보 같은 19 wise 20 타당한,
합리적인; 적정한

B 1 reasonable 2 determined 3 believe
4 wish 5 forget

DAY 15 · 의사소통
p.85

A 1 communicate 2 dialogue 3 의미하다,
～라는 뜻이다 4 reply 5 조언하다, 충고하다
6 attitude 7 문자 메시지를 보내다;
본문, 글 8 rumor 9 거짓말; 거짓말하다
10 고요, 정적; 침묵 11 seem 12 속삭이다,

귓속말을 하다; 속삭임 13 truth 14 사실
15 argue 16 비난하다; 탓하다; 비난;
책임 17 yell 18 직접적으로; 곧장, 똑바로
19 frankly 20 가능한; 있을 수 있는

B 1 replied 2 seem 3 lying 4 blame
5 possible

pp.86-87

A 1 selfish 이기적인 2 reasonable 타당한,
합리적인; 적정한 3 determine 결정하다;
알아내다 4 pleased 기쁜, 만족스러운
5 personality 성격, 인격 6 communicate
의사소통하다 7 regard 간주하다, 여기다
8 dialogue 대화 9 thankful 감사하는,
고맙게 여기는 10 cheerful 쾌활한, 발랄한
11 remember 기억하다 12 directly
직접적으로; 곧장, 똑바로 13 careful
조심하는, 신중한 14 advise 조언하다,
충고하다 15 kindness 친절, 다정함
16 greedy 탐욕스러운, 욕심 많은
17 patient 참을성[인내심] 있는; 환자
18 surprised 놀란 19 frankly 솔직히,
노골적으로 20 argue 말다툼하다, 언쟁하다;
주장하다

B 1 annoyed 2 deny 3 intend 4 diligent
5 attitude 6 express

C 1 gentle 2 decided 3 diligent
4 satisfied

D 1 proud 2 text 3 ignore 4 curious

E 1 prefer 2 whisper 3 confuse
4 blame

Daily Check-up

PLAN 5 신체와 건강 ·········

DAY 16 · 몸과 감각
p.95

A 1 얼굴; ~ 쪽을 향하다; 직면하다 2 brain
3 피부 4 waist 5 팔꿈치 6 wrist 7 발목
8 toe 9 뼈 10 tired 11 목마른, 갈증 나는
12 hunger 13 졸린, 졸음이 오는
14 sense 15 냄새 맡다; 냄새가 나다; 냄새,
향 16 touch 17 듣다; 들리다 18 sound
19 맛; 맛이 ~하다, ~ 맛이 나다 20 sight

B 1 thirsty 2 bones 3 elbows 4 taste
5 face

DAY 17 · 신체 묘사
p.99

A 1 age 2 젊음; 어린 시절; 젊은이
3 middle-aged 4 연세가 드신 5 female
6 남성의; 남성 7 appearance 8 잘생긴,
아름다운 9 attractive 10 못생긴, 추한
11 plain 12 점, 반점; 곳, 장소 13 curly
14 곧은, 똑바른; 똑바로; 곧장 15 bald
16 height 17 weight 18 체중을 재다;
무게가 ~이다 19 overweight 20 날씬한,
호리호리한

B 1 plain 2 Females 3 weighed
4 straight 5 youth

DAY 18 · 신체 활동
p.103

A 1 구부리다 2 stretch 3 밀다; 누르다
4 swing 5 hit 6 잡다, 쥐다; 걸리다
7 throw 8 굴리다; 구르다 9 kick
10 take a walk 11 jog 12 (뒤)쫓다;
추격, 추적 13 race 14 ride
15 (물로) 뛰어들다; 잠수하다 16 picnic
17 오르다, 등반하다 18 skateboard
19 썰매; 썰매를 타다 20 slide

B 1 chasing 2 Catch 3 bend 4 ride
5 climb

DAY 19 · 건강과 질병
p.107

A 1 pain 2 다치다, 다치게 하다; 아프다 3 ill
4 약한, 힘이 없는 5 fever 6 기침을 하다;
기침 7 runny nose 8 injury 9 베다,
자르다 10 burn 11 피 12 harm
13 심한, 끔찍한 14 생존하다, 살아남다
15 death 16 맹인의, 눈먼, 시각 장애의
17 deaf 18 get better 19 치료, 치료법
20 healthy

B 1 fever 2 survive 3 blood 4 injury
5 treatment

Review Test
pp.108-109

A 1 skin 피부 2 bend 구부리다 3 brain 뇌,
두뇌 4 throw 던지다 5 thirsty 목마른,
갈증 나는 6 take a walk 산책하다 7 tired
피곤한, 지친; 싫증 난 8 chase (뒤)쫓다;
추격, 추적 9 sight 시력; 보기, 봄 10 slide
미끄러지다; 미끄럼틀 11 age 나이; 시대;
나이가 들다 12 blood 피 13 male 남성의;
남성 14 get better 호전되다, 좋아지다
15 height 키, 신장; 높이 16 healthy
건강한; 건강에 좋은 17 appearance 외모,
겉모습; 등장; 출현 18 treatment 치료,
치료법 19 straight 곧은, 똑바른; 똑바로;
곧장 20 survive 생존하다, 살아남다

B 1 deaf 2 hurt 3 climb 4 catch
5 bald 6 wrist

C 1 fat 2 charming 3 birth 4 young

D 1 injury 2 blind 3 runny 4 hunger

E 1 treatment 2 burn 3 weight 4 picnic

Daily Check-up

PLAN 6 휴가 ·····

DAY 20 · 여행
p.115

A **1** travel **2** 계획하다; 계획 **3** book
4 교환(하다); 환전(하다) **5** abroad
6 look forward to **7** distance
8 address **9** 안내원, 가이드; 안내하다
10 tour **11** 사진; 사진을 찍다
12 well-known **13** 모국의, 출생지의;
원산[토종]의 **14** traditional **15** 다양한,
여러 가지의 **16** culture **17** 놀라운
18 region **19** 성 **20** crowded

B **1** native **2** exchange **3** culture
4 distance **5** abroad

DAY 21 · 쇼핑
p.119

A **1** 목록 **2** item **3** 물품, 상품 **4** brand
5 진열(하다), 전시(하다) **6** attract
7 공급하다, 제공하다 **8** deliver
9 명령(하다); 주문(하다) **10** 저렴한, 값싼
11 expensive **12** 고르다, 선택하다
13 price **14** 지불하다 **15** fashion
16 유행하는, 유행을 따른 **17** latest
18 방식; 스타일 **19** fit **20** 편안한

B **1** display **2** delivered **3** comfortable
4 latest **5** provide

DAY 22 · 기념일
p.123

A **1** anniversary **2** festival **3** 휴일; 휴가
4 fireworks **5** 깃발 **6** parade
7 초대하다 **8** guest **9** 장식하다 **10** wrap
11 풍선 **12** special **13** 칠면조 (고기)
14 celebrate **15** 축하; 축하 인사
16 gather **17** 불어서 끄다 **18** fun
19 받다 **20** merry

B **1** receive **2** anniversary **3** decorated
4 gathered **5** celebrate

Review Test

A **1** book 예약하다 **2** flag 깃발 **3** distance
거리 **4** wrap 포장하다, 싸다; 포장지
5 address 주소 **6** anniversary 기념일
7 various 다양한, 여러 가지의 **8** goods
물품, 상품 **9** culture 문화 **10** celebrate
기념하다, 축하하다 **11** order 명령(하다);
주문(하다) **12** congratulation 축하;
축하 인사 **13** deliver 배달하다 **14** gather
모이다; 모으다, 수집하다 **15** choose
고르다, 선택하다 **16** travel 여행하다[가다];
여행 **17** latest (가장) 최신의, 최근의
18 exchange 교환(하다); 환전(하다)
19 festival 축제 **20** attract 끌다, 매혹하다

B **1** guide **2** goods **3** display **4** special
5 castle **6** holiday

C **1** supply **2** famous **3** cheap **4** foreign

D **1** cultural **2** fashionable **3** choose
4 delivery

E **1** comfortable **2** forward **3** traditional
4 abroad

Daily Check-up

PLAN 7 자연 ·····

DAY 23 · 자연과 지리
p.133

A **1** nature **2** 자연의, 천연의; 당연한
3 stream **4** 호수 **5** beach **6** 기슭, 물가
7 ocean **8** 섬 **9** 언덕 **10** valley
11 동굴 **12** waterfall **13** 절벽 **14** peak
15 ground **16** soil **17** 진흙, 진창
18 rock **19** 사막 **20** area

B **1** streams **2** island **3** cliff **4** ground
5 desert

DAY 24 · 날씨
p.137

A 1 날씨 2 degree 3 bright 4 빛나다;
비치다 5 clear 6 차가운, 쌀쌀한
7 freezing 8 눈이 내리는; 눈에 덮인
9 snowfall 10 축축한, 습기 찬 11 moist
12 끈적끈적한; 무더운, 후덥지근한
13 raindrop 14 내리다; 떨어지다; 넘어지다
15 hurricane 16 폭풍(우) 17 cloudy
18 바람이 많이 부는 19 fog 20 먼지

B 1 weather 2 degrees 3 shined
4 (m)oist 5 storm

DAY 25 · 동물
p.141

A 1 야생의 2 turtle 3 사슴 4 zebra 5 악어
6 leopard 7 owl 8 날개 9 feather
10 꼬리 11 insect 12 벌레 13 nest
14 shark 15 돌고래 16 whale
17 sheep 18 염소 19 cattle
20 livestock

B 1 nests 2 cattle 3 Feathers 4 wild
5 insects

DAY 26 · 식물
p.145

A 1 plant 2 나무, 목재; 숲 3 root 4 줄기
5 trunk 6 (나뭇)가지 7 leaf 8 forest
9 소나무 10 maple 11 수풀, 덤불, 관목
12 grass 13 풀, 약초 14 햇빛 15 seed
16 싹, 눈 17 bloom 18 꽃; 꽃을 피우다,
꽃이 피다 19 fruit 20 산딸기류 열매, 베리

B 1 grass 2 branches 3 forest
4 sunlight 5 fruit

Review Test

pp.146-147

A 1 natural 자연의, 천연의; 당연한 2 zebra
얼룩말 3 ocean 대양, 바다 4 wing 날개
5 valley 계곡, 골짜기 6 dolphin 돌고래
7 plant 식물; 심다 8 cattle 소 9 cliff

절벽 10 branch (나뭇)가지 11 weather
날씨 12 forest 숲, 산림 13 storm 폭풍(우)
14 bud 싹, 눈 15 dust 먼지 16 ground
(땅)바닥, 지면; 땅 17 chilly 차가운, 쌀쌀한
18 shine 빛나다; 비치다 19 root 뿌리;
근원, 원인 20 fog 안개

B 1 damp 2 feather 3 island 4 valley
5 desert 6 seed

C 1 top 2 dark 3 dry 4 rise

D 1 wood 2 tail 3 stream 4 wild

E 1 bloom 2 bright 3 area 4 nest

Daily Check-up

PLAN 8 문화 예술

DAY 27 · 방송과 영화
p.153

A 1 program 2 시각의 3 daily 4 신문
5 살아 있는; 생방송의, 생중계의 6 issue
7 우려; 관심; 걱정시키다; 관계되다
8 record 9 보도/보고하다; 보도; 보고(서)
10 interview 11 상세, 세부 12 attention
13 사생활, 프라이버시 14 film 15 모험
16 science fiction 17 공포 18 comedy
19 활기찬, 활발한; 만화 영화로 된
20 dramatic

B 1 visual 2 dramatic 3 privacy
4 attention 5 recorded

DAY 28 · 건축과 음악
p.157

A 1 structure 2 건축가 3 design
4 건설하다, 세우다 5 beauty 6 조화
7 unique 8 steel 9 금속 10 concrete
11 벽돌 12 orchestra 13 기구, 도구; 악기
14 concert 15 지휘자 16 amuse
17 composer 18 창조[창작]하다
19 modern 20 고전적인; 클래식의

B 1 Architects 2 classical 3 harmony
4 instruments 5 constructed

DAY 29 · 미술
p.161

A 1 artist 2 천재; 천재성 3 painting
4 초상화; 인물 사진 5 gallery 6 인기 있는;
대중의, 대중적인 7 그리다; 끌다; 끌어당기다
8 paint 9 붓, 솔; 솔질하다 10 carve
11 점토, 찰흙 12 glue 13 colorful
14 현실적인; 사실적인, 사실주의의
15 graphic 16 창의[독창]적인 17 pale
18 생생한; 강렬한, 선명한 19 shade
20 반사하다; 반영하다, 나타내다

B 1 reflects 2 portrait 3 genius
4 Creative 5 popular

Review Test
pp.162-163

A 1 newspaper 신문 2 visual 시각의
3 science fiction 공상 과학 영화/소설
4 adventure 모험 5 structure 구조;
구조물 6 construct 건설하다, 세우다
7 beauty 아름다움, 미 8 harmony 조화
9 conductor 지휘자 10 create 창조하다,
창작하다 11 metal 금속 12 classical
고전적인; 클래식의 13 realistic 현실적인;
사실적인, 사실주의의 14 creative 창의적인,
독창적인 15 vivid 생생한; 강렬한, 선명한
16 daily 매일의; 일간의; 매일 17 steel 강철
18 modern 현대의, 현대적인 19 painting
그림, 회화 20 pale 엷은, 연한; 창백한

B 1 composer 2 architect 3 portrait
4 carve 5 report 6 detail

C 1 please 2 worry 3 movies
4 common

D 1 record 2 popular 3 (r)eflect(s)
4 attention

E 1 instrument 2 orchestra 3 draw
4 interview

Daily Check-up

PLAN 9 일상과 여가 ·············

DAY 30 · 시간
p.171

A 1 달력 2 date 3 정오, 낮 12시 4 daytime
5 한밤중, 자정, 밤 12시 6 weekend
7 월례의, 매달의 8 이미, 벌써 9 past
10 현재; 선물; 현재의; 참석[출석]한
11 future 12 from now on 13 ~ 때까지
14 later 15 곧, 이내 16 someday
17 항상, 언제나 18 sometimes
19 보통, 대개 20 rarely

B 1 date 2 Someday 3 rarely 4 present
5 already

DAY 31 · 일상생활
p.175

A 1 awake 2 일어나다 3 get used to
4 거의 5 breakfast 6 서두름, 급함;
서두르다 7 put on 8 in time 9 인사하다,
환영하다 10 전형적인; 보통의 11 awful
12 완성[완료]하다; 완전한 13 finish
14 return 15 운동하다; 운동; 연습 문제
16 supper 17 일기 18 ordinary
19 청소하다; 깨끗한 20 asleep

B 1 awake 2 greet 3 complete 4 return
5 typical

DAY 32 · 취미
p.179

A 1 취미 2 (p)astime 3 여가 4 be into
5 pleasure 6 ~ 덕분에, ~ 때문에
7 interested 8 stress 9 야외의
10 activity 11 캠핑, 야영 12 hiking
13 자전거 타기 14 participate 15 club
16 재주, 재능 17 sign up for
18 volunteer 19 수집하다, 모으다
20 magic

B 1 pleasure 2 volunteer 3 leisure
4 participated 5 outdoor

DAY 33 · 스포츠   p.183

A 1 sport 2 soccer 3 탁구 4 track and
field 5 stadium 6 선수 7 fan 8 코치,
지도자 9 member 10 아마추어 (선수);
아마추어의 11 practice 12 able
13 환호(하다); 응원(하다) 14 passion
15 심판 16 goal 17 lose 18 이기다;
두드리다, 때리다 19 tie 20 챔피언,
우승자[팀]

B 1 stadium 2 lose 3 practice
4 cheered 5 passion

Review Test   pp.184-185

A 1 calendar 달력 2 awful 끔찍한, 지독한
3 monthly 월례의, 매달의 4 ordinary
보통의, 일상적인 5 already 이미, 벌써
6 activity 활동 7 always 항상, 언제나
8 member 일원; 회원 9 sometimes
때때로, 이따금 10 practice 연습하다; 연습
11 usually 보통, 대개 12 passion 열정
13 rarely 좀처럼 ~하지 않는, 드물게
14 track and field 육상 경기 15 volunteer
자원봉사자[의]; 자원봉사하다 16 outdoor
야외의 17 in time 제시간에, 시간에 맞춰
18 thanks to ~ 덕분에, ~ 때문에 19 greet
인사하다, 환영하다 20 later 나중에, 후에;
뒤의, 후의

B 1 breakfast 2 leisure 3 present
4 cheer 5 tie 6 return

C 1 normal 2 completed 3 awake
4 past

D 1 collect(ed) 2 pleasure 3 participate
4 hurry

E 1 pastime 2 talent 3 From now on
4 beat

Daily Check-up

DAY 34 · 문학과 출판   p.191

A 1 novel 2 시 3 cartoon 4 잡지
5 series 6 제목; 직함 7 theme 8 주제,
화제 9 event 10 묘사하다, 말하다
11 character 12 상징 13 ~의 이름을
따라 짓다 14 tragedy 15 감동을 주다,
깊은 인상을 주다 16 writer 17 정정하다;
맞는, 정확한 18 print 19 복사(본); 한 부;
복사하다 20 publish

B 1 impressed 2 magazine 3 printed
4 describe 5 event

DAY 35 · 연결어구   p.195

A 1 since 2 ~ 때문에 3 thus 4 그러므로
5 as a result 6 예를 들어, ~와 같은
7 for example 8 게다가; ~ 외에
9 moreover 10 게다가 11 however
12 ~이긴 하지만 13 despite
14 ~와는 다른; ~와는 달리 15 instead
16 반면에, 다른 한편으로 17 otherwise
18 ~이 아닌 한, ~하지 않는 한 19 in short
20 즉, 말하자면

B 1 because 2 On the other hand
3 Unless 4 (I)n addition 5 As a result

DAY 36 · 중요 부사와 어구   p.199

A 1 ~도[조차]; 훨씬, 더욱 2 (a)ctually
3 특히 4 really 5 꽤, 상당히
6 unfortunately 7 거의 ~아니다[않다]
8 neither 9 절대[결코] ~ 않다 10 at first
11 무엇보다도; 특히 12 most of all
13 마침내, 결국; 마지막으로 14 mainly
15 일반적으로; 보통 16 normally
17 약간, 조금 18 gradually
19 전적으로, 완전히 20 completely

B **1** slightly **2** (M)ost of all **3** Hardly
4 even **5** generally

A **1** even ~도[조차]; 훨씬, 더욱 **2** that is 즉,
말하자면 **3** instead 대신에 **4** normally
보통, 보통 때는 **5** although ~이긴 하지만
6 novel 소설 **7** especially 특히
8 actually 실제로, 정말로; 사실은
9 however 하지만, 그러나 **10** poem 시
11 as a result 결국에, 결과적으로
12 never 절대[결코] ~ 않다
13 most of all 무엇보다도 **14** therefore
그러므로 **15** theme 주제, 테마
16 otherwise 그렇지 않으면[않았다면]
17 symbol 상징 **18** for example 예를 들어
19 unfortunately 불행하게도, 유감스럽게도
20 slightly 약간, 조금

B **1** therefore **2** such as **3** correct
4 gradually **5** unlike **6** describe

C **1** eventually **2** mostly **3** comedy
4 partly

D **1** cartoon(s), cartoon **2** copy

E **1** (D)espite **2** character **3** (u)nless
4 at first

Daily Check-up

PLAN **11** 수와 양

DAY **37** · 사물   p.209

A **1** object **2** shape **3** 동그라미; 동그라미를
그리다 **4** round **5** 정사각형(의); 광장
6 triangle **7** heavy **8** 밝은; 가벼운; 적은,
약한 **9** thick **10** 얇은; 마른 **11** 넓은;
폭이 ~인 **12** narrow **13** 거친; 힘든
14 smooth **15** 평평한; 납작한 **16** sharp

17 단단한, 단단히 맨; 꽉 조이는 **18** empty
19 가득한; 배부른 **20** separate

B **1** rough **2** squares **3** light **4** circle
5 thick

DAY **38** · 수치   p.213

A **1** measure **2** (수를) 세다; 계산하다
3 add **4** 길이; 기간 **5** 멀리; 떨어져; 먼
6 thousand **7** 100만 **8** billion
9 부부, 한 쌍; 두어 명/개; 몇 명/개
10 pair **11** bunch **12** 12개짜리 한 묶음
13 multiply **14** 두 번; 두 배로 **15** double
16 whole **17** per **18** 나누다 **19** half
20 1/4; 15분; 25센트짜리 동전

B **1** Measure **2** bunch **3** length **4** whole
5 billion

DAY **39** · 수량과 크기   p.217

A **1** amount **2** 크기; 치수 **3** enough
4 많은 **5** much **6** 많은; 다수의 사람/것
7 plenty **8** 작은; 어린; 별로[거의] ~않다
9 few **10** 조금; 한 조각 **11** least **12** tiny
13 평균(의); 보통의 **14** (e)normous
15 거대한 **16** entire **17** 전체의, 총; 합계,
총액 **18** several **19** 조각, 부분
20 equally

B **1** few **2** Many **3** entire **4** average
5 enough

A **1** amount 양; 액수, 총액 **2** little 작은;
어린; 별로[거의] ~않다 **3** twice 두 번;
두 배로 **4** far 멀리; 떨어져; 먼 **5** total
전체의, 총; 합계, 총액 **6** length 길이; 기간
7 billion 10억 **8** average 평균의; 보통의;
평균 **9** flat 평평한; 납작한 **10** size 크기;

치수 **11** least 가장 적은[작은]; 최소(의 것)
12 smooth 매끄러운; 순조로운 **13** million
100만 **14** separate 분리하다; 분리된
15 enormous 거대한, 막대한 **16** narrow
좁은 **17** several 몇몇의; 몇몇 **18** many
많은; 다수의 사람/것 **19** measure 측정하다
20 equally 똑같이, 동등하게

B **1** few **2** shape **3** piece **4** full
5 whole **6** divide

C **1** whole **2** things **3** loose **4** thin

D **1** square **2** object

E **1** multiplied **2** half **3** tiny **4** count

Daily Check-up

PLAN 12 사회 ·····················

DAY 40 · 종교와 역사   p.225

A **1** god **2** belief **3** 천국 **4** temple **5** 교회
6 bless **7** 기적 **8** myth **9** 영혼 **10** spirit
11 유령 **12** devil **13** history **14** 기원,
유래 **15** century **16** 보물 **17** tribe
18 궁전 **19** kingdom **20** 학급; 수업;
계급; 계층

B **1** belief **2** miracle **3** temples
4 kingdom **5** soul

DAY 41 · 사회 문제   p.229

A **1** society **2** disabled **3** 노숙자의
4 human **5** remain **6** accident
7 잘못; 결점 **8** cheat **9** 도둑
10 steal **11** serious **12** 폭력적인
13 murder **14** 위험; ~을 위태롭게
하다[걸다] **15** 적절한, 제대로 된 **16** fair
17 안전한 **18** trust **19** 자선; 자선 단체
20 opportunity

B **1** accident **2** opportunity **3** disabled
4 violent **5** steal

DAY 42 · 법과 규칙   p.233

A **1** law **2** 규칙; 통치하다, 지배하다 **3** follow
4 necessary **5** 통제(하다), 지배(하다)
6 permit **7** 경비 요원; 지키다, 보호하다
8 알아채다, 인지하다; 신경 씀, 알아챔
9 (p)roof **10** 증거 **11** scene **12** 조사하다
13 innocent **14** commit **15** 깨다,
부수다; 고장 내다; 어기다 **16** suspect
17 유죄의; 죄책감을 느끼는 **18** fine
19 처벌하다, 벌주다 **20** prison

B **1** followed **2** permitted **3** notice
4 suspect **5** (e)vidence

DAY 43 · 도덕 예절   p.237

A **1** etiquette **2** 방식; 태도; 예의 **3** favor
4 온화한, 부드러운 **5** polite **6** 감사하다,
감사를 표하다 **7** warmhearted
8 용기 **9** behave **10** 행동 **11** share
12 지지(하다); 지원(하다) **13** respect
14 칭찬하다; 칭찬 **15** deserve
16 apologize **17** 연민, 동정(심)
18 excuse **19** 용서하다 **20** (p)ardon

B **1** manners **2** warmhearted **3** support
4 forgive **5** behaved

Review Test   pp.238-239

A **1** apologize 사과하다 **2** opportunity 기회
3 support 지지(하다); 지원(하다) **4** pity
연민, 동정(심) **5** disabled 장애를 가진
6 charity 자선; 자선 단체 **7** favor 친절한
행위; 부탁; 찬성 **8** excuse 변명; 용서하다
9 palace 궁전 **10** history 역사
11 warmhearted 마음이 따뜻한, 친절한
12 suspect 용의자; 의심하다
13 permit 허용하다 **14** belief 믿음, 신념
15 necessary 필요한, 필수의 **16** proper
적절한, 제대로 된 **17** innocent 무죄인;

순진한 **18** behavior 행동 **19** courage 용기 **20** polite 예의 바른, 정중한

B **1** behave **2** treasure **3** fine **4** fault **5** law **6** proof

C **1** robber **2** beginning **3** criticized **4** followed

D **1** class, class(es) **2** manner, manner(s)

E **1** bless(ed) **2** homeless **3** century **4** punish(ed)

Daily Check-up

PLAN 13 산업과 경제 ·················

DAY 44 · 산업
p.247

A **1** industry **2** farming **3** 과수원 **4** 올리다; 기르다; 모으다 **5** grow **6** 고르다, 선택하다; 따다 **7** harvest **8** crop **9** 쌀; 밥 **10** wheat **11** fishing **12** 망, 그물 **13** salmon **14** 새우 **15** factory **16** 생산하다 **17** product **18** 더미, 쌓아 놓은 것; 쌓다, 포개다 **19** major **20** ~을 시작하다; ~을 세우다

B **1** set up **2** crops **3** orchard **4** harvesting **5** produces

DAY 45 · 직장과 직업
p.251

A **1** company **2** 직장, 일, 일자리 **3** 사무실, 사무소 **4** hire **5** 제안, 제의; 제안하다; 제공하다 **6** salary **7** experience **8** 노동 **9** skill **10** 성공한, 성공적인 **11** hairdresser **12** 제빵사 **13** 치과 의사 **14** actor **15** 요리사 **16** police officer **17** professor **18** businessman **19** 탐정, 형사 **20** creator

B **1** offered **2** hired **3** police officer **4** detective **5** experience

DAY 46 · 소비와 저축
p.255

A **1** savings **2** 용돈 **3** fortune **4** 부유한 **5** economy **6** 수출하다; 수출(품) **7** import **8** (돈을) 벌다 **9** purpose **10** 예산 **11** lend **12** 빌리다 **13** sale **14** 소비하다; 소모하다 **15** worth **16** 효과적인 **17** discount **18** 청구서; 계산서; 지폐 **19** change **20** 동전

B **1** effective **2** consumes **3** exports **4** purpose **5** savings

Review Test
pp.256-257

A **1** labor 노동 **2** harvest 수확; 수확량; 수확하다 **3** produce 생산하다 **4** successful 성공한, 성공적인 **5** farming 농업, 농사 **6** import 수입하다; 수입(품) **7** experience 경험, 경력; 경험하다 **8** earn (돈을) 벌다 **9** salmon 연어 **10** purpose 목적 **11** crop 농작물 **12** company 회사 **13** economy 경제; 경기 **14** allowance 용돈 **15** worth ~의[할] 가치가 있는[되는] **16** budget 예산 **17** raise 올리다; 기르다; 모으다 **18** industry 산업, 공업 **19** detective 탐정, 형사 **20** lend 빌려주다

B **1** factory **2** orchard **3** consume **4** savings **5** salary **6** skill

C **1** rich **2** efficient **3** fired **4** minor

D **1** change **2** consume

E **1** dentist **2** borrow(ed) **3** fortune **4** offer(ed)

Daily Check-up

PLAN 14 과학과 환경

DAY 47 · 과학
p.263

A 1 scientific 2 과학자 3 researcher
4 실험실 5 data 6 시험(하다),
검사(하다) 7 sample 8 기본적인;
기초적인 9 chemical 10 combine
11 관 12 consist 13 종류; 형태; 형성되다
14 prove 15 결과; 생기다
16 come up with 17 discover
18 발명하다 19 sudden
20 구체적인, 명확한

B 1 chemical 2 scientific 3 proved
4 consists 5 specific

DAY 48 · 기술
p.267

A 1 technology 2 기법 3 automatic
4 연결하다; 접속하다 5 mechanic 6 기계
7 download 8 올리다, 업로드하다 9 post
10 파일, 서류철; (컴퓨터) 파일 11 software
12 파도타기를 하다; 인터넷을 검색하다
13 virus 14 develop 15 여과하다, 거르다
16 failure 17 해법, 해결책; 정답 18 useful
19 완벽한 20 achieve

B 1 solution 2 Technology 3 post
4 connect 5 achieve

DAY 49 · 지구와 우주
p.271

A 1 Earth 2 공간; 우주 3 life 4 공기, 대기
5 layer 6 자석 7 spin 8 astronaut
9 우주 왕복선; 정기 왕복 차량 10 launch
11 외계인; 외국의; 외계의 12 detect
13 어둠, 암흑 14 planet 15 은하계
16 Mercury 17 금성 18 Mars 19 목성
20 Saturn

B 1 Venus 2 shuttle 3 Milky Way
4 aliens 5 magnet

DAY 50 · 환경
p.275

A 1 environment 2 energy 3 힘; 동력,
에너지 4 source 5 파도, 물결; (손을)
흔들다 6 heat 7 오염시키다 8 waste
9 plastic 10 경고하다, 주의를 주다
11 pure 12 문제, 사안; 중요하다; 문제 되다
13 세계적인; 지구의 14 cause 15 위험
16 destroy 17 파괴하다, 파멸시키다; 붕괴;
파멸 18 disappear 19 구하다; 모으다
20 solve

B 1 global 2 source 3 save
4 disappear 5 matter

Review Test
pp.276-277

A 1 invent 발명하다 2 warn 경고하다, 주의를
주다 3 pollute 오염시키다 4 develop
발달[발전]시키다; 개발하다 5 Saturn 토성
6 surf 파도타기를 하다; 인터넷을 검색하다
7 detect 발견하다 8 come up with
~을 생각해내다 9 machine 기계
10 environment 환경 11 space 공간;
우주 12 combine 결합하다
13 automatic 자동의 14 upload 올리다,
업로드하다 15 shuttle 우주 왕복선;
정기 왕복 차량 16 destroy 파괴하다
17 scientific 과학의; 과학적인
18 laboratory 실험실 19 consist
이루어져 있다 20 ruin 파괴하다, 파멸시키다;
붕괴; 파멸

B 1 useful 2 spin 3 data 4 software
5 matter 6 planet

C 1 garbage 2 source 3 successes
4 general

D 1 save 2 matter

E 1 achieve 2 solution 3 disappear
4 result(s)

Index

A

a lot of	214
able	181
above	62
above all	197
abroad	112
absent	34
accident	226
achieve	266
across	58
active	70
activity	177
actor	250
actually	196
add	210
address	113
adventure	152
advise	82
afraid	75
age	96
ahead	64
air	268
airport	54
alien	269
allowance	252
almost	172
alone	42
along	58
already	169
although	193
always	170
amateur	181
amazing	114
amount	214
amuse	156
anger	76
animated	152
ankle	93
anniversary	120
annoyed	76
apart	64
apologize	236
appearance	97

architect	154
area	132
argue	84
around	63
art	38
artist	158
as a result	192
aside	64
asleep	174
astronaut	269
at first	197
attention	151
attitude	83
attract	117
attractive	97
automatic	264
automobile	54
average	215
awake	172
away	64
awful	173

B

back and forth	56
backward	60
baker	250
bakery	51
balcony	16
bald	98
balloon	121
basic	261
be into	176
beach	130
bean	26
beat	182
beauty	154
because	192
bedroom	18
beef	25
behave	235
behavior	235
behind	62
belief	222

believe	78
below	62
bend	100
berry	144
beside	63
besides	193
between	63
beyond	63
biking	177
bill	254
billion	211
bit	215
bitter	24
blackboard	32
blame	84
blanket	17
bless	222
blind	106
block	56
blood	105
bloom	144
blossom	144
blow out	122
boil	22
bone	92
book	112
borrow	253
bother	37
bottle	21
bottom	60
bowl	21
brain	92
branch	142
brand	116
brave	70
break	232
breakfast	172
brick	155
bright	134
bring up	13
brush	159
bud	144
budget	253
bunch	211

burn	105	clay	159	countryside	51
bush	143	clean	174	couple	211
businessman	250	clear	134	courage	235
		cliff	131	course	58
		climb	102	cousin	12
C		closet	17	create	156
		cloudy	135	creative	160
cafeteria	34	club	178	creator	250
calendar	168	coach	181	crocodile	138
camping	177	coin	254	crop	244
capital	51	collect	178	crowded	114
care about	41	college	33	cruel	72
careful	71	colorful	159	culture	114
cartoon	188	combine	261	curious	70
carve	159	come up with	262	curly	98
castle	114	comedy	152	cut	105
catch	100	comfortable	118		
cattle	140	commit	232		
cause	274	common	41	**D**	
cave	131	communicate	82		
ceiling	18	community	50	daily	150
celebrate	122	company	248	damp	135
center	60	compare	42	danger	274
century	224	compete	42	darkness	269
champion	182	complete	173	data	260
change	254	completely	198	date	168
character	189	composer	156	daughter	13
charity	228	concern	151	daytime	168
chase	101	concert	155	deaf	106
chat	41	concrete	155	death	106
cheap	117	conductor	156	decorate	121
cheat	227	confuse	79	deer	138
cheer	181	congratulation	122	degree	134
cheerful	70	connect	264	delicious	24
chef	250	consist	261	deliver	117
chemical	261	construct	154	dentist	249
chemistry	38	consume	254	deny	79
chilly	136	contact	41	department store	51
choose	117	contest	33	depend on	12
church	222	control	230	describe	189
circle	206	copy	190	desert	132
city	50	correct	190	deserve	236
class	224	couch	17	design	154
classical	156	cough	104	despite	193
classmate	40	count	210	dessert	26
classroom	32			destroy	274

detail	151	elementary	32	feather	139
detect	269	empty	208	female	96
detective	250	encourage	36	fence	16
determine	80	energy	272	festival	120
develop	266	enormous	216	fever	104
devil	223	enough	214	few	215
devote	13	enter	33	file	265
dialogue	82	entire	216	film	152
diary	174	environment	272	filter	266
dictionary	32	equally	216	finally	197
diet	26	especially	196	fine	232
difficulty	37	etiquette	234	finish	173
diligent	71	even	196	fire station	52
direction	58	event	189	fireworks	120
directly	84	everywhere	52	fishing	245
disabled	226	evidence	231	fit	118
disappear	274	examination	36	flag	120
disappointed	76	exchange	112	flat	208
discount	254	excited	74	floor	18
discover	262	excuse	236	flour	25
dish	26	exercise	174	focus	37
dishwasher	20	expensive	117	fog	136
display	116	experience	249	follow	230
distance	113	explain	36	for example	193
dive	102	export	252	forest	143
divide	212	express	78	forget	79
dolphin	140			forgive	236
double	212			form	261
download	265	Ⓕ		fortune	252
dozen	211			forward	59
dramatic	152	face	92	frame	18
draw	159	fact	83	frankly	84
drawer	17	factory	246	freezing	136
dust	136	failure	266	friendly	71
		fair	228	friendship	41
		fall	135	from now on	169
Ⓔ		familiar	40	front	62
		fan	181	fruit	144
earn	253	far	210	fry	22
Earth	268	farming	244	fuel	56
eastern	59	fashion	118	full	208
economy	252	fashionable	118	fun	122
effective	254	fasten	56	furniture	16
effort	37	fault	227	future	169
elbow	93	favor	234	
elderly	96	fear	75	

G

gallery	158
garage	16
gather	122
generally	198
genius	158
gentle	234
geography	38
get better	106
get on	56
get together	14
get up	172
get used to	172
ghost	223
glad	74
global	273
glue	159
goal	182
goat	140
god	222
good-looking	97
goods	116
grade	33
gradually	198
grain	25
grandparent	12
graphic	160
grass	143
greedy	72
greet	173
grocery	51
ground	132
grow	244
guard	231
guest	121
guide	113
guilty	232

H

hairdresser	249
half	212
hardly	196
harm	105
harmony	154
harvest	245
healthy	106
hear	94
heat	272
heaven	222
heavy	207
height	98
herb	143
hiking	177
hill	131
hire	248
history	223
hit	100
hobby	176
holiday	120
homeless	226
homework	37
honest	72
horror	152
household	12
however	193
huge	216
human	226
humorous	70
hunger	93
hurricane	135
hurry	172
hurt	104
husband	13

I

idea	80
ignore	79
ill	104
import	253
important	13
impress	190
in addition	193
in short	194
in time	173
include	34
industry	244
injury	105
innocent	231
insect	139
inside	60
instead	194
instrument	156
intend	79
interested	177
interview	151
into	63
introduce	40
invent	262
invite	121
island	131
issue	150
item	116

J

jar	21
jealous	42
job	248
jog	101
joy	74
Jupiter	270

K

keep in mind	36
kick	101
kindness	71
kingdom	224
kitchen	20

L

labor	249
laboratory	260
lake	130
lamp	17
language	38
later	169
latest	118
launch	269
law	230
layer	268
lazy	72
leaf	143

least	215	mechanic	264	noon	168
left	59	member	181	normally	198
leisure	176	Mercury	270	northern	59
lend	253	merry	122	notice	231
length	210	metal	155	novel	188
leopard	138	microwave oven	20		
lesson	36	middle	60		
library	34	middle-aged	96		
lie	83	midnight	168	**O**	
life	268	Milky Way	270	object	206
light	207	million	211	ocean	131
likely	78	mind	79	offer	248
list	116	miracle	223	office	248
little	215	mirror	17	on the other hand	194
live	150	miss	75	opportunity	228
livestock	140	modern	156	opposite	64
living room	18	moist	135	orchard	245
local	50	monthly	169	orchestra	155
look forward to	112	moreover	193	order	117
look into	231	most of all	197	ordinary	174
lose	182	motivate	42	origin	224
		much	214	otherwise	194
		mud	132	out of	64
M		multiply	211	outdoor	177
machine	264	murder	227	outside	60
magazine	188	museum	52	over	62
magic	178	myth	223	overweight	98
magnet	269			owl	139
main	26				
mainly	198	**N**		**P**	
major	246	name after	189	pain	104
male	96	narrow	207	paint	159
mall	51	native	113	painting	158
manner	234	natural	130	pair	211
many	214	nature	130	palace	224
maple	143	near	63	pale	160
mark	34	necessary	230	pan	21
market	51	neighbor	50	parade	120
marry	13	neither	197	pardon	236
Mars	270	nest	139	parent	12
mathematics	38	net	245	participate	178
matter	273	never	197	partner	40
mean	82	newspaper	150	pass	56
measure	210	next to	63	passion	182
meat	25	noodle	26	past	169

pastime	176	praise	235	receive	122
path	55	prefer	80	recipe	22
patient	71	prepare	14	record	151
pay	117	present	169	referee	182
peak	132	presentation	33	reflect	160
peer	40	pressure	42	refrigerator	20
pepper	22	price	118	regard	78
per	212	print	190	region	114
perfect	266	prison	232	relationship	41
permit	230	privacy	151	relative	12
personality	70	private	32	remain	226
photograph	113	produce	246	remember	79
physical education	38	product	246	repair	14
pick	245	professor	250	repeat	37
picnic	102	program	150	reply	82
piece	216	promise	41	report	151
pile	246	proof	231	researcher	260
pine	143	proper	228	resemble	14
pity	236	proud	74	respect	236
plain	97	prove	262	rest	14
plan	112	provide	116	restaurant	52
planet	270	public	33	result	262
plant	142	publish	190	return	174
plastic	273	punish	232	review	37
plate	21	pure	273	rice	244
player	180	purpose	253	ride	102
playground	34	push	100	right	59
pleased	74	put on	173	risk	228
pleasure	176			rival	42
plenty	214	**Q**		road	55
poem	188			rock	132
police officer	250	quarter	212	roll	101
police station	52	quiet	71	roof	16
polite	234	quite	196	root	142
pollute	273			rough	207
popular	158	**R**		round	206
pork	25			ruin	274
port	55	race	101	rule	230
portrait	158	railway	54	rumor	83
possible	84	raindrop	135	runny nose	105
post	265	raise	244		
post office	52	rarely	170	**S**	
pot	21	realistic	160		
power	272	really	196	safe	228
practice	181	reasonable	80	salary	248

sale	253	since	192	steel	155
salmon	245	sink	20	stem	142
salty	24	size	215	sticky	134
sample	261	skateboard	102	storm	135
Saturn	270	skill	249	stove	20
sauce	22	skin	92	straight	97
save	274	sled	102	stream	130
savings	252	sleepy	93	street	55
scared	75	slide	102	stress	177
scene	231	slightly	198	stretch	100
science fiction	152	slim	98	strict	72
scientific	260	smell	94	structure	154
scientist	260	smooth	208	style	118
scissors	22	snack	26	subway	54
scold	36	snowfall	136	successful	249
seafood	25	snowy	136	such as	192
seed	144	soccer	180	sudden	262
seem	83	social studies	38	sugar	22
selfish	72	society	226	sunlight	144
senior	40	software	265	supper	174
sense	94	soil	132	support	235
separate	208	solution	266	sure	80
series	188	solve	274	surf	265
serious	227	someday	170	surprised	76
set up	246	sometimes	170	survive	106
several	216	soon	170	suspect	232
shade	160	soul	223	sweet	24
shape	206	sound	94	swing	100
share	235	sour	24	symbol	189
shark	140	source	272		
sharp	208	southern	59		
sheep	140	space	268	**T**	
shelf	17	special	121		
shine	134	specific	262	table tennis	180
shocked	76	speed	56	tail	139
shore	130	spicy	24	take a walk	101
shrimp	246	spin	268	talent	178
shuttle	269	spirit	223	taste	94
shy	71	sport	180	tear	75
sight	94	spot	97	technique	264
sign	55	square	206	technology	264
sign up for	178	stadium	180	temple	222
silence	83	stair	18	tender	72
silly	80	station	54	terrible	105
similar	14	steal	227	test	260
				text	82

textbook	32	turkey	121	waterfall	131
thank	234	turtle	138	wave	272
thankful	74	twice	212	weak	104
thanks to	176	twin	14	wealthy	252
that is	194	typical	173	weather	134
theater	52			wedding	13
theme	189	**U**		weekend	168
therefore	192			weigh	98
thick	207	ugly	97	weight	98
thief	227	under	62	well-known	113
thin	207	underground	60	western	59
thirsty	93	understand	78	whale	140
thousand	210	unfortunately	197	wheat	245
through	58	unhappy	75	whisper	83
throw	101	uniform	34	whole	212
thus	192	unique	155	wide	207
tie	182	university	33	wild	138
tight	208	unless	194	windy	136
tiny	215	unlike	194	wing	139
tired	93	until	170	wise	80
title	188	upload	265	wish	78
toe	93	upset	76	wonder	76
toilet	18	upside down	64	wood	142
topic	189	useful	266	worm	139
total	216	usually	170	worry	75
totally	198			worth	254
touch	94	**V**		wrap	121
tour	113			wrist	92
toward(s)	58	valley	131	writer	190
town	50	various	114		
track and field	180	vegetable	25	**Y**	
traditional	114	vehicle	54		
traffic jam	55	Venus	270	yard	16
tragedy	190	village	50	yell	84
transportation	55	violent	227	youth	96
travel	112	virus	265		
tray	21	visual	150	**Z**	
treasure	224	vivid	160		
treatment	106	volunteer	178	zebra	138
triangle	206				
tribe	224	**W**			
trunk	142				
trust	228	waist	92		
truth	84	warmhearted	235		
tube	261	warn	273		
		waste	273		

누적 테스트

★ 빈칸에 알맞은 우리말 뜻 또는 영어를 쓰시오.

Days 1-2

1	depend on	_____	16	부모	_____
2	repair	_____	17	~와 결혼하다	_____
3	bring up	_____	18	딸	_____
4	household	_____	19	바치다, 쏟다	_____
5	similar	_____	20	조부모	_____
6	wedding	_____	21	준비하다	_____
7	rest	_____	22	중요한	_____
8	get together	_____	23	지붕	_____
9	balcony	_____	24	남편	_____
10	shelf	_____	25	닮다	_____
11	relative	_____	26	차고	_____
12	closet	_____	27	울타리, 담	_____
13	twin	_____	28	계단	_____
14	couch	_____	29	사촌	_____
15	drawer	_____	30	마당, 뜰	_____

Days 2-3

1	mirror	_____	16	담요	_____
2	microwave oven	_____	17	침실	_____
3	toilet	_____	18	천장	_____
4	sauce	_____	19	액자, 틀; 뼈대	_____
5	floor	_____	20	램프, 등	_____
6	scissors	_____	21	쟁반	_____
7	fry	_____	22	팬, 냄비; 프라이팬	_____
8	stove	_____	23	냉장고	_____
9	boil	_____	24	가구	_____
10	pot	_____	25	설탕; 당분	_____
11	sink	_____	26	병, 단지	_____
12	bottle	_____	27	부엌, 주방	_____
13	pepper	_____	28	(우묵한) 그릇	_____
14	living room	_____	29	조리법, 요리법	_____
15	dishwasher	_____	30	접시; 한 접시분	_____

Days 3-4   맞은 개수 /30

1	dish	_____	16	가위	_____
2	noodle	_____	17	아주 맛있는	_____
3	plate	_____	18	해산물	_____
4	sour	_____	19	냄비, 솥	_____
5	sugar	_____	20	병	_____
6	spicy	_____	21	짠, 소금기가 있는	_____
7	refrigerator	_____	22	소고기	_____
8	diet	_____	23	소스, 양념	_____
9	pan	_____	24	채소	_____
10	grain	_____	25	튀기다, 굽다	_____
11	dessert	_____	26	돼지고기	_____
12	kitchen	_____	27	달콤한; 상냥한	_____
13	main	_____	28	콩; 열매	_____
14	meat	_____	29	간식	_____
15	bitter	_____	30	밀가루; 가루	_____

Days 4-5   맞은 개수 /30

1	college	_____	16	대회, 경연	_____
2	pork	_____	17	사전	_____
3	enter	_____	18	국수, 면	_____
4	flour	_____	19	결석한, 결근한	_____
5	delicious	_____	20	신; 상한	_____
6	vegetable	_____	21	교복, 제복	_____
7	presentation	_____	22	고기, 살	_____
8	blackboard	_____	23	교실	_____
9	public	_____	24	곡물; 낟알	_____
10	mark	_____	25	도서관	_____
11	elementary	_____	26	접시; 요리	_____
12	salty	_____	27	교과서	_____
13	cafeteria	_____	28	대학교	_____
14	private	_____	29	운동장, 놀이터	_____
15	grade	_____	30	포함하다; 포함시키다	_____

★ 빈칸에 알맞은 우리말 뜻 또는 영어를 쓰시오.

1	keep in mind		16	화학	
2	university		17	숙제, 과제	
3	review		18	대중의; 공공의	
4	encourage		19	체육	
5	absent		20	꾸짖다, 야단치다	
6	mathematics		21	들어가다; 입학하다	
7	textbook		22	설명하다	
8	difficulty		23	미술; 예술	
9	library		24	초보의; 초등학교의	
10	examination		25	언어	
11	bother		26	사적인; 사립의	
12	lesson		27	반복하다	
13	effort		28	초점; 집중하다	
14	include		29	발표; 제출; 수여	
15	geography		30	사회	

1	familiar		16	명심하다, 유념하다	
2	scold		17	~에 마음을 쓰다	
3	chemistry		18	압력; 압박	
4	senior		19	관계	
5	friendship		20	어려움, 곤경	
6	explain		21	소개하다	
7	contact		22	수학	
8	chat		23	질투하는	
9	social studies		24	또래	
10	language		25	지리학	
11	common		26	수업; 과; 교훈	
12	partner		27	경쟁자	
13	classmate		28	비교하다	
14	compete		29	혼자의; 혼자서	
15	promise		30	~에게 동기를 주다	

Days 7-8 　　　　맞은 개수 /30

1	village	_____	16	쇼핑몰 _____
2	theater	_____	17	흔한; 공통의 _____
3	introduce	_____	18	백화점 _____
4	rival	_____	19	시골, 전원 지대 _____
5	town	_____	20	지역의, 현지의 _____
6	pressure	_____	21	상급자; 고위의 _____
7	jealous	_____	22	친숙한, 낯익은 _____
8	capital	_____	23	지역사회, 주민 _____
9	relationship	_____	24	우체국 _____
10	restaurant	_____	25	접촉; 연락하다 _____
11	museum	_____	26	경찰서 _____
12	grocery	_____	27	빵집, 제과점 _____
13	city	_____	28	소방서 _____
14	peer	_____	29	이웃 사람 _____
15	market	_____	30	모든 곳(에); 어디나 _____

Days 8-9 　　　　맞은 개수 /30

1	neighbor	_____	16	운송, 수송; 수송 기관 _____
2	road	_____	17	빨리 가다; 속도위반하다 _____
3	automobile	_____	18	박물관 _____
4	local	_____	19	전후로, 왔다 갔다 _____
5	fasten	_____	20	극장; 연극 _____
6	railway	_____	21	식료품점 _____
7	countryside	_____	22	교통 체증 _____
8	subway	_____	23	수도; 대문자 _____
9	market	_____	24	타다, 승차하다 _____
10	pass	_____	25	차량, 탈것 _____
11	mall	_____	26	소도시, 읍 _____
12	sign	_____	27	항구; 항구 도시 _____
13	station	_____	28	연료 _____
14	path	_____	29	공항 _____
15	block	_____	30	거리, 도로 _____

★ 빈칸에 알맞은 우리말 뜻 또는 영어를 쓰시오.

Days 9-10   맞은 개수   / 30

1	right	_____
2	vehicle	_____
3	course	_____
4	fuel	_____
5	across	_____
6	center	_____
7	subway	_____
8	through	_____
9	bottom	_____
10	along	_____
11	port	_____
12	outside	_____
13	traffic jam	_____
14	left	_____
15	inside	_____

16	빨리 가다; 속도	_____
17	지하에; 지하의	_____
18	서쪽의	_____
19	자동차	_____
20	앞으로	_____
21	중앙, 한가운데	_____
22	철도; 철로	_____
23	~ 쪽으로	_____
24	매다, 채우다	_____
25	방향	_____
26	동쪽의	_____
27	도로, 길	_____
28	북쪽의	_____
29	남쪽의	_____
30	뒤로, 뒤쪽으로	_____

Days 10-11   맞은 개수   / 30

1	under	_____
2	direction	_____
3	into	_____
4	underground	_____
5	away	_____
6	over	_____
7	backward	_____
8	opposite	_____
9	apart	_____
10	eastern	_____
11	beyond	_____
12	middle	_____
13	front	_____
14	above	_____
15	near	_____

16	~의 뒤에	_____
17	중심, 한가운데	c_____
18	~ 밖으로, ~ 밖에	_____
19	바깥쪽; 밖에서	_____
20	앞으로; 미리	_____
21	맞는; 오른쪽의	_____
22	~ 바로 옆에	_____
23	~을 가로질러	_____
24	~보다 아래에	_____
25	~ 주위에, 빙 둘러	_____
26	~을 따라; 앞으로	_____
27	~ 옆에	_____
28	한쪽으로, 옆으로	_____
29	사이에	_____
30	거꾸로, 뒤집혀	_____

Days 11-12   맞은 개수 /30

1	beside		16	쾌활한, 발랄한
2	shy		17	친절한, 호의적인
3	personality		18	~ 저편에, ~을 넘어서
4	patient		19	활발한; 적극적인
5	next to		20	호기심이 많은
6	between		21	앞쪽의; 앞쪽
7	strict		22	부지런한
8	below		23	용감한, 용기 있는
9	tender		24	~ 안으로
10	humorous		25	조용한, 차분한
11	cruel		26	~보다 위에; 위에
12	kindness		27	떨어져; 산산이
13	behind		28	이기적인
14	greedy		29	게으른, 나태한
15	honest		30	조심하는, 신중한

Days 12-13   맞은 개수 /30

1	worry		16	들뜬, 흥분한
2	afraid		17	정직한; 솔직한
3	friendly		18	엄격한, 엄한
4	brave		19	기쁨, 즐거움
5	glad		20	참을성 있는; 환자
6	diligent		21	불행한, 슬픈
7	active		22	감사하는
8	miss		23	잔인한, 잔혹한
9	selfish		24	두려움; 두려워하다
10	tear		25	탐욕스러운
11	shocked		26	화, 분노
12	wonder		27	무서워하는
13	proud		28	기쁜, 만족스러운
14	disappointed		29	짜증이 난
15	upset		30	놀란

★ 빈칸에 알맞은 우리말 뜻 또는 영어를 쓰시오.

Days 13-14　　　　　　　　　　　　　　　　　　맞은 개수　　**/30**

1	excited	16	자랑스러워하는
2	mind	17	무시하다
3	scared	18	실망한, 낙담한
4	express	19	부인[부정]하다
5	joy	20	확신하는
6	wish	21	두려워[무서워]하는 a
7	anger	22	혼란시키다; 혼동하다
8	believe	23	더 좋아하다
9	intend	24	눈물; 찢다
10	understand	25	간주하다, 여기다
11	unhappy	26	기억하다
12	idea	27	충격을 받은
13	determine	28	어리석은
14	reasonable	29	잊다
15	likely	30	현명한

Days 14-15　　　　　　　　　　　　　　　　　　맞은 개수　　**/30**

1	argue	16	사실
2	rumor	17	바라다; 소원
3	regard	18	태도, 자세
4	communicate	19	탓하다; 비난
5	confuse	20	상관하다; 마음
6	prefer	21	소리 지르다
7	wise	22	나타내다, 표현하다
8	silence	23	조언[충고]하다
9	remember	24	이해하다, 알다
10	whisper	25	직접적으로; 곧장
11	reply	26	의도하다, 작정하다
12	truth	27	~처럼 보이다
13	dialogue	28	의미하다
14	lie	29	솔직히, 노골적으로
15	text	30	가능한; 있을 수 있는

Days 15-16 맞은 개수 /30

1 bone _____
2 attitude _____
3 blame _____
4 elbow _____
5 possible _____
6 toe _____
7 seem _____
8 sense _____
9 mean _____
10 touch _____
11 wrist _____
12 smell _____
13 sound _____
14 hunger _____
15 taste _____

16 고요, 정적; 침묵 _____
17 대화 _____
18 발목 _____
19 피부 _____
20 진실, 사실 _____
21 졸린, 졸음이 오는 _____
22 얼굴; 직면하다 _____
23 목마른, 갈증 나는 _____
24 속삭이다; 속삭임 _____
25 듣다; 들리다 _____
26 의사소통하다 _____
27 시력; 보기, 봄 _____
28 허리 _____
29 피곤한; 싫증 난 _____
30 뇌, 두뇌 _____

Days 16-17 맞은 개수 /30

1 male _____
2 spot _____
3 sleepy _____
4 middle-aged _____
5 plain _____
6 sight _____
7 straight _____
8 hear _____
9 brain _____
10 youth _____
11 age _____
12 thirsty _____
13 appearance _____
14 weigh _____
15 female _____

16 매력적인 _____
17 과체중의, 비만의 _____
18 감각 _____
19 키; 높이 _____
20 뼈 _____
21 대머리의 _____
22 곱슬곱슬한 _____
23 손목, 팔목 _____
24 날씬한 _____
25 냄새 맡다; 냄새 _____
26 무게, 체중 _____
27 연세가 드신 _____
28 잘생긴, 아름다운 _____
29 굶주림; 배고픔 _____
30 못생긴, 추한 _____

★ 빈칸에 알맞은 우리말 뜻 또는 영어를 쓰시오.

Days 17-18 맞은 개수 /30

1	stretch	_____	16	던지다	_____
2	race	_____	17	차다	_____
3	height	_____	18	나이; 나이가 들다	_____
4	slim	_____	19	곧은; 똑바로; 곧장	_____
5	catch	_____	20	산책하다	_____
6	push	_____	21	남성의; 남성	_____
7	swing	_____	22	조깅하다; 조깅	_____
8	elderly	_____	23	여성의; 여성	_____
9	overweight	_____	24	(뒤)쫓다; 추격	_____
10	roll	_____	25	오르다, 등반하다	_____
11	dive	_____	26	구부리다	_____
12	curly	_____	27	미끄러지다; 미끄럼틀	_____
13	skateboard	_____	28	중년의	_____
14	hit	_____	29	소풍, 나들이	_____
15	ride	_____	30	썰매; 썰매를 타다	_____

Days 18-19 맞은 개수 /30

1	cough	_____	16	부상	_____
2	kick	_____	17	통증, 고통	_____
3	deaf	_____	18	(쭉) 뻗다; 늘이다	_____
4	bend	_____	19	사망, 죽음	_____
5	jog	_____	20	밀다; 누르다	_____
6	hurt	_____	21	약한, 힘이 없는	_____
7	sled	_____	22	병든, 몸이 아픈	_____
8	chase	_____	23	굴리다; 구르다	_____
9	blind	_____	24	열	_____
10	get better	_____	25	타다; 타기	_____
11	burn	_____	26	콧물	_____
12	healthy	_____	27	치다; 부딪치다	_____
13	blood	_____	28	베다, 자르다	_____
14	treatment	_____	29	생존하다, 살아남다	_____
15	harm	_____	30	심한, 끔찍한	_____

Days 19-20   맞은 개수   /30

1   tour _____
2   exchange _____
3   fever _____
4   pain _____
5   native _____
6   terrible _____
7   photograph _____
8   injury _____
9   travel _____
10 address _____
11 survive _____
12 well-known _____
13 guide _____
14 plan _____
15 castle _____

16 전통의, 전통적인 _____
17 피 _____
18 귀가 먼 _____
19 지역, 지방 _____
20 문화 _____
21 거리 _____
22 호전되다, 좋아지다 _____
23 놀라운 _____
24 ~을 기대[고대]하다 _____
25 맹인의, 눈먼 _____
26 붐비는, 혼잡한 _____
27 예약하다 _____
28 다양한, 여러 가지의 _____
29 치료, 치료법 _____
30 해외에, 해외로 _____

Days 20-21   맞은 개수   /30

1   style _____
2   goods _____
3   choose _____
4   abroad _____
5   display _____
6   various _____
7   latest _____
8   crowded _____
9   traditional _____
10 fashionable _____
11 region _____
12 order _____
13 price _____
14 item _____
15 deliver _____

16 모국의; 원산의 _____
17 끌다, 매혹하다 _____
18 저렴한, 값싼 _____
19 유명한, 잘 알려진 _____
20 관광; 관광하다 _____
21 지불하다 _____
22 상표, 브랜드 _____
23 계획하다; 계획 _____
24 공급[제공]하다 _____
25 편안한 _____
26 값비싼 _____
27 목록 _____
28 어울리다; 맞다 _____
29 패션, 유행 _____
30 안내원; 안내하다 _____

★ 빈칸에 알맞은 우리말 뜻 또는 영어를 쓰시오.

Days 21-22

1	balloon	_____	16	깃발	_____
2	fit	_____	17	축제	_____
3	decorate	_____	18	손님	_____
4	expensive	_____	19	진열하다; 전시	_____
5	pay	_____	20	품목, 물품	_____
6	parade	_____	21	축하; 축하 인사	_____
7	anniversary	_____	22	가격	_____
8	provide	_____	23	특별한, 특수한	_____
9	attract	_____	24	즐거움; 재미있는	_____
10	fireworks	_____	25	물품, 상품	_____
11	wrap	_____	26	받다	_____
12	turkey	_____	27	초대하다	_____
13	holiday	_____	28	배달하다	_____
14	celebrate	_____	29	불어서 끄다	_____
15	gather	_____	30	즐거운, 명랑한	_____

Days 22-23

1	special	_____	16	모이다; 수집하다	_____
2	stream	_____	17	섬	_____
3	merry	_____	18	장식하다	_____
4	shore	_____	19	폭포	_____
5	receive	_____	20	휴일; 휴가	_____
6	valley	_____	21	동굴	_____
7	guest	_____	22	기념하다, 축하하다	_____
8	natural	_____	23	진흙, 진창	_____
9	peak	_____	24	흙, 토양	_____
10	invite	_____	25	기념일	_____
11	area	_____	26	언덕	_____
12	cliff	_____	27	자연	_____
13	ground	_____	28	호수	_____
14	ocean	_____	29	사막	_____
15	rock	_____	30	해변, 바닷가	_____

Days 23-24

맞은 개수 /30

1	shine	_____	16	절벽	_____
2	soil	_____	17	바위; 암석	_____
3	sticky	_____	18	안개	_____
4	beach	_____	19	(땅)바닥; 땅	_____
5	lake	_____	20	(온도) 도	_____
6	raindrop	_____	21	허리케인, 태풍	_____
7	fall (v.)	_____	22	날씨	_____
8	cave	_____	23	자연의; 당연한	_____
9	clear	_____	24	축축한, 습기 찬	_____
10	windy	_____	25	먼지	_____
11	island	_____	26	차가운, 쌀쌀한	_____
12	cloudy	_____	27	폭풍(우)	_____
13	bright	_____	28	정상; 절정; 최대량	_____
14	snowy	_____	29	몹시 추운	_____
15	moist	_____	30	강설; 강설량	_____

Days 24-25

맞은 개수 /30

1	crocodile	_____	16	야생의	_____
2	weather	_____	17	꼬리	_____
3	fog	_____	18	맑은, 갠; 분명한	_____
4	zebra	_____	19	표범	_____
5	freezing	_____	20	화창한; 밝은	_____
6	damp	_____	21	바다거북	_____
7	whale	_____	22	흐린, 구름이 잔뜩 낀	_____
8	chilly	_____	23	깃털	_____
9	insect	_____	24	빗방울	_____
10	owl	_____	25	바람이 많이 부는	_____
11	cattle	_____	26	상어	_____
12	deer	_____	27	벌레	_____
13	sheep	_____	28	날개	_____
14	goat	_____	29	돌고래	_____
15	nest	_____	30	가축	_____

★ 빈칸에 알맞은 우리말 뜻 또는 영어를 쓰시오.

Days 25-26
맞은 개수 /30

1	stem	_____	16	곤충	_____
2	dolphin	_____	17	풀, 약초	_____
3	root	_____	18	과일, 과실; 열매	_____
4	tail	_____	19	사슴	_____
5	livestock	_____	20	(나무의) 몸통	_____
6	pine	_____	21	올빼미	_____
7	branch	_____	22	잎, 나뭇잎	_____
8	wing	_____	23	식물; 심다	_____
9	grass	_____	24	얼룩말	_____
10	leopard	_____	25	숲, 산림	_____
11	bush	_____	26	염소	_____
12	blossom	_____	27	나무; 숲	_____
13	sunlight	_____	28	싹, 눈	_____
14	bloom	_____	29	단풍나무	_____
15	berry	_____	30	씨앗, 씨	_____

Days 26-27
맞은 개수 /30

1	daily	_____	16	신문	_____
2	fruit	_____	17	사생활	_____
3	live (a.)	_____	18	햇빛	_____
4	seed	_____	19	문제, 쟁점, 사안	_____
5	report	_____	20	(나뭇)가지	_____
6	bud	_____	21	모험	_____
7	leaf	_____	22	수풀, 덤불, 관목	_____
8	interview	_____	23	공포	_____
9	trunk	_____	24	상세, 세부	_____
10	attention	_____	25	풀; 풀밭, 잔디밭	_____
11	visual	_____	26	활기찬; 만화 영화로 된	_____
12	film	_____	27	우려; 걱정시키다	_____
13	program	_____	28	뿌리; 근원, 원인	_____
14	science fiction	_____	29	희극, 코미디	_____
15	record	_____	30	극적인	_____

Days 27-28　　　　　　　　　　　　　　　　　　　　맞은 개수　/30

1	newspaper		16	건축가
2	construct		17	강철
3	conductor		18	조화
4	issue		19	주의, 주목; 관심
5	dramatic		20	음악회, 연주회
6	concrete		21	아름다움, 미
7	unique		22	구조; 구조물
8	design		23	영화; 촬영하다
9	adventure		24	시각의
10	privacy		25	금속
11	instrument		26	벽돌
12	classical		27	기록하다; 기록
13	orchestra		28	현대의, 현대적인
14	create		29	즐겁게 하다
15	composer		30	매일의; 매일

Days 28-29　　　　　　　　　　　　　　　　　　　　맞은 개수　/30

1	colorful		16	창조하다, 창작하다
2	painting		17	조각하다, 새기다
3	modern		18	생생한; 강렬한
4	brush		19	기구, 도구; 악기
5	beauty		20	점토, 찰흙
6	metal		21	건설하다, 세우다
7	architect		22	화랑, 미술관
8	popular		23	예술가, 화가
9	portrait		24	작곡가
10	amuse		25	창의적인, 독창적인
11	realistic		26	설계하다; 설계(도)
12	paint		27	그래픽의; 상세한
13	genius		28	엷은; 창백한
14	glue		29	그늘; 색조
15	draw		30	반사하다; 반영하다

★ 빈칸에 알맞은 우리말 뜻 또는 영어를 쓰시오.

Days 29-30 　　　　　　　　　　　　　　　맞은 개수 / 30

1	past	___	16	붓, 솔; 솔질하다	___
2	noon	___	17	이미, 벌써	___
3	pale	___	18	주말	___
4	shade	___	19	천재; 천재성	___
5	until	___	20	나중에, 후에; 뒤의	___
6	reflect	___	21	색채가 풍부한	___
7	midnight	___	22	인기 있는; 대중의	___
8	vivid	___	23	지금부터, 앞으로는	___
9	someday	___	24	미래; 미래의	___
10	creative	___	25	날짜	___
11	always	___	26	그림, 회화	___
12	daytime	___	27	곧, 이내	___
13	present	___	28	달력	___
14	usually	___	29	월례의, 매달의	___
15	rarely	___	30	때때로, 이따금	___

Days 30-31 　　　　　　　　　　　　　　　맞은 개수 / 30

1	typical	___	16	~ 때까지	___
2	weekend	___	17	~에 익숙해지다	___
3	calendar	___	18	잠들어 있는	___
4	awful	___	19	마치다, 끝내다	___
5	greet	___	20	정오, 낮 12시	___
6	already	___	21	아침 식사	___
7	return	___	22	언젠가, 훗날에	___
8	sometimes	___	23	깨어 있는; 깨다	___
9	supper	___	24	보통, 대개	___
10	clean	___	25	일기	___
11	from now on	___	26	과거; 과거의	___
12	complete	___	27	제시간에	___
13	put on	___	28	일어나다	___
14	hurry	___	29	거의	___
15	exercise	___	30	보통의, 일상적인	___

Days 31-32   맞은 개수 / 30

1	asleep		16	취미	
2	pastime		17	~을 신청하다, ~에 등록하다	
3	outdoor		18	청소하다; 깨끗한	
4	almost		19	스트레스	
5	be into		20	끔찍한, 지독한	
6	ordinary		21	인사하다, 환영하다	
7	leisure		22	즐거움, 기쁨	
8	interested		23	참가[참여]하다	
9	finish		24	캠핑, 야영	
10	collect		25	전형적인; 보통의	
11	biking		26	활동	
12	breakfast		27	완성하다; 완전한	
13	volunteer		28	~ 덕분에, ~ 때문에	
14	hiking		29	재주, 재능	
15	magic		30	클럽, 동호회	

Days 32-33   맞은 개수 / 30

1	member		16	육상 경기	
2	practice		17	팬	
3	sign up for		18	관심[흥미] 있어 하는	
4	table tennis		19	하이킹, 도보 여행	
5	talent		20	이기다; 때리다	
6	thanks to		21	선수	
7	amateur		22	야외의	
8	coach		23	축구	
9	pleasure		24	마술, 마법	
10	cheer		25	목표, 목적; 골(문)	
11	sport		26	열정	
12	lose		27	수집하다, 모으다	
13	participate		28	경기장, 스타디움	
14	able		29	챔피언, 우승자[팀]	
15	tie		30	심판	

★ 빈칸에 알맞은 우리말 뜻 또는 영어를 쓰시오.

Days 33-34 　　　　　　　　　　　　　　　　　맞은 개수 　/ 30

1	title	_____
2	series	_____
3	passion	_____
4	cartoon	_____
5	referee	_____
6	beat	_____
7	event	_____
8	goal	_____
9	theme	_____
10	writer	_____
11	topic	_____
12	stadium	_____
13	print	_____
14	character	_____
15	copy	_____

16	연습하다; 연습	_____
17	감동을 주다	_____
18	비극	_____
19	스포츠, 운동	_____
20	상징	_____
21	~의 이름을 따라 짓다	_____
22	잡지	_____
23	코치, 지도자	_____
24	일원; 회원	_____
25	시	_____
26	묘사하다, 말하다	_____
27	출판하다	_____
28	탁구	_____
29	정정하다; 맞는	_____
30	소설	_____

Days 34-35 　　　　　　　　　　　　　　　　　맞은 개수 　/ 30

1	impress	_____
2	despite	_____
3	in addition	_____
4	thus	_____
5	poem	_____
6	besides	_____
7	magazine	_____
8	otherwise	_____
9	tragedy	_____
10	unlike	_____
11	name after	_____
12	since	_____
13	such as	_____
14	in short	_____
15	that is	_____

16	~이긴 하지만	_____
17	연속; 연속물	_____
18	사건; 행사	_____
19	하지만, 그러나	_____
20	그러므로	_____
21	제목; 직함	_____
22	~ 때문에	_____
23	예를 들어	_____
24	작가	_____
25	결국에, 결과적으로	_____
26	만화	_____
27	게다가, 더욱이	m_____
28	반면에	_____
29	~이 아닌 한	_____
30	대신에	_____

Days 35-36　　　　　　　　　　　　　　　　　맞은 개수 　/30

1	generally	_____	16	약간, 조금	_____
2	moreover	_____	17	~와는 다른; ~와는 달리	_____
3	above all	_____	18	~에도 불구하고	_____
4	however	_____	19	보통, 보통 때는	_____
5	hardly	_____	20	꽤, 상당히	_____
6	as a result	_____	21	서서히, 차츰	_____
7	at first	_____	22	특히	_____
8	for example	_____	23	주로	_____
9	never	_____	24	그렇지 않으면	_____
10	even	_____	25	게다가	i_____
11	although	_____	26	전적으로, 완전히	_____
12	completely	_____	27	요약하자면	_____
13	neither	_____	28	불행하게도	_____
14	actually	_____	29	무엇보다도	m_____
15	finally	_____	30	실제로; 정말로	_____

Days 36-37　　　　　　　　　　　　　　　　　맞은 개수 　/30

1	light	_____	16	둥근; 둥글게	_____
2	flat	_____	17	일반적으로; 보통	_____
3	circle	_____	18	완전히	_____
4	slightly	_____	19	넓은; 폭이 ~인	_____
5	mainly	_____	20	모양, 형태	_____
6	heavy	_____	21	무엇보다도; 특히	a_____
7	especially	_____	22	거친; 힘든	_____
8	object	_____	23	좁은	_____
9	thin	_____	24	거의 ~아니다	_____
10	gradually	_____	25	뾰족한; 급격한	_____
11	full	_____	26	삼각형	_____
12	thick	_____	27	단단한; 꽉 조이는	_____
13	totally	_____	28	처음에는	_____
14	square	_____	29	비어 있는	_____
15	separate	_____	30	매끄러운; 순조로운	_____

★ 빈칸에 알맞은 우리말 뜻 또는 영어를 쓰시오.

　　　　　　　　　　　　　　　　　　　　　　　　맞은 개수　/30

1	double		16	물건; 목적	
2	couple		17	평평한; 납작한	
3	tight		18	100만	
4	length		19	얇은; 마른	
5	twice		20	곱하다	
6	quarter		21	가득한; 배부른	
7	sharp		22	~당[마다]	
8	empty		23	1,000, 천	
9	far		24	반, 절반; 반의	
10	dozen		25	더하다, 추가하다	
11	shape		26	밝은; 가벼운; 적은	
12	round		27	세다; 계산하다	
13	billion		28	측정하다	
14	whole		29	다발, 송이	
15	pair		30	나누다	

　　　　　　　　　　　　　　　　　　　　　　　　맞은 개수　/30

1	plenty		16	거대한, 막대한	e
2	enough		17	몇몇의; 몇몇	
3	multiply		18	많은; 다수의 사람/것	
4	bit		19	한 쌍; 두어 명/개	
5	bunch		20	전체의, 온	
6	little		21	길이; 기간	
7	million		22	멀리; 떨어져; 먼	
8	much		23	아주 작은	
9	divide		24	두 번; 두 배로	
10	amount		25	거대한	
11	count		26	조각, 부분	
12	least		27	전체의; 합계	
13	size		28	10억	
14	a lot of		29	똑같이, 동등하게	
15	few		30	평균(의); 보통의	

Days 39-40　　　　　　　　　　맞은 개수　/30

1	tiny	_____	16	교회	_____
2	entire	_____	17	믿음, 신념	_____
3	origin	_____	18	조금; 한 조각	_____
4	equally	_____	19	신화	_____
5	century	_____	20	양; 액수, 총액	_____
6	spirit	_____	21	천국	_____
7	temple	_____	22	충분한; ~할 만큼	_____
8	devil	_____	23	기적	_____
9	tribe	_____	24	유령	_____
10	bless	_____	25	많음, 풍부	_____
11	palace	_____	26	보물	_____
12	average	_____	27	영혼	_____
13	class	_____	28	왕국	_____
14	total	_____	29	크기; 치수	_____
15	god	_____	30	역사	_____

Days 40-41　　　　　　　　　　맞은 개수　/30

1	human	_____	16	노숙자의	_____
2	heaven	_____	17	신전, 절, 사찰	_____
3	cheat	_____	18	궁전	_____
4	fault	_____	19	폭력적인	_____
5	ghost	_____	20	장애를 가진	_____
6	myth	_____	21	부족, 종족	_____
7	serious	_____	22	도둑	_____
8	miracle	_____	23	적절한, 제대로 된	_____
9	fair	_____	24	기원, 유래	_____
10	risk	_____	25	사고	_____
11	trust	_____	26	악마	_____
12	belief	_____	27	사회	_____
13	opportunity	_____	28	안전한	_____
14	steal	_____	29	계속 ~이다; 남다	_____
15	murder	_____	30	자선; 자선 단체	_____

★ 빈칸에 알맞은 우리말 뜻 또는 영어를 쓰시오.

Days 41-42 　　　　　　　　　　　　　　　　　맞은 개수 　/30

1	disabled	_____	16	기회	_____
2	innocent	_____	17	필요한, 필수의	_____
3	violent	_____	18	심각한; 진지한	_____
4	scene	_____	19	유죄의	_____
5	control	_____	20	법	_____
6	safe	_____	21	훔치다	_____
7	guard	_____	22	허용하다	_____
8	follow	_____	23	인간의; 인간	_____
9	society	_____	24	저지르다	_____
10	evidence	_____	25	규칙; 통치하다	_____
11	notice	_____	26	잘못; 결점	_____
12	look into	_____	27	증거	p_____
13	accident	_____	28	고장 내다; 어기다	_____
14	punish	_____	29	벌금	_____
15	suspect	_____	30	교도소, 감옥	_____

Days 42-43 　　　　　　　　　　　　　　　　　맞은 개수 　/30

1	favor	_____	16	예의 바른, 정중한	_____
2	manner	_____	17	용기	_____
3	share	_____	18	현장; 장면	_____
4	fine	_____	19	행동	_____
5	commit	_____	20	조사하다	_____
6	respect	_____	21	칭찬하다; 칭찬	_____
7	prison	_____	22	무죄인; 순진한	_____
8	deserve	_____	23	사과하다	_____
9	permit	_____	24	처벌하다, 벌주다	_____
10	support	_____	25	경비 요원; 지키다	_____
11	guilty	_____	26	행동[처신]하다	_____
12	excuse	_____	27	온화한, 부드러운	_____
13	etiquette	_____	28	연민, 동정(심)	_____
14	warmhearted	_____	29	감사하다	_____
15	pardon	_____	30	용서하다	_____

Days 43-44 　　　　　　　　　　　　　　　맞은 개수　/30

1	farming	____	16	농작물	____
2	courage	____	17	지지(하다); 지원(하다)	____
3	raise	____	18	망, 그물	____
4	apologize	____	19	밀	____
5	grow	____	20	산업, 공업	____
6	gentle	____	21	~을 받을 만하다	____
7	fishing	____	22	방식; 태도; 예의	____
8	pick	____	23	변명; 용서하다	____
9	pile	____	24	과수원	____
10	behavior	____	25	새우	____
11	rice	____	26	연어	____
12	harvest	____	27	함께 쓰다; 나누다	____
13	praise	____	28	생산하다	____
14	set up	____	29	공장	____
15	major	____	30	상품, 제품	____

Days 44-45 　　　　　　　　　　　　　　　맞은 개수　/30

1	salary	____	16	경험(하다); 경력	____
2	crop	____	17	직장, 일, 일자리	____
3	police officer	____	18	더미; 쌓다, 포개다	____
4	produce	____	19	고용하다	____
5	chef	____	20	고르다; 따다	____
6	net	____	21	노동	____
7	baker	____	22	농사, 농업	____
8	orchard	____	23	쌀; 밥	____
9	hairdresser	____	24	사무실, 사무소	____
10	detective	____	25	성공한, 성공적인	____
11	offer	____	26	수확(량); 수확하다	____
12	salmon	____	27	치과 의사	____
13	businessman	____	28	회사	____
14	creator	____	29	숙련; 기술	____
15	actor	____	30	교수	____

★ 빈칸에 알맞은 우리말 뜻 또는 영어를 쓰시오.

Days 45-46

맞은 개수 / 30

1	labor	_____	16	제안(하다); 제공하다	_____
2	successful	_____	17	부유한	_____
3	fortune	_____	18	창작자, 제작자	_____
4	economy	_____	19	용돈	_____
5	dentist	_____	20	월급, 급여	_____
6	job	_____	21	(돈을) 벌다	_____
7	import	_____	22	목적	_____
8	lend	_____	23	미용사	_____
9	consume	_____	24	사업가, 경영인	_____
10	savings	_____	25	변화; 거스름돈; 변하다	_____
11	hire	_____	26	예산	_____
12	export	_____	27	~의 가치가 있는	_____
13	discount	_____	28	효과적인	_____
14	sale	_____	29	빌리다	_____
15	bill	_____	30	동전	_____

Days 46-47

맞은 개수 / 30

1	scientist	_____	16	수입하다; 수입(품)	_____
2	sample	_____	17	기본[기초]적인	_____
3	wealthy	_____	18	수출하다; 수출(품)	_____
4	test	_____	19	자료, 정보, 데이터	_____
5	consist	_____	20	저축, 예금	_____
6	earn	_____	21	관	_____
7	budget	_____	22	경제; 경기	_____
8	laboratory	_____	23	연구원	_____
9	purpose	_____	24	결합하다	_____
10	borrow	_____	25	증명[입증]하다	_____
11	specific	_____	26	재산, 부; 행운	_____
12	chemical	_____	27	발명하다	_____
13	form	_____	28	과학의; 과학적인	_____
14	sudden	_____	29	결과; 생기다	_____
15	come up with	_____	30	발견하다	_____

Days 47-48　　　　　　　　　　　　　　맞은 개수 /30

1	file	_____	16	기계	_____
2	discover	_____	17	갑작스러운	_____
3	mechanic	_____	18	자동의	_____
4	upload	_____	19	과학자	_____
5	researcher	_____	20	내려받다	_____
6	surf	_____	21	바이러스	_____
7	invent	_____	22	(과학) 기술	_____
8	connect	_____	23	올리다; 우편	_____
9	scientific	_____	24	샘플, 견본	_____
10	filter	_____	25	소프트웨어	_____
11	basic	_____	26	이루어져 있다	_____
12	technique	_____	27	완벽한	_____
13	develop	_____	28	화학의; 화학 물질	_____
14	achieve	_____	29	유용한	_____
15	solution	_____	30	실패	_____

Days 48-49　　　　　　　　　　　　　　맞은 개수 /30

1	life	_____	16	공기, 대기	_____
2	failure	_____	17	수성	_____
3	space	_____	18	파일, 서류철	_____
4	machine	_____	19	행성	_____
5	magnet	_____	20	발달시키다	_____
6	technology	_____	21	지구	_____
7	perfect	_____	22	연결하다; 접속하다	_____
8	detect	_____	23	발사하다; 착수하다	_____
9	alien	_____	24	정비공	_____
10	post	_____	25	돌다, 회전하다	_____
11	shuttle	_____	26	은하계	_____
12	Mars	_____	27	어둠, 암흑	_____
13	Venus	_____	28	해법, 해결책; 정답	_____
14	layer	_____	29	목성	_____
15	Saturn	_____	30	우주 비행사	_____

Days 49-50   맞은 개수 /30

1	Jupiter	_____	16	오염시키다	_____
2	plastic	_____	17	공간; 우주	_____
3	planet	_____	18	순수한; 깨끗한	_____
4	astronaut	_____	19	원천; 근원, 원인	_____
5	power	_____	20	화성	_____
6	environment	_____	21	문제; 중요하다	_____
7	waste	_____	22	위험	_____
8	heat	_____	23	사라지다	_____
9	air	_____	24	자석	_____
10	global	_____	25	파괴하다	_____
11	energy	_____	26	생명; 생명체; 삶	_____
12	spin	_____	27	파괴하다; 붕괴	_____
13	cause	_____	28	금성	_____
14	save	_____	29	경고하다; 주의를 주다	_____
15	wave	_____	30	해결하다; 풀다	_____

Answer Key

Days 1-2   p. 2

1 ~에 의존하다 2 수리하다; 수리 3 ~를 키우다, ~를 양육하다 4 가족(의), 가정(의) 5 비슷한, 닮은 6 결혼(식) 7 나머지; 휴식 8 모이다, 만나다 9 발코니 10 선반; 칸 11 친척; 비교상의; 상대적인 12 벽장, 옷장 13 쌍둥이; 쌍둥이의 14 긴 의자, 소파 15 서랍 16 parent 17 marry 18 daughter 19 devote 20 grandparent 21 prepare 22 important 23 roof 24 husband 25 resemble 26 garage 27 fence 28 stair 29 cousin 30 yard

Days 2-3   p. 2

1 거울; 잘 보여주다, 반영하다 2 전자레인지 3 변기 4 소스, 양념 5 바닥; 층 6 가위 7 튀기다, 굽다 8 난로, 스토브; 가스레인지 9 끓다, 끓이다; 삶다 10 냄비; 솥 11 싱크대, 개수대; 가라앉다 12 병 13 후추; 고추; 피망 14 거실 15 식기세척기 16 blanket 17 bedroom 18 ceiling 19 frame 20 lamp 21 tray 22 pan 23 refrigerator 24 furniture 25 sugar 26 jar 27 kitchen 28 bowl 29 recipe 30 plate

Days 3-4   p. 3

1 접시; 요리 2 국수, 면 3 접시; 한 접시 분 4 신, 시큼한; 상한 5 설탕; 당분 6 양념 맛이 강한, 매운 7 냉장고 8 식사, 음식; 식이 요법; 규정식 9 팬, 냄비; 프라이팬 10 곡물; 낟알 11 디저트, 후식 12 부엌, 주방 13 주된, 주요한 14 고기, 살 15 쓴; 쓰라린; 혹독한 16 scissors 17 delicious 18 seafood 19 pot 20 bottle 21 salty 22 beef 23 sauce 24 vegetable 25 fry 26 pork 27 sweet 28 bean 29 snack 30 flour

Days 4-5   p. 3

1 대학, 전문학교 2 돼지고기 3 들어가다; 입학하다 4 밀가루; 가루 5 아주 맛있는 6 채소 7 발표; 제출; 수여 8 칠판 9 대중의; 공공의 10 표시하다; 자국; 점수 11 초보의; 초등학교의 12 짠, 소금기가 있는 13 카페테리아, 구내식당 14 사적인, 개인적인; 사립의 15 학년; 성적; 등급 16 contest 17 dictionary 18 noodle 19 absent 20 sour 21 uniform 22 meat 23 classroom 24 grain 25 library 26 dish 27 textbook 28 university 29 playground 30 include

Days 5-6   p. 4

1 명심하다, 유념하다 2 대학교 3 검토; 복습; (재)검토하다; 복습하다 4 격려하다; 권장[장려]하다 5 결석한, 결근한 6 수학 7 교과서 8 어려움, 곤경 9 도서관 10 시험; 조사, 검토 11 귀찮게 하다, 괴롭히다 12 수업, 교습; 과; 교훈 13 노력, 수고 14 포함하다; 포함시키다 15 지리학 16 chemistry 17 homework 18 public 19 physical education 20 scold 21 enter 22 explain 23 art 24 elementary 25 language 26 private 27 repeat 28 focus 29 presentation 30 social studies

Days 6-7   p. 4

1 친숙한, 낯익은 2 꾸짖다, 야단치다 3 화학 4 상급자; 최상급생; 고위[상급]의 5 교우 관계; 우정 6 설명하다 7 접촉, 연락; 연락하다 8 이야기를 나누다, 수다 떨다; 잡담, 수다 9 사회 10 언어 11 흔한; 공동의, 공통의 12 파트너, 동료, 협력자 13 급우, 반 친구 14 경쟁하다; 참가하다 15 약속하다; 약속 16 keep in mind 17 care about 18 pressure 19 relationship 20 difficulty 21 introduce 22 mathematics

23 jealous 24 peer 25 geography
26 lesson 27 rival 28 compare 29 alone
30 motivate

Days 7-8 p. 5

1 마을, 촌락 2 극장; 연극 3 소개하다 4 경쟁자,
경쟁 상대 5 소도시, 읍 6 압력; 기압; 압박
7 질투하는; 시샘하는 8 수도; 대문자 9 관계
10 음식점, 식당 11 박물관 12 식료품점
13 시, 도시 14 또래 15 시장 16 mall
17 common 18 department store
19 countryside 20 local 21 senior
22 familiar 23 community 24 post office
25 contact 26 police station 27 bakery
28 fire station 29 neighbor 30 everywhere

Days 8-9 p. 5

1 이웃 사람 2 도로, 길 3 자동차 4 지역의,
현지의 5 매다, 채우다 6 철도; 철로 7 시골,
전원 지대 8 지하철 9 시장 10 통과하다;
추월하다; 건네주다; 합격하다 11 쇼핑몰
12 표지판; 징후; 서명하다 13 역, 정거장
14 작은 길, 오솔길 15 막다, 차단하다; 블록, 구역
16 transportation 17 speed 18 museum
19 back and forth 20 theater 21 grocery
22 traffic jam 23 capital 24 get on
25 vehicle 26 town 27 port 28 fuel
29 airport 30 street

Days 9-10 p. 6

1 맞는; 오른쪽의; 오른쪽으로 2 차량, 탈것
3 진로, 방향; 강의 4 연료 5 ~을 가로질러;
~의 건너편에; 건너서, 가로질러 6 중심, 한가운데
7 지하철 8 ~을 통하여; 지나서, 뚫고서
9 맨 아래; 바닥; 맨 아래의 10 ~을 따라; 앞으로

11 항구; 항구 도시 12 바깥쪽(의); 밖에서; ~의
밖에 13 교통 체증 14 왼쪽의; 왼쪽에, 왼쪽으로
15 안쪽, 내부; 안으로; 안쪽의; ~의 안에
16 speed 17 underground 18 western
19 automobile 20 forward 21 middle
22 railway 23 toward(s) 24 fasten
25 direction 26 eastern 27 road
28 northern 29 southern 30 backward

Days 10-11 p. 6

1 ~ 아래에; ~의 바로 밑에 2 방향 3 ~ 안으로,
~ 안에 4 지하에; 지하의 5 떨어진 곳에;
다른 데로 6 ~의 위에; ~을 넘어[건너]
7 뒤로; 뒤쪽으로 8 ~의 건너편[맞은편]에;
반대편[맞은편]의 9 떨어져, 헤어져; 산산이
10 동쪽의 11 ~ 저편에, ~을 넘어서 12 중앙,
한가운데 13 앞쪽의; 앞쪽, 앞부분 14 ~보다
위에[위로]; 위에 15 ~에서 가까이, ~의 근처에;
가까운 16 behind 17 (c)enter 18 out of
19 outside 20 ahead 21 right
22 next to 23 across 24 below
25 around 26 along 27 beside 28 aside
29 between 30 upside down

Days 11-12 p. 7

1 ~ 옆에 2 수줍음이 많은, 부끄러워하는 3 성격,
인격 4 참을성[인내심] 있는; 환자 5 ~ 바로 옆에
6 사이에 7 엄격한, 엄한 8 ~보다 아래에; 아래에
9 상냥한, 애정 어린; 부드러운 10 재미있는,
유머가 넘치는 11 잔인한, 잔혹한 12 친절,
다정함 13 ~의 뒤에 14 탐욕스러운, 욕심 많은
15 정직한; 솔직한 16 cheerful 17 friendly
18 beyond 19 active 20 curious 21 front
22 diligent 23 brave 24 into 25 quiet
26 above 27 apart 28 selfish 29 lazy
30 careful

Days 12-13   p. 7

1 걱정하다; 걱정하게 만들다; 걱정, 우려
2 두려워하는, 무서워하는   3 친절한, 호의적인
4 용감한, 용기 있는   5 기쁜   6 부지런한, 근면한
7 활발한; 적극적인   8 놓치다; 그리워하다
9 이기적인   10 눈물; 찢다, 뜯다   11 충격을 받은
12 경탄, 놀라움; 궁금해하다; 놀라다
13 자랑스러워하는, 자부심이 있는   14 실망한,
낙담한   15 속상한; 속상하게 하다   16 excited
17 honest   18 strict   19 joy   20 patient
21 unhappy   22 thankful   23 cruel
24 fear   25 greedy   26 anger   27 scared
28 pleased   29 annoyed   30 surprised

Days 13-14   p. 8

1 들뜬, 흥분한   2 상관하다, 언짢아하다; 마음, 정신
3 무서워하는, 겁먹은   4 나타내다, 표현하다
5 기쁨, 즐거움   6 바라다, 원하다; 소원, 바람
7 화, 분노   8 믿다; 생각하다   9 의도하다,
작정하다   10 이해하다, 알다   11 불행한, 슬픈
12 발상, 생각   13 결정하다; 알아내다   14 타당한,
합리적인; 적정한   15 ~할 것 같은   16 proud
17 ignore   18 disappointed   19 deny
20 sure   21 (a)fraid   22 confuse   23 prefer
24 tear   25 regard   26 remember
27 shocked   28 silly   29 forget   30 wise

Days 14-15   p. 8

1 말다툼하다, 언쟁하다; 주장하다   2 소문
3 간주하다, 여기다   4 의사소통하다
5 혼란시키다, 혼동하다   6 더 좋아하다, 선호하다
7 현명한, 지혜로운   8 고요, 정적; 침묵
9 기억하다   10 속삭이다, 귓속말을 하다; 속삭임
11 대답하다; 답장을 보내다; 대답, 답장
12 진실, 사실   13 대화   14 거짓말; 거짓말하다
15 문자 메시지를 보내다; 본문; 글   16 fact

17 wish   18 attitude   19 blame   20 mind
21 yell   22 express   23 advise
24 understand   25 directly   26 intend
27 seem   28 mean   29 frankly   30 possible

Days 15-16   p. 9

1 뼈   2 태도, 자세, 사고방식   3 비난하다; 탓하다;
비난; 책임   4 팔꿈치   5 가능한; 있을 수 있는
6 발가락   7 ~처럼 보이다, ~인 것 같다   8 감각
9 의미하다, ~라는 뜻이다   10 만지다, 대다; 만짐,
손길   11 손목, 팔목   12 냄새 맡다; 냄새가 나다;
냄새, 향   13 소리; ~처럼 들리다   14 굶주림;
배고픔   15 맛; 맛이 ~하다, ~ 맛이 나다
16 silence   17 dialogue   18 ankle   19 skin
20 truth   21 sleepy   22 face   23 thirsty
24 whisper   25 hear   26 communicate
27 sight   28 waist   29 tired   30 brain

Days 16-17   p. 9

1 남성의; 남성   2 점, 반점; 곳, 장소   3 졸린,
졸음이 오는   4 중년의   5 분명한; 소박한;
아름답지 않은, 매력 없는   6 시력; 보기, 봄
7 곧은, 똑바른; 똑바로; 곧장   8 듣다; 들리다
9 뇌, 두뇌   10 젊음; 어린 시절; 젊은이
11 나이; 시대; 나이가 들다   12 목마른, 갈증 나는
13 외모, 겉모습; 등장; 출현   14 체중을 재다;
무게가 ~이다   15 여성의; 여성   16 attractive
17 overweight   18 sense   19 height
20 bone   21 bald   22 curly   23 wrist
24 slim   25 smell   26 weight   27 elderly
28 good-looking   29 hunger   30 ugly

Days 17-18   p. 10

1 (쭉) 뻗다; 늘이다; 늘어지다   2 달리다, 경주하다;
경주, 시합   3 키, 신장; 높이   4 날씬한, 호리호리한

5 잡다, 쥐다; (병에) 걸리다 6 밀다; 누르다
7 흔들다; 흔들리다; 휘두르다 8 연세가 드신
9 과체중의, 비만의 10 굴리다; 구르다
11 뛰어들다; 잠수하다 12 곱슬곱슬한, 곱슬머리의
13 스케이트보드; 스케이트보드를 타다
14 치다, 때리다; 부딪치다 15 타다; 타기
16 throw 17 kick 18 age 19 straight
20 take a walk 21 male 22 jog 23 female
24 chase 25 climb 26 bend 27 slide
28 middle-aged 29 picnic 30 sled

Days 18-19 p. 10

1 기침을 하다; 기침 2 차다 3 귀가 먼, 청각
장애의 4 구부리다 5 조깅하다, 천천히 달리다;
조깅 6 다치게 하다; 아프다 7 썰매; 썰매를 타다
8 (뒤)쫓다; 추격, 추적 9 맹인의, 눈먼, 시각 장애의
10 호전되다, 좋아지다 11 태우다; 데다, 화상을
입다; 화상 12 건강한; 건강에 좋은 13 피
14 치료, 치료법 15 해를 끼치다, 손상시키다;
손상, 해 16 injury 17 pain 18 stretch
19 death 20 push 21 weak 22 ill 23 roll
24 fever 25 ride 26 runny nose 27 hit
28 cut 29 survive 30 terrible

Days 19-20 p. 11

1 관광 (여행); 관광하다 2 교환(하다); 환전(하다)
3 열 4 통증, 고통 5 모국의, 출생지의;
원산[토종]의 6 심한, 끔찍한 7 사진; 사진을 찍다
8 부상 9 여행하다[가다]; 여행 10 주소
11 생존하다, 살아남다 12 유명한, 잘 알려진
13 안내원, 가이드; 안내하다 14 계획하다; 계획
15 성 16 traditional 17 blood 18 deaf
19 region 20 culture 21 distance 22 get
better 23 amazing 24 look forward to
25 blind 26 crowded 27 book 28 various
29 treatment 30 abroad

Days 20-21 p. 11

1 방식; 스타일 2 물품, 상품 3 고르다, 선택하다
4 해외에, 해외로 5 진열(하다), 전시(하다)
6 다양한, 여러 가지의 7 (가장) 최신의, 최근의
8 붐비는, 혼잡한 9 전통의, 전통적인
10 유행하는, 유행을 따른 11 지역, 지방
12 명령(하다); 주문(하다) 13 가격 14 품목, 물품
15 배달하다 16 native 17 attract 18 cheap
19 well-known 20 tour 21 pay 22 brand
23 plan 24 provide 25 comfortable
26 expensive 27 list 28 fit 29 fashion
30 guide

Days 21-22 p. 12

1 풍선 2 어울리다; 맞다 3 장식하다
4 값비싼 5 지불하다 6 퍼레이드, 행렬
7 기념일 8 공급[제공]하다 9 끌다; 매혹하다
10 불꽃놀이 11 포장하다, 싸다; 포장지
12 칠면조 (고기) 13 휴일; 휴가 14 기념하다,
축하하다 15 모이다; 모으다, 수집하다 16 flag
17 festival 18 guest 19 display 20 item
21 congratulation 22 price 23 special
24 fun 25 goods 26 receive 27 invite
28 deliver 29 blow out 30 merry

Days 22-23 p. 12

1 특별한, 특수한 2 시내, 개울; 흐르다 3 즐거운,
명랑한 4 기슭, 물가 5 받다 6 계곡, 골짜기
7 손님 8 자연의, 천연의; 당연한 9 정상, 꼭대기;
절정; 최대량 10 초대하다 11 지역, 지방; 구역
12 절벽 13 (땅)바닥, 지면; 땅 14 대양, 바다
15 바위; 암석 16 gather 17 island
18 decorate 19 waterfall 20 holiday
21 cave 22 celebrate 23 mud 24 soil
25 anniversary 26 hill 27 nature 28 lake
29 desert 30 beach

1 빛나다; 비치다 2 흙, 토양 3 끈적끈적한; 무더운, 후덥지근한 4 해변, 바닷가 5 호수
6 빗방울 7 내리다; 떨어지다; 넘어지다 8 동굴
9 맑은, 갠; 분명한, 확실한 10 바람이 많이 부는
11 섬 12 흐린, 구름이 잔뜩 긴 13 화창한; 빛나는; 선명한, 밝은 14 눈이 내리는; 눈에 덮인
15 습기 많은, 습한; 촉촉한 16 cliff 17 rock
18 fog 19 ground 20 degree
21 hurricane 22 weather 23 natural
24 damp 25 dust 26 chilly 27 storm
28 peak 29 freezing 30 snowfall

1 악어 2 날씨 3 안개 4 얼룩말 5 몹시 추운, 얼어붙는 듯한 6 축축한, 습기 찬 7 고래
8 차가운, 쌀쌀한 9 곤충 10 올빼미
11 (집합적으로) 소 12 사슴 13 양 14 염소
15 둥지 16 wild 17 tail 18 clear
19 leopard 20 bright 21 turtle 22 cloudy
23 feather 24 raindrop 25 windy
26 shark 27 worm 28 wing 29 dolphin
30 livestock

1 (식물의) 줄기 2 돌고래 3 뿌리; 근원, 원인
4 꼬리 5 가축 6 소나무 7 (나뭇)가지 8 날개
9 풀; 풀밭, 잔디밭 10 표범 11 수풀, 덤불, 관목
12 꽃; 꽃을 피우다, 꽃이 피다 13 햇빛 14 꽃; 꽃을 피우다, 꽃이 피다 15 산딸기류 열매, 베리
16 insect 17 herb 18 fruit 19 deer
20 trunk 21 owl 22 leaf 23 plant
24 zebra 25 forest 26 goat 27 wood
28 bud 29 maple 30 seed

1 매일의; 일간의; 매일 2 과일, 과실; 열매
3 살아 있는; 생방송의, 생중계의 4 씨앗, 씨
5 보도(하다); 보고하다; 보고(서) 6 싹, 눈
7 잎, 나뭇잎 8 인터뷰(하다); 면접(하다)
9 (나무의) 몸통, 원줄기 10 주의, 주목; 관심
11 시각의 12 영화; 촬영하다, 찍다 13 프로그램; 계획, 일정 14 공상 과학 영화/소설 15 기록하다; 기록 16 newspaper 17 privacy 18 sunlight
19 issue 20 branch 21 adventure
22 bush 23 horror 24 detail 25 grass
26 animated 27 concern 28 root
29 comedy 30 dramatic

1 신문 2 건설하다, 세우다 3 지휘자 4 문제, 쟁점, 사안 5 극적인 6 콘크리트; 콘크리트의
7 독특한; 특별한; 고유한 8 설계하다; 디자인, 설계(도) 9 모험 10 사생활, 프라이버시
11 기구, 도구; 악기 12 고전적인; 클래식의
13 오케스트라, 관현악단 14 창조하다, 창작하다
15 작곡가 16 architect 17 steel
18 harmony 19 attention 20 concert
21 beauty 22 structure 23 film 24 visual
25 metal 26 brick 27 record 28 modern
29 amuse 30 daily

1 색채가 풍부한, 다채로운 2 그림, 회화 3 현대의, 현대적인 4 붓, 솔; 솔질하다 5 아름다움, 미
6 금속 7 건축가 8 인기 있는; 대중의, 대중적인
9 초상화; 인물 사진 10 즐겁게 하다
11 현실적인; 사실적인, 사실주의의 12 그리다; 페인트칠하다; 물감; 페인트 13 천재; 천재성
14 풀, 접착제; 붙이다 15 그리다; 끌다; 끌어당기다 16 create 17 carve 18 vivid

19 instrument 20 clay 21 construct
22 gallery 23 artist 24 composer
25 creative 26 design 27 graphic
28 pale 29 shade 30 reflect

Days 29-30   p. 16

1 과거; 과거의; 지난 2 정오, 낮 12시
3 엷은, 연한; 창백한 4 그늘; 색조 5 ~ 때까지
6 반사하다; 반영하다, 나타내다 7 한밤중, 자정,
밤 12시 8 생생한; 강렬한, 선명한 9 언젠가,
훗날에 10 창의적인, 독창적인 11 항상, 언제나
12 낮, 주간 13 현재; 선물; 현재의; 참석[출석]한
14 보통, 대개 15 좀처럼 ~하지 않는, 드물게
16 brush 17 already 18 weekend
19 genius 20 later 21 colorful 22 popular
23 from now on 24 future 25 date
26 painting 27 soon 28 calendar
29 monthly 30 sometimes

Days 30-31   p. 16

1 전형적인; 보통의 2 주말 3 달력 4 끔찍한,
지독한 5 인사하다, 환영하다 6 이미, 벌써
7 돌아오다[가다]; 반납하다; 돌아옴; 귀가
8 때때로, 이따금 9 저녁 식사 10 청소하다;
깨끗한 11 지금부터, 앞으로는
12 완성[완료]하다; 완전한 13 입다; 바르다
14 서두름, 급함; 서두르다 15 운동(하다);
연습 문제 16 until 17 get used to
18 asleep 19 finish 20 noon
21 breakfast 22 someday 23 awake
24 usually 25 diary 26 past 27 in time
28 get up 29 almost 30 ordinary

Days 31-32   p. 17

1 잠들어 있는 2 취미, 오락 3 야외의 4 거의
5 ~에 관심이 많다 6 보통의, 일상적인
7 여가 8 관심[흥미] 있어 하는 9 마치다, 끝내다
10 수집하다, 모으다 11 자전거 타기
12 아침 식사 13 자원봉사자; 자원봉사의;
자원봉사하다 14 하이킹, 도보 여행 15 마술,
마법 16 hobby 17 sign up for 18 clean
19 stress 20 awful 21 greet 22 pleasure
23 participate 24 camping 25 typical
26 activity 27 complete 28 thanks to
29 talent 30 club

Days 32-33   p. 17

1 일원; 회원 2 연습하다; 연습 3 ~을 신청하다,
~에 등록하다 4 탁구 5 재주, 재능 6 ~ 덕분에,
~ 때문에 7 아마추어 (선수); 아마추어의
8 코치, 지도자 9 즐거움, 기쁨 10 환호(하다);
응원(하다) 11 스포츠, 운동, 경기 12 잃어버리다;
지다 13 참가[참여]하다 14 할 수 있는 15 묶다;
동점을 이루다 16 track and field 17 fan
18 interested 19 hiking 20 beat 21 player
22 outdoor 23 soccer 24 magic 25 goal
26 passion 27 collect 28 stadium
29 champion 30 referee

Days 33-34   p. 18

1 제목; 직함 2 연속, 일련; 시리즈, 연속물 3 열정
4 만화 5 심판 6 이기다; 두드리다, 때리다
7 사건; 행사 8 목표, 목적; 골; 골문 9 주제, 테마
10 작가 11 주제, 화제 12 경기장, 스타디움
13 인쇄하다; 출판하다; 싣다 14 성격, 기질;
특징; 등장인물 15 복사(본); 한 부; 복사하다
16 practice 17 impress 18 tragedy
19 sport 20 symbol 21 name after
22 magazine 23 coach 24 member

25 poem 26 describe 27 publish
28 table tennis 29 correct 30 novel

Days 34-35　　　　　　　p. 18

1 감동을 주다, 깊은 인상을 주다 2 ～에도
불구하고 3 게다가 4 따라서, 그러므로 5 시
6 게다가; ～ 외에 7 잡지 8 그렇지 않으면
[않았다면] 9 비극 10 ～와는 다른; ～와는 달리
11 ～의 이름을 따라 짓다 12 ～부터[이래]; ～이기
때문에 13 예를 들어, ～와 같은 14 요약하자면,
요컨대 15 즉, 말하자면 16 although
17 series 18 event 19 however
20 therefore 21 title 22 because
23 for example 24 writer 25 as a result
26 cartoon 27 (m)oreover 28 on the other
hand 29 unless 30 instead

Days 35-36　　　　　　　p. 19

1 일반적으로; 보통 2 게다가, 더욱이
3 무엇보다도; 특히 4 하지만, 그러나 5 거의 ～
아니다[않다] 6 결국에, 결과적으로 7 처음에는
8 예를 들어 9 절대[결코] ～ 않다 10 ～도[조차];
훨씬, 더욱 11 ～이긴 하지만 12 완전히 13 ～도
…도 아니다; 어느 것도 ～아니다 14 실제로,
정말로; 사실은 15 마침내, 결국; 마지막으로
16 slightly 17 unlike 18 despite
19 normally 20 quite 21 gradually
22 especially 23 mainly 24 otherwise
25 (i)n addition 26 totally 27 in short
28 unfortunately 29 (m)ost of all 30 really

Days 36-37　　　　　　　p. 19

1 밝은; 가벼운; 적은, 약한 2 평평한; 납작한
3 동그라미, 원; 동그라미를 그리다 4 약간, 조금
5 주로 6 무거운; 많은, 심한 7 특히 8 물건,

사물; 목적; 반대하다 9 얇은; 마른 10 서서히,
차츰 11 가득한; 배부른 12 두꺼운; 빽빽한;
짙은 13 전적으로, 완전히 14 정사각형; 광장;
정사각형의 15 분리하다; 분리된 16 round
17 generally 18 completely 19 wide
20 shape 21 (a)bove all 22 rough
23 narrow 24 hardly 25 sharp 26 triangle
27 tight 28 at first 29 empty 30 smooth

Days 37-38　　　　　　　p. 20

1 두 배의; 2인용의; 두 배로 되다 2 부부, 한 쌍;
두어 명/개, 몇 명/개 3 단단한, 단단히 맨;
꽉 조이는 4 길이; 기간 5 두 번; 두 배로
6 1/4; 15분; 25센트짜리 동전 7 뾰족한,
날카로운; 급격한 8 비어 있는 9 멀리; 떨어져; 먼
10 12개짜리 한 묶음 11 모양, 형태 12 둥근,
원형의; 둥글게, 빙빙 13 10억 14 전체의, 모든;
전체 15 한 벌; 한 쌍 16 object 17 flat
18 million 19 thin 20 multiply 21 full
22 per 23 thousand 24 half 25 add
26 light 27 count 28 measure 29 bunch
30 divide

Days 38-39　　　　　　　p. 20

1 많음, 풍부 2 충분한; ～할 만큼 (충분히)
3 곱하다 4 조금; 한 조각 5 다발, 송이 6 작은;
어린; 별로[거의] ～않다 7 100만 8 많은; 매우
훨씬 9 나누다 10 양; 액수, 총액 11 세다;
계산하다 12 가장 적은[작은]; 최소(의 것)
13 크기; 치수 14 많은 15 많지 않은; 약간의
16 (e)normous 17 several 18 many
19 couple 20 entire 21 length 22 far
23 tiny 24 twice 25 huge 26 piece
27 total 28 billion 29 equally 30 average

1 아주 작은 2 전체의, 온 3 기원, 유래 4 똑같이, 동등하게 5 100년; 세기 6 정신, 마음; 영혼 7 신전, 절, 사찰 8 악마 9 부족, 종족 10 가호[축복]를 빌다 11 궁전 12 평균의; 보통의; 평균 13 학급; 수업; 계층; 계급 14 전체의, 총; 합계, 총액 15 하느님; 신 16 church 17 belief 18 bit 19 myth 20 amount 21 heaven 22 enough 23 miracle 24 ghost 25 plenty 26 treasure 27 soul 28 kingdom 29 size 30 history

1 인간의; 인간 2 천국 3 속이다; 부정행위를 하다 4 잘못; 결점 5 유령 6 신화 7 심각한; 진지한 8 기적 9 타당한; 공평한, 공정한 10 위험; ~을 위태롭게 하다[걸다] 11 신뢰; 신뢰하다 12 믿음, 신념 13 기회 14 훔치다, 도둑질하다 15 살인; 살해하다 16 homeless 17 temple 18 palace 19 violent 20 disabled 21 tribe 22 thief 23 proper 24 origin 25 accident 26 devil 27 society 28 safe 29 remain 30 charity

1 장애를 가진 2 무죄인; 순진한 3 폭력적인 4 현장; 장면 5 통제(하다), 지배(하다) 6 안전한 7 경비 요원; 지키다, 보호하다 8 따라가다; 뒤를 잇다; 따르다 9 사회 10 증거 11 알아채다, 인지하다; 신경 씀, 알아챔 12 조사하다 13 사고 14 처벌하다, 벌주다 15 용의자; 의심하다 16 opportunity 17 necessary 18 serious 19 guilty 20 law 21 steal 22 permit 23 human 24 commit 25 rule 26 fault 27 (p)roof 28 break 29 fine 30 prison

1 친절한 행위; 부탁; 찬성 2 방식; 태도; 예의 3 함께 쓰다; 나누다 4 벌금 5 저지르다, 범하다 6 존경; 존경하다 7 교도소, 감옥 8 ~을 받을 만하다, ~을 누릴 자격이 있다 9 허용하다 10 지지(하다); 지원(하다) 11 유죄의; 죄책감을 느끼는 12 변명; 용서하다 13 예의 14 마음이 따뜻한, 친절한 15 용서; 용서하다 16 polite 17 courage 18 scene 19 behavior 20 look into 21 praise 22 innocent 23 apologize 24 punish 25 guard 26 behave 27 gentle 28 pity 29 thank 30 forgive

1 농업, 농사 2 용기 3 올리다; 기르다; 모으다 4 사과하다 5 커지다, 증가하다; 자라다; 재배하다 6 온화한, 부드러운 7 낚시; 어업 8 고르다, 선택하다; 따다 9 더미, 쌓아 놓은 것; 쌓다, 포개다 10 행동 11 쌀; 밥 12 수확(량); 수확하다 13 칭찬하다; 칭찬 14 ~을 시작하다; ~을 세우다 15 주요한, 중대한; 전공하다 16 crop 17 support 18 net 19 wheat 20 industry 21 deserve 22 manner 23 excuse 24 orchard 25 shrimp 26 salmon 27 share 28 produce 29 factory 30 product

1 월급, 급여 2 농작물 3 경찰관 4 생산하다 5 요리사 6 망, 그물 7 제빵사 8 과수원 9 미용사 10 탐정, 형사 11 제안, 제의; 제안하다; 제공하다 12 연어 13 사업가, 경영인 14 창작자, 제작자 15 배우 16 experience 17 job 18 pile 19 hire 20 pick 21 labor 22 farming 23 rice 24 office

25 successful   26 harvest   27 dentist
28 company   29 skill   30 professor

Days 45-46   p. 24

1 노동   2 성공한, 성공적인   3 재산, 부; 행운
4 경제; 경기   5 치과 의사   6 직장, 일, 일자리
7 수입하다; 수입(품)   8 빌려주다   9 소비하다;
소모하다   10 저축, 예금, 저금   11 고용하다
12 수출하다; 수출(품)   13 할인; 할인하다
14 판매; 매출(량); 할인 판매   15 청구서; 계산서;
지폐   16 offer   17 wealthy   18 creator
19 allowance   20 salary   21 earn
22 purpose   23 hairdresser
24 businessman   25 change   26 budget
27 worth   28 effective   29 borrow   30 coin

Days 46-47   p. 24

1 과학자   2 샘플, 견본   3 부유한   4 시험(하다),
검사(하다)   5 이루어져 있다   6 (돈을) 벌다
7 예산   8 실험실   9 목적   10 빌리다
11 구체적인, 명확한   12 화학의; 화학적인; 화학
물질   13 종류; 형태; 형성되다   14 갑작스러운
15 ~을 생각해내다   16 import   17 basic
18 export   19 data   20 savings   21 tube
22 economy   23 researcher   24 combine
25 prove   26 fortune   27 invent
28 scientific   29 result   30 discover

Days 47-48   p. 25

1 파일, 서류철; (컴퓨터) 파일   2 발견하다
3 정비공   4 올리다, 업로드하다   5 연구원
6 파도타기를 하다; 인터넷을 검색하다
7 발명하다   8 연결하다; 접속하다   9 과학의;
과학적인   10 여과하다, 거르다   11 기본적인;
기초적인   12 기법   13 발달[발전]시키다; 개발하다

14 이루다, 달성하다   15 해법, 해결책; 정답
16 machine   17 sudden   18 automatic
19 scientist   20 download   21 virus
22 technology   23 post   24 sample
25 software   26 consist   27 perfect
28 chemical   29 useful   30 failure

Days 48-49   p. 25

1 생명; 생명체; 삶, 인생   2 실패   3 공간; 우주
4 기계   5 자석   6 (과학) 기술   7 완벽한
8 발견하다   9 외계인; 외국의; 외계의   10 올리다,
게시하다; 우편   11 우주 왕복선; 정기 왕복 차량
12 화성   13 금성   14 층   15 토성   16 air
17 Mercury   18 file   19 planet   20 develop
21 Earth   22 connect   23 launch
24 mechanic   25 spin   26 Milky Way
27 darkness   28 solution   29 Jupiter
30 astronaut

Days 49-50   p. 26

1 목성   2 플라스틱; 플라스틱으로 된   3 행성
4 우주 비행사   5 힘; 동력, 에너지   6 환경
7 낭비(하다); 쓰레기, 폐기물   8 열; 더위; 가열하다
9 공기, 대기   10 세계적인; 지구의   11 활기;
에너지   12 돌다, 회전하다   13 원인; 야기하다,
초래하다   14 구하다; 모으다   15 파도, 물결;
흔들다   16 pollute   17 space   18 pure
19 source   20 Mars   21 matter   22 danger
23 disappear   24 magnet   25 destroy
26 life   27 ruin   28 Venus   29 warn
30 solve

VOCA PLANNER

중등 필수

Workbook

확장판

나만의 주제별
영단어 학습 플래너

VOCA PLANNER

중등 **필수**

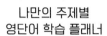
미니 단어장

외운 단어에 ✓ 못외운 단어에 ★

□ household	① 가족, 가정 ② 가족의, 가정의	□ husband	① 남편
□ grandparent	① 조부모	□ daughter	① 딸
□ parent	① 부모	□ bring up	~를 키우다, ~를 양육하다
□ relative	① 친척 ② 비교상의; 상대적인	□ twin	① 쌍둥이(중의 한 명) ② 쌍둥이의
□ cousin	① 사촌	□ resemble	ⓥ 닮다
□ depend on	~에 의존하다	□ similar	② 비슷한, 닮은
□ important	② 중요한	□ prepare	ⓥ 준비하다
□ devote	ⓥ 바치다, 쏟다	□ repair	ⓥ 수리하다 ① 수리
□ marry	ⓥ ~와 결혼하다	□ get together	모이다, 만나다
□ wedding	① 결혼(식)	□ rest	① 나머지; 휴식

TO-DO LIST

□ MP3 듣기   □ 표제어와 예문 읽기   □ 파생어 외우기

□ Daily Check-up 풀기   □ 누적 테스트 풀기   □ 틀린 단어 복습하기

□   □   □

2

외운 단어에 V 못외운 단어에 ★

□ roof	ⓝ 지붕	□ blanket	ⓝ 담요
□ garage	ⓝ 차고	□ lamp	ⓝ 램프, 등
□ yard	ⓝ 마당, 뜰	□ mirror	ⓝ 거울 ⓥ (거울처럼) 잘 보여 주다, 반영하다
□ fence	ⓝ 울타리, 담	□ frame	ⓝ 액자, 틀; 뼈대
□ balcony	ⓝ 발코니	□ floor	ⓝ 바닥; 층
□ furniture	ⓝ 가구	□ ceiling	ⓝ 천장
□ drawer	ⓝ 서랍	□ stair	ⓝ 계단
□ couch	ⓝ 긴 의자, 소파	□ toilet	ⓝ 변기
□ closet	ⓝ 벽장, 옷장	□ bedroom	ⓝ 침실
□ shelf	ⓝ 선반; (책장의) 칸	□ living room	ⓝ 거실

TO-DO LIST

□ MP3 듣기   □ 표제어와 예문 읽기   □ 파생어 외우기

□ Daily Check-up 풀기   □ 누적 테스트 풀기   □ 틀린 단어 복습하기

□   □   □

외운 단어에 V 못외운 단어에 ★

□ kitchen	ⓝ 부엌, 주방	□ bowl	ⓝ (우묵한) 그릇; 한 그릇(의 양)
□ sink	ⓝ 싱크대, 개수대 ⓥ 가라앉다	□ tray	ⓝ 쟁반
□ microwave oven	ⓝ 전자레인지	□ jar	ⓝ (잼·꿀 등을 담아 두는) 병, 단지
□ refrigerator	ⓝ 냉장고	□ scissors	ⓝ 가위
□ dishwasher	ⓝ 식기세척기	□ recipe	ⓝ 조리법, 요리법
□ stove	ⓝ 난로, 스토브; 가스레인지	□ boil	ⓥ 끓다, 끓이다; 삶다
□ bottle	ⓝ 병	□ fry	ⓥ 튀기다, (기름에) 굽다
□ plate	ⓝ (납작하고 둥근) 접시; (요리의) 한 접시분	□ sugar	ⓝ 설탕; 당분
□ pot	ⓝ 냄비, 솥	□ pepper	ⓝ 후추; 고추; 피망
□ pan	ⓝ (손잡이가 달린) 팬, 냄비; 프라이팬	□ sauce	ⓝ 소스, 양념

TO-DO LIST

□ MP3 듣기   □ 표제어와 예문 읽기   □ 파생어 외우기
□ Daily Check-up 풀기   □ 누적 테스트 풀기   □ 틀린 단어 복습하기
□   □   □

외운 단어에 ✔ 못외운 단어에 ★

☐ bitter	ⓐ (맛이) 쓴; 쓰라린; 혹독한	☐ beef	ⓝ 소고기
☐ salty	ⓐ 짠, 소금기가 있는	☐ seafood	ⓝ 해산물
☐ spicy	ⓐ 양념 맛이 강한, 매운	☐ vegetable	ⓝ 채소
☐ sour	ⓐ (맛이) 신, 시큼한; 상한	☐ bean	ⓝ 콩; 열매
☐ sweet	ⓐ 달콤한, 단; 상냥한, 친절한	☐ dish	ⓝ 접시; 요리
☐ delicious	ⓐ 아주 맛있는	☐ main	ⓐ 주된, 주요한
☐ flour	ⓝ 밀가루, (곡물의) 가루	☐ diet	ⓝ 식사, 음식; 식이 요법; 규정식
☐ grain	ⓝ 곡물; 낟알	☐ snack	ⓝ 간식, 간단한 식사
☐ meat	ⓝ 고기, 살	☐ noodle	ⓝ 국수, 면
☐ pork	ⓝ 돼지고기	☐ dessert	ⓝ 디저트, 후식

TO-DO LIST

☐ MP3 듣기　　　　☐ 표제어와 예문 읽기　　　　☐ 파생어 외우기

☐ Daily Check-up 풀기　　☐ 누적 테스트 풀기　　　☐ 틀린 단어 복습하기

☐　　　　　　　　☐　　　　　　　　☐

외운 단어에 V 못외운 단어에 ★

□ classroom	ⓝ 교실	□ university	ⓝ 대학교
□ blackboard	ⓝ 칠판	□ contest	ⓝ 대회, 경연
□ textbook	ⓝ 교과서	□ presentation	ⓝ 발표; 제출; 수여
□ dictionary	ⓝ 사전	□ include	ⓥ 포함하다, 포함시키다
□ elementary	ⓐ 초보의; 초등학교의	□ uniform	ⓝ 교복, 제복
□ private	ⓐ 사적인, 개인적인; 사립의	□ absent	ⓐ 결석한, 결근한
□ public	ⓐ 대중의; 공공의	□ mark	ⓥ 표시하다 ⓝ 자국; 점수
□ grade	ⓝ 학년; 성적; 등급	□ library	ⓝ 도서관
□ enter	ⓥ 들어가다; 입학하다	□ cafeteria	ⓝ 카페테리아(셀프 서비스 식당), 구내식당
□ college	ⓝ 대학, 전문학교	□ playground	ⓝ 운동장, 놀이터

TO-DO LIST

□ MP3 듣기	□ 표제어와 예문 읽기	□ 파생어 외우기
□ Daily Check-up 풀기	□ 누적 테스트 풀기	□ 틀린 단어 복습하기
□	□	□

외운 단어에 ✔ 못외운 단어에 ★

☐ lesson	ⓝ 수업, 교습; 과; 교훈	☐ review	ⓝ 검토; 복습 ⓥ (재)검토하다; 복습하다
☐ explain	ⓥ 설명하다	☐ bother	ⓥ 귀찮게 하다, 괴롭히다
☐ keep in mind	명심하다, 유념하다	☐ focus	ⓝ 초점 ⓥ (노력·관심 등을) 집중하다
☐ examination	ⓝ 시험; 조사, 검토	☐ art	ⓝ 미술; 예술
☐ scold	ⓥ 꾸짖다, 야단치다	☐ mathematics	ⓝ 수학
☐ encourage	ⓥ 격려하다; 권장[장려]하다	☐ chemistry	ⓝ 화학
☐ homework	ⓝ 숙제, 과제	☐ geography	ⓝ 지리학
☐ effort	ⓝ 노력, 수고	☐ physical education	ⓝ 체육 (PE)
☐ difficulty	ⓝ 어려움, 곤경	☐ social studies	ⓝ 사회
☐ repeat	ⓥ 반복하다, 되풀이하다	☐ language	ⓝ 언어

TO-DO LIST

☐ MP3 듣기   ☐ 표제어와 예문 읽기   ☐ 파생어 외우기
☐ Daily Check-up 풀기   ☐ 누적 테스트 풀기   ☐ 틀린 단어 복습하기
☐   ☐   ☐

외운 단어에 ∨ 못외운 단어에 ★

☐ classmate	ⓝ 급우, 반 친구	☐ care about	~에 마음을 쓰다, ~에 관심을 가지다
☐ peer	ⓝ 또래	☐ common	ⓐ 흔한; 공동의, 공통의
☐ partner	ⓝ 파트너, 동료, 협력자	☐ contact	ⓝ 접촉, 연락 ⓥ 연락하다
☐ senior	ⓝ 상급자; 최상급생 ⓐ 고위[상급]의	☐ compete	ⓥ 경쟁하다; (경기 등에) 참가하다
☐ introduce	ⓥ 소개하다	☐ rival	ⓝ 경쟁자, 경쟁 상대
☐ familiar	ⓐ 친숙한, 낯익은	☐ jealous	ⓐ 질투하는; 시샘하는
☐ chat	ⓥ 이야기를 나누다, 수다 떨다 ⓝ 잡담, 수다	☐ alone	ⓐ 혼자서 ⓐⓓ 혼자의
☐ relationship	ⓝ 관계	☐ pressure	ⓝ 압력; 기압; 압박
☐ friendship	ⓝ 교우 관계; 우정	☐ compare	ⓥ 비교하다
☐ promise	ⓥ 약속하다 ⓝ 약속	☐ motivate	ⓥ ~에게 동기를 주다, 자극하다

TO-DO LIST

☐ MP3 듣기   ☐ 표제어와 예문 읽기   ☐ 파생어 외우기

☐ Daily Check-up 풀기   ☐ 누적 테스트 풀기   ☐ 틀린 단어 복습하기

☐   ☐   ☐

외운 단어에 V / 못외운 단어에 ★

□ local	ⓐ 지역의, 현지의	□ bakery	ⓝ 빵집, 제과점
□ community	ⓝ 지역 사회, 주민; 공동체	□ department store	ⓝ 백화점
□ neighbor	ⓝ 이웃 사람	□ market	ⓝ 시장
□ city	ⓝ 시, 도시	□ restaurant	ⓝ 음식점, 식당
□ town	ⓝ 소도시, 읍	□ theater	ⓝ 극장; 연극
□ village	ⓝ (시골) 마을, 촌락	□ everywhere	ⓐⓓ 모든 곳(에), 어디나
□ countryside	ⓝ 시골, 전원 지대	□ police station	ⓝ 경찰서
□ capital	ⓝ 수도; 대문자	□ post office	ⓝ 우체국
□ mall	ⓝ 쇼핑몰	□ fire station	ⓝ 소방서
□ grocery	ⓝ 식료품점	□ museum	ⓝ 박물관

외운 단어에 V 못외운 단어에 ★

□ vehicle	ⓝ 차량, 탈것	□ transportation	ⓝ 운송, 수송; 수송 기관
□ subway	ⓝ 지하철	□ sign	ⓝ 표지판; 징후 ⓥ 서명하다
□ automobile	ⓝ 자동차	□ traffic jam	ⓝ 교통 체증
□ railway	ⓝ 철도; 철로	□ pass	ⓥ 통과하다; 추월하다; 건네주다; 합격하다
□ station	ⓝ 역, 정거장	□ speed	ⓥ 빨리 가다, 질주하다; 속도위반하다 ⓝ 속도
□ airport	ⓝ 공항	□ get on	타다, 승차하다
□ port	ⓝ 항구; 항구 도시	□ fasten	ⓥ 매다, 채우다
□ road	ⓝ 도로, 길	□ fuel	ⓝ 연료
□ street	ⓝ 거리, 도로	□ block	ⓥ 막다, 차단하다 ⓝ (도로로 나뉘는) 블록, 구역
□ path	ⓝ 작은 길, 오솔길	□ back and forth	전후로, 왔다 갔다

TO-DO LIST

□ MP3 듣기　　□ 표제어와 예문 읽기　　□ 파생어 외우기
□ Daily Check-up 풀기　　□ 누적 테스트 풀기　　□ 틀린 단어 복습하기
□　　□　　□

외운 단어에 V 못외운 단어에 ★

☐ direction	ⓝ 방향	☐ right	ⓐ 맞는; 오른쪽의 ⒜d 오른쪽으로
☐ course	ⓝ 진로, 방향; 강의	☐ left	ⓐ 왼쪽의 ⒜d 왼쪽에, 왼쪽으로
☐ toward(s)	prep ~ 쪽으로, ~을 향하여	☐ forward	⒜d 앞으로
☐ across	prep ~을 가로질러; ~의 건너편에 ⒜d 건너서, 가로질러	☐ backward	⒜d 뒤로, 뒤쪽으로
☐ along	prep ~을 따라 ⒜d 앞으로	☐ center	ⓝ 중심, 한가운데
☐ through	prep ~을 통하여 ⒜d 지나서, 뚫고서	☐ middle	ⓝ 중앙, 한가운데
☐ eastern	ⓐ 동쪽의	☐ bottom	ⓝ 맨 아래; 바닥 ⓐ 맨 아래의
☐ western	ⓐ 서쪽의	☐ outside	ⓝ 바깥쪽 ⒜d 밖에서 ⓐ 바깥쪽의 prep ~의 밖에
☐ southern	ⓐ 남쪽의	☐ inside	ⓝ 안쪽, 내부 ⒜d 안으로 ⓐ 안쪽의 prep ~의 안에
☐ northern	ⓐ 북쪽의	☐ underground	⒜d 지하에 ⓐ 지하의

TO-DO LIST

☐ MP3 듣기   ☐ 표제어와 예문 읽기   ☐ 파생어 외우기

☐ Daily Check-up 풀기   ☐ 누적 테스트 풀기   ☐ 틀린 단어 복습하기

☐   ☐   ☐

외운 단어에 V · 못외운 단어에 ★

□ above	**prep** ~보다 위에[위로] **ad** 위에	□ around	**prep** ~ 주위에, 빙 둘러	
□ over	**prep** ~의 위에; ~을 넘어[건너]	□ beyond	**prep** ~ 저편에, ~을 넘어서	
□ under	**prep** ~ 아래에, ~의 바로 밑에	□ into	**prep** ~ 안으로, ~ 안에	
□ below	**prep** ~보다 아래에 **ad** 아래에	□ out of	**prep** ~ 밖으로, ~ 밖에	
□ front	**a** 앞쪽의 **n** 앞쪽, 앞부분	□ apart	**ad** 떨어져, 헤어져; 산산이	
□ behind	**prep** ~의 뒤에	□ away	**ad** 떨어진 곳에; 다른 데로	
□ between	**prep** 사이에	□ ahead	**ad** 앞으로, 앞에; 미리	
□ beside	**prep** ~ 옆에	□ aside	**ad** 한쪽으로, 옆으로	
□ near	**prep** ~에서 가까이, ~의 근처에 **a** 가까운	□ upside down	**ad** (위아래가) 거꾸로, 뒤집혀	
□ next to	**prep** ~ 바로 옆에	□ opposite	**prep** ~의 건너편[맞은편]에 **a** 반대편[맞은편]의	

TO-DO LIST

□ MP3 듣기 · □ 표제어와 예문 읽기 · □ 파생어 외우기

□ Daily Check-up 풀기 · □ 누적 테스트 풀기 · □ 틀린 단어 복습하기

□ · □ · □

외운 단어에 ∨ 못외운 단어에 ★

☐ personality	ⓝ 성격, 인격	☐ diligent	ⓐ 부지런한, 근면한
☐ active	ⓐ 활발한; 적극적인	☐ kindness	ⓝ 친절, 다정함
☐ cheerful	ⓐ 쾌활한, 발랄한	☐ friendly	ⓐ 친절한, 호의적인
☐ brave	ⓐ 용감한, 용기 있는	☐ honest	ⓐ 정직한; 솔직한
☐ curious	ⓐ 호기심이 많은; 궁금한	☐ tender	ⓐ 상냥한, 애정 어린; (고기 등이) 부드러운
☐ humorous	ⓐ 재미있는, 유머가 넘치는	☐ greedy	ⓐ 탐욕스러운, 욕심 많은
☐ careful	ⓐ 조심하는, 신중한	☐ selfish	ⓐ 이기적인
☐ quiet	ⓐ 조용한, 차분한	☐ lazy	ⓐ 게으른, 나태한
☐ shy	ⓐ 수줍음이 많은, 부끄러워하는	☐ cruel	ⓐ 잔인한, 잔혹한
☐ patient	ⓐ 참을성 있는, 인 내심 있는 ⓝ 환자	☐ strict	ⓐ 엄격한, 엄한

TO-DO LIST

☐ MP3 듣기　　　　　☐ 표제어와 예문 읽기　　　　☐ 파생어 외우기
☐ Daily Check-up 풀기　☐ 누적 테스트 풀기　　　　☐ 틀린 단어 복습하기
☐　　　　　　　　　☐　　　　　　　　　　☐

외운 단어에 V 못외운 단어에 ★

☐ joy	ⓝ 기쁨, 즐거움	☐ fear	ⓝ 두려움, 공포 ⓥ 두려워하다, 무서워하다
☐ glad	ⓐ 기쁜	☐ afraid	ⓐ 두려워하는, 무서워하는
☐ pleased	ⓐ 기쁜, 만족스러운	☐ scared	ⓐ 무서워하는, 겁먹은
☐ excited	ⓐ 들뜬, 흥분한	☐ shocked	ⓐ 충격을 받은
☐ proud	ⓐ 자랑스러워하는, 자부심이 있는	☐ surprised	ⓐ 놀란
☐ thankful	ⓐ 감사하는, 고맙게 여기는	☐ wonder	ⓝ 경탄, 놀라움 ⓥ 궁금해하다; 놀라다
☐ unhappy	ⓐ 불행한, 슬픈	☐ anger	ⓝ 화, 분노
☐ worry	ⓥ 걱정하다; 걱정하게 만들다 ⓝ 걱정, 우려	☐ upset	ⓐ 속상한 ⓥ 속상하게 하다
☐ tear	ⓝ 눈물 ⓥ 찢다, 뜯다	☐ annoyed	ⓐ 짜증이 난, 화가 난
☐ miss	ⓥ 놓치다; 그리워하다	☐ disappointed	ⓐ 실망한, 낙담한

TO-DO LIST

☐ MP3 듣기　　　☐ 표제어와 예문 읽기　　　☐ 파생어 외우기
☐ Daily Check-up 풀기　　☐ 누적 테스트 풀기　　☐ 틀린 단어 복습하기
☐ 　　　　　☐ 　　　　　☐

외운 단어에 V 못외운 단어에 ★

☐ believe	ⓥ 믿다; 생각하다	☐ remember	ⓥ 기억하다
☐ understand	ⓥ 이해하다, 알다	☐ confuse	ⓥ 혼란시키다; 혼동하다
☐ likely	ⓐ ~할 것 같은	☐ intend	ⓥ 의도하다, 작정하다
☐ express	ⓥ 나타내다, 표현하다	☐ determine	ⓥ 결정하다; 알아내다
☐ regard	ⓥ 간주하다, 여기다	☐ prefer	ⓥ 더 좋아하다, 선호하다
☐ wish	ⓥ 바라다, 원하다 ⓝ 소원, 바람	☐ sure	ⓐ 확신하는, 확실한
☐ deny	ⓥ 부인하다, 부정하다	☐ idea	ⓝ 발상, 생각
☐ ignore	ⓥ 무시하다, 모르는 체하다	☐ silly	ⓐ 어리석은, 바보 같은
☐ mind	ⓥ 상관하다, 언짢아하다 ⓝ 마음, 정신	☐ reasonable	ⓐ 타당한, 합리적인; (가격이) 적정한
☐ forget	ⓥ 잊다	☐ wise	ⓐ 현명한, 지혜로운

TO-DO LIST

☐ MP3 듣기   ☐ 표제어와 예문 읽기   ☐ 파생어 외우기

☐ Daily Check-up 풀기   ☐ 누적 테스트 풀기   ☐ 틀린 단어 복습하기

☐   ☐   ☐

외운 단어에 V 못외운 단어에 ★

☐ communicate	ⓥ 의사소통하다	☐ seem	ⓥ ~처럼 보이다, ~인 것 같다
☐ dialogue	ⓝ 대화	☐ whisper	ⓥ 속삭이다, 귓속말을 하다 ⓝ 속삭임
☐ mean	ⓥ 의미하다, ~라는 뜻이다	☐ fact	ⓝ 사실
☐ text	ⓥ 문자 메시지를 보내다 ⓝ (책의) 본문; 글	☐ truth	ⓝ 진실, 사실
☐ reply	ⓥ 대답하다; 답장을 보내다 ⓝ 대답; 답장	☐ argue	ⓥ 말다툼하다, 언쟁하다; 주장하다
☐ advise	ⓥ 조언하다, 충고하다	☐ blame	ⓥ 비난하다; 탓하다 ⓝ 비난; 책임
☐ attitude	ⓝ 태도, 자세, 사고방식	☐ yell	ⓥ 소리 지르다, 외치다
☐ rumor	ⓝ 소문	☐ frankly	ⓐⓓ 솔직히, 노골적으로
☐ lie	ⓝ 거짓말 ⓥ 거짓말하다	☐ directly	ⓐⓓ 직접적으로; 곧장, 똑바로
☐ silence	ⓝ 고요, 정적; 침묵	☐ possible	ⓐ 가능한; 있을 수 있는

TO-DO LIST

☐ MP3 듣기	☐ 표제어와 예문 읽기	☐ 파생어 외우기
☐ Daily Check-up 풀기	☐ 누적 테스트 풀기	☐ 틀린 단어 복습하기
☐	☐	☐

외운 단어에 V 못외운 단어에 ★

☐ brain	ⓝ 뇌, 두뇌	☐ tired	ⓐ 피곤한, 지친; 싫증 난
☐ face	ⓝ 얼굴 ⓥ ~ 쪽을 향하다; 직면하다	☐ hunger	ⓝ 굶주림; 배고픔
☐ skin	ⓝ 피부	☐ sleepy	ⓐ 졸린, 졸음이 오는
☐ bone	ⓝ 뼈	☐ sense	ⓝ 감각
☐ waist	ⓝ 허리	☐ smell	ⓥ 냄새 맡다; 냄새가 나다 ⓝ 냄새, 향
☐ wrist	ⓝ 손목, 팔목	☐ touch	ⓥ 만지다, (손 등을) 대다 ⓝ 만짐, 손길
☐ elbow	ⓝ 팔꿈치	☐ hear	ⓥ 듣다; 들리다
☐ ankle	ⓝ 발목	☐ sound	ⓝ 소리 ⓥ ~처럼 들리다
☐ toe	ⓝ 발가락	☐ taste	ⓝ 맛 ⓥ 맛이 ~하다, ~ 맛이 나다
☐ thirsty	ⓐ 목마른, 갈증 나는	☐ sight	ⓝ 시력; 보기, 봄

TO-DO LIST

☐ MP3 듣기   ☐ 표제어와 예문 읽기   ☐ 파생어 외우기

☐ Daily Check-up 풀기   ☐ 누적 테스트 풀기   ☐ 틀린 단어 복습하기

☐   ☐   ☐

외운 단어에 √ 못외운 단어에 ★

☐ age	ⓝ 나이; 시대 ⓥ 나이가 들다	☐ plain	ⓐ 분명한; 소박한; 아름답지 않은, 매력 없는
☐ youth	ⓝ 젊음; 어린 시절; 젊은이	☐ spot	ⓝ (작은) 점, 반점; (특정한) 곳, 장소
☐ middle-aged	ⓐ 중년의	☐ straight	ⓐ 곧은, 똑바른 ⓐⓓ 똑바로; 곧장
☐ elderly	ⓐ 연세가 드신	☐ curly	ⓐ 곱슬곱슬한, 곱슬머리의
☐ male	ⓐ 남성의 ⓝ 남성	☐ bald	ⓐ 대머리의, 머리가 벗겨진
☐ female	ⓐ 여성의 ⓝ 여성	☐ height	ⓝ 키, 신장; 높이
☐ appearance	ⓝ 외모, 겉모습; 등장; 출현	☐ weight	ⓝ 무게, 체중
☐ attractive	ⓐ 매력적인, 마음을 끄는	☐ weigh	ⓥ 체중을 재다; 무게가 ~이다
☐ good-looking	ⓐ 잘생긴, 아름다운	☐ overweight	ⓐ 과체중의, 비만의
☐ ugly	ⓐ 못생긴, 추한	☐ slim	ⓐ 날씬한, 호리호리한

TO-DO LIST

☐ MP3 듣기　　　　☐ 표제어와 예문 읽기　　☐ 파생어 외우기

☐ Daily Check-up 풀기　☐ 누적 테스트 풀기　　☐ 틀린 단어 복습하기

☐ 　　　　　　　　☐ 　　　　　　　　☐

Date 년 월 일

외운 단어에 V 못외운 단어에 ★

□ bend	ⓥ 구부리다	□ take a walk	산책하다
□ stretch	ⓥ (쭉) 뻗다; 늘이다; 늘어지다	□ race	ⓥ 달리다, 경주하다 ⓝ 경주, 시합
□ swing	ⓥ 흔들다; 흔들리다; 휘두르다	□ chase	ⓥ (뒤)쫓다 ⓝ 추격, 추적
□ push	ⓥ 밀다; 누르다	□ ride	ⓥ 타다 ⓝ 타기
□ hit	ⓥ 치다, 때리다; 부딪치다	□ skateboard	ⓝ 스케이트보드 ⓥ 스케이트보드를 타다
□ catch	ⓥ 잡다, 쥐다; (병에) 걸리다	□ dive	ⓥ (물로) 뛰어들다; 잠수하다
□ roll	ⓥ 굴리다; 구르다	□ climb	ⓥ 오르다, 등반하다
□ throw	ⓥ 던지다	□ picnic	ⓝ 소풍, 나들이
□ kick	ⓥ 차다	□ sled	ⓝ 썰매 ⓥ 썰매를 타다
□ jog	ⓥ 조깅하다, 천천히 달리다 ⓝ 조깅	□ slide	ⓥ 미끄러지다 ⓝ 미끄럼틀

외운 단어에 V 못외운 단어에 ★

□ pain	ⓝ 통증, 고통	□ blood	ⓝ 피
□ ill	ⓐ 병든, 몸이 아픈	□ harm	ⓥ 해를 끼치다, 손상시키다 ⓝ 손상, 해
□ hurt	ⓥ 다치게 하다; 아프다	□ terrible	ⓐ 심한, 끔찍한
□ weak	ⓐ 약한, 힘이 없는	□ survive	ⓥ 생존하다, 살아남다
□ cough	ⓥ 기침을 하다 ⓝ 기침	□ death	ⓝ 사망, 죽음
□ fever	ⓝ 열	□ blind	ⓐ 맹인의, 눈먼, 시각 장애의
□ runny nose	콧물	□ deaf	ⓐ 귀가 먼, 청각 장애의
□ injury	ⓝ 부상	□ get better	(병세·상황 등이) 호전되다, 좋아지다
□ burn	ⓥ 태우다; (불에) 데다, 화상을 입다 ⓝ 화상	□ healthy	ⓐ 건강한; 건강에 좋은
□ cut	ⓥ 베다, 자르다	□ treatment	ⓝ 치료, 치료법

TO-DO LIST

□ MP3 듣기   □ 표제어와 예문 읽기   □ 파생어 외우기
□ Daily Check-up 풀기   □ 누적 테스트 풀기   □ 틀린 단어 복습하기
□   □   □

20

외운 단어에 V 못외운 단어에 ★

☐ travel	ⓥ 여행하다[가다] ⓝ 여행	☐ photograph	ⓝ 사진 ⓥ 사진을 찍다
☐ plan	ⓥ 계획하다 ⓝ 계획	☐ native	ⓐ 모국의, 출생지 의; 원산[토종]의
☐ book	ⓥ 예약하다	☐ well-known	ⓐ 유명한, 잘 알려진
☐ look forward to	~을 기대[고대]하 다	☐ traditional	ⓐ 전통의, 전통적인
☐ exchange	ⓥ 교환하다; 환전하다 ⓝ 교환; 환전	☐ various	ⓐ 다양한, 여러 가지의
☐ abroad	ⓐⓓ 해외에, 해외로	☐ amazing	ⓐ 놀라운
☐ distance	ⓝ 거리	☐ culture	ⓝ 문화
☐ address	ⓝ 주소	☐ region	ⓝ 지역, 지방
☐ tour	ⓝ 관광 (여행) ⓥ 관광하다	☐ castle	ⓝ 성
☐ guide	ⓝ 안내원, 가이드 ⓥ 안내하다	☐ crowded	ⓐ 붐비는, 혼잡한

TO-DO LIST

☐ MP3 듣기   ☐ 표제어와 예문 읽기   ☐ 파생어 외우기
☐ Daily Check-up 풀기 ☐ 누적 테스트 풀기   ☐ 틀린 단어 복습하기
☐   ☐   ☐

외운 단어에 V 못외운 단어에 ★

☐ list	ⓝ 목록	☐ expensive	ⓐ 값비싼
☐ goods	ⓝ 물품, 상품	☐ choose	ⓥ 고르다, 선택하다
☐ item	ⓝ 품목, 물품	☐ pay	ⓥ 지불하다
☐ brand	ⓝ 상표, 브랜드	☐ price	ⓝ 가격
☐ display	ⓥ 진열하다, 전시하다 ⓝ 진열, 전시	☐ fashion	ⓝ 패션, 유행
☐ provide	ⓥ 공급하다, 제공하다	☐ fashionable	ⓐ 유행하는, 유행을 따른
☐ attract	ⓥ (~의 마음을) 끌다, 매혹하다	☐ latest	ⓐ (가장) 최신의, 최근의
☐ order	ⓥ 명령하다; 주문하다 ⓝ 명령; 주문	☐ style	ⓝ 방식; (옷 등의) 스타일
☐ deliver	ⓥ 배달하다	☐ fit	ⓥ 어울리다; 맞다
☐ cheap	ⓐ 저렴한, 값싼	☐ comfortable	ⓐ 편안한

TO-DO LIST

☐ MP3 듣기   ☐ 표제어와 예문 읽기   ☐ 파생어 외우기

☐ Daily Check-up 풀기   ☐ 누적 테스트 풀기   ☐ 틀린 단어 복습하기

☐   ☐   ☐

외운 단어에 ∨ 못외운 단어에 ★

☐ anniversary	ⓝ 기념일	☐ wrap	ⓥ 포장하다, 싸다 ⓝ 포장지
☐ festival	ⓝ 축제	☐ special	ⓐ 특별한, 특수한
☐ holiday	ⓝ 휴일; 휴가	☐ turkey	ⓝ 칠면조 (고기)
☐ parade	ⓝ 퍼레이드, 행렬	☐ celebrate	ⓥ 기념하다, 축하하다
☐ fireworks	ⓝ 불꽃놀이	☐ congratulation	ⓝ 축하; 축하 인사
☐ flag	ⓝ 깃발	☐ gather	ⓥ 모이다; 모으다, 수집하다
☐ invite	ⓥ 초대하다	☐ blow out	(불을) 불어서 끄다
☐ guest	ⓝ 손님	☐ receive	ⓥ 받다
☐ decorate	ⓥ 장식하다	☐ merry	ⓐ 즐거운, 명랑한
☐ balloon	ⓝ 풍선	☐ fun	ⓝ 즐거움, 재미 ⓐ 재미있는, 즐거운

TO-DO LIST

☐ MP3 듣기   ☐ 표제어와 예문 읽기   ☐ 파생어 외우기

☐ Daily Check-up 풀기   ☐ 누적 테스트 풀기   ☐ 틀린 단어 복습하기

☐   ☐   ☐

외운 단어에 V 못외운 단어에 ★

☐ nature	ⓝ 자연	☐ cave	ⓝ 동굴
☐ natural	ⓐ 자연의, 천연의; 당연한	☐ cliff	ⓝ 절벽
☐ stream	ⓝ 시내, 개울 ⓥ 흐르다	☐ waterfall	ⓝ 폭포
☐ lake	ⓝ 호수	☐ peak	ⓝ 정상, 꼭대기; 절정; 최대량
☐ beach	ⓝ 해변, 바닷가	☐ ground	ⓝ (땅)바닥, 지면; 땅
☐ shore	ⓝ (바다·호수·강의) 기슭, 물가	☐ soil	ⓝ 흙, 토양
☐ island	ⓝ 섬	☐ mud	ⓝ 진흙, 진창
☐ ocean	ⓝ 대양, 바다	☐ rock	ⓝ 바위; 암석
☐ hill	ⓝ 언덕	☐ area	ⓝ 지역, 지방; 구역
☐ valley	ⓝ 계곡, 골짜기	☐ desert	ⓝ 사막

TO-DO LIST

☐ MP3 듣기   ☐ 표제어와 예문 읽기   ☐ 파생어 외우기
☐ Daily Check-up 풀기   ☐ 누적 테스트 풀기   ☐ 틀린 단어 복습하기
☐   ☐   ☐

외운 단어에 V 못외운 단어에 ★

☐ weather	ⓝ 날씨	☐ storm	ⓝ 폭풍(우)
☐ degree	ⓝ (온도) 도	☐ hurricane	ⓝ 허리케인, 태풍
☐ bright	ⓐ 화창한; 빛나는; (색이) 선명한, 밝은	☐ cloudy	ⓐ 흐린, 구름이 잔뜩 낀
☐ shine	ⓥ 빛나다; 비치다	☐ windy	ⓐ 바람이 많이 부는
☐ clear	ⓐ 맑은, 갠; 분명한, 확실한	☐ fog	ⓝ 안개
☐ sticky	ⓐ 끈적끈적한; 무더운, 후덥지근한	☐ dust	ⓝ 먼지
☐ moist	ⓐ 습기 많은, 습한; 촉촉한	☐ chilly	ⓐ 차가운, 쌀쌀한
☐ damp	ⓐ 축축한, 습기 찬	☐ freezing	ⓐ 몹시 추운, 얼어붙는 듯한
☐ fall	ⓥ (비·눈이) 내리다; 떨어지다; 넘어지다	☐ snowy	ⓐ 눈이 내리는; 눈에 덮인
☐ raindrop	ⓝ 빗방울	☐ snowfall	ⓝ 강설; 강설량

TO-DO LIST

☐ MP3 듣기　　　　☐ 표제어와 예문 읽기　　　☐ 파생어 외우기
☐ Daily Check-up 풀기　☐ 누적 테스트 풀기　　　☐ 틀린 단어 복습하기
☐ 　　　　　　　　☐ 　　　　　　　　　☐

25

외운 단어에 V 못외운 단어에 ★

□ wild	ⓐ 야생의	□ nest	ⓝ 둥지
□ deer	ⓝ 사슴	□ insect	ⓝ 곤충
□ turtle	ⓝ 바다거북	□ worm	ⓝ 벌레
□ zebra	ⓝ 얼룩말	□ shark	ⓝ 상어
□ crocodile	ⓝ 악어	□ whale	ⓝ 고래
□ leopard	ⓝ 표범	□ dolphin	ⓝ 돌고래
□ owl	ⓝ 올빼미	□ livestock	ⓝ 가축
□ feather	ⓝ 깃털	□ sheep	ⓝ 양
□ wing	ⓝ 날개	□ goat	ⓝ 염소
□ tail	ⓝ 꼬리	□ cattle	ⓝ (집합적으로) 소

TO-DO LIST

□ MP3 듣기　　　　□ 표제어와 예문 읽기　　　□ 파생어 외우기
□ Daily Check-up 풀기　□ 누적 테스트 풀기　　　□ 틀린 단어 복습하기
□　　　　　　　　□　　　　　　　　□

외운 단어에 V 못외운 단어에 ★

☐ plant	ⓝ 식물 ⓥ (식물을) 심다	☐ bush	ⓝ 수풀, 덤불, 관목
☐ wood	ⓝ 나무, 목재; (복수로) 숲	☐ grass	ⓝ 풀; 풀밭, 잔디밭
☐ root	ⓝ 뿌리; (문제의) 근원, 원인	☐ herb	ⓝ 풀, 약초
☐ stem	ⓝ (식물의) 줄기	☐ seed	ⓝ 씨앗, 씨
☐ trunk	ⓝ (나무의) 몸통, 원줄기	☐ sunlight	ⓝ 햇빛
☐ branch	ⓝ (나뭇)가지	☐ bud	ⓝ 싹, 눈
☐ leaf	ⓝ 잎, 나뭇잎	☐ bloom	ⓝ 꽃 ⓥ 꽃을 피우다, 꽃이 피다
☐ forest	ⓝ 숲, 산림	☐ blossom	ⓝ 꽃 ⓥ 꽃을 피우다, 꽃이 피다
☐ maple	ⓝ 단풍나무	☐ fruit	ⓝ 과일, 과실; 열매
☐ pine	ⓝ 소나무	☐ berry	ⓝ 산딸기류 열매, 베리

TO-DO LIST

☐ MP3 듣기   ☐ 표제어와 예문 읽기   ☐ 파생어 외우기

☐ Daily Check-up 풀기   ☐ 누적 테스트 풀기   ☐ 틀린 단어 복습하기

☐   ☐   ☐

외운 단어에 V 못외운 단어에 ★

☐ program	n 프로그램; 계획, 일정	☐ detail	n 상세, 세부
☐ live	a 살아 있는; 생방송의, 생중계의	☐ attention	n 주의, 주목; 관심
☐ newspaper	n 신문	☐ privacy	n 사생활, 프라이버시
☐ daily	a 매일의; 일간의 ad 매일	☐ film	n 영화 v 촬영하다, 찍다
☐ visual	a 시각의	☐ science fiction	n 공상 과학 영화/소설
☐ issue	n 문제, 쟁점, 사안	☐ adventure	n 모험
☐ concern	n 우려; 관심 v 걱정시키다; 관계되다	☐ comedy	n 희극, 코미디
☐ record	v 기록하다 n 기록	☐ horror	n 공포
☐ report	v 보도하다; 보고하다 n 보도; 보고(서)	☐ animated	a 활기찬, 활발한; 만화 영화로 된
☐ interview	v 인터뷰하다; 면접하다 n 인터뷰; 면접	☐ dramatic	a 극적인

TO-DO LIST

☐ MP3 듣기　　　　☐ 표제어와 예문 읽기　　　☐ 파생어 외우기
☐ Daily Check-up 풀기　☐ 누적 테스트 풀기　　☐ 틀린 단어 복습하기
☐　　　　　　　　☐　　　　　　　　☐

외운 단어에 V 못외운 단어에 ★

☐ structure	ⓝ 구조; 구조물	☐ concrete	ⓝ (건축) 콘크리트 ⓐ 콘크리트의
☐ design	ⓥ 설계하다 ⓝ 디자인, 설계(도)	☐ orchestra	ⓝ 오케스트라, 관현악단
☐ architect	ⓝ 건축가	☐ concert	ⓝ 음악회, 연주회, 콘서트
☐ construct	ⓥ 건설하다, 세우다	☐ instrument	ⓝ 기구, 도구; 악기
☐ beauty	ⓝ 아름다움, 미	☐ conductor	ⓝ 지휘자
☐ harmony	ⓝ 조화	☐ amuse	ⓥ 즐겁게 하다
☐ unique	ⓐ 독특한; 특별한; 고유한	☐ composer	ⓝ 작곡가
☐ metal	ⓝ 금속	☐ create	ⓥ 창조하다, 창작하다
☐ steel	ⓝ 강철	☐ modern	ⓐ 현대의, 현대적인
☐ brick	ⓝ 벽돌	☐ classical	ⓐ 고전적인; (음악이) 클래식의

TO-DO LIST

☐ MP3 듣기   ☐ 표제어와 예문 읽기   ☐ 파생어 외우기
☐ Daily Check-up 풀기   ☐ 누적 테스트 풀기   ☐ 틀린 단어 복습하기
☐   ☐   ☐

외운 단어에 ∨ 못외운 단어에 ★

☐ artist	ⓝ 예술가, 화가	☐ glue	ⓝ 풀, 접착제 ⓥ (접착제로) 붙이다
☐ painting	ⓝ 그림, 회화	☐ clay	ⓝ 점토, 찰흙
☐ portrait	ⓝ 초상화; 인물 사진	☐ colorful	ⓐ 색채가 풍부한, 다채로운
☐ genius	ⓝ 천재; 천재성	☐ realistic	ⓐ 현실적인; 사실 적인, 사실주의의
☐ gallery	ⓝ 화랑, 미술관	☐ graphic	ⓐ 그래픽의; 상세한, 생생한
☐ popular	ⓐ 인기 있는; 대중의, 대중적인	☐ creative	ⓐ 창의적인, 독창적인
☐ draw	ⓥ (연필·펜 등으로) 그리다; 끌다; 끌어당기다	☐ vivid	ⓐ 생생한; (빛·색이) 강렬한, 선명한
☐ paint	ⓥ (물감으로) 그리 다; 페인트칠하다 ⓝ 물감; 페인트	☐ pale	ⓐ (색깔이) 엷은, 연한; (얼굴이) 창백한
☐ carve	ⓥ 조각하다, 새기다	☐ reflect	ⓥ 반사하다; 반영 하다, 나타내다
☐ brush	ⓝ 붓, 솔 ⓥ 솔질하다	☐ shade	ⓝ 그늘; 색조

TO-DO LIST

☐ MP3 듣기   ☐ 표제어와 예문 읽기   ☐ 파생어 외우기
☐ Daily Check-up 풀기   ☐ 누적 테스트 풀기   ☐ 틀린 단어 복습하기
☐   ☐   ☐

외운 단어에 √ 못외운 단어에 ★

□ calendar	**n** 달력	□ future	**n** 미래 **a** 미래의
□ date	**n** 날짜	□ later	**ad** 나중에, 후에 **a** (~보다) 뒤의, 후의
□ noon	**n** 정오, 낮 12시	□ from now on	지금부터, 앞으로는
□ daytime	**n** 낮, 주간	□ someday	**ad** 언젠가, 훗날에
□ midnight	**n** 한밤중, 자정, 밤 12시	□ until	**prep** **conj** ~ 때까지
□ weekend	**n** 주말	□ soon	**ad** 곧, 이내
□ monthly	**a** 월례의, 매달의	□ always	**ad** 항상, 언제나
□ already	**ad** 이미, 벌써	□ usually	**ad** 보통, 대개
□ past	**n** 과거 **a** 과거의; 지난	□ sometimes	**ad** 때때로, 이따금
□ present	**n** 현재; 선물 **a** 현재의; 참석[출석]한	□ rarely	**ad** 좀처럼 ~하지 않는, 드물게

TO-DO LIST

□ MP3 듣기 □ 표제어와 예문 읽기 □ 파생어 외우기
□ Daily Check-up 풀기 □ 누적 테스트 풀기 □ 틀린 단어 복습하기
□ □ □

31

외운 단어에 √ 못외운 단어에 ★

□ awake	ⓐ 깨어 있는, 자고 있지 않은 ⓥ 깨다; 깨우다	□ awful	ⓐ 끔찍한, 지독한
□ get up	일어나다	□ finish	ⓥ 마치다, 끝내다
□ get used to	~에 익숙해지다	□ complete	ⓥ 완성하다, 완료하다 ⓐ 완전한
□ breakfast	ⓝ 아침 식사	□ return	ⓥ 돌아오다[가다]; 반납하다 ⓝ 돌아옴, 귀가
□ almost	ⓐⓓ 거의	□ exercise	ⓥ 운동하다 ⓝ 운동; 연습 문제
□ hurry	ⓝ 서두름, 급함 ⓥ 서두르다	□ supper	ⓝ 저녁 식사
□ put on	(옷을) 입다; 바르다	□ ordinary	ⓐ 보통의, 일상적인
□ in time	제시간에, 시간에 맞춰	□ diary	ⓝ 일기
□ greet	ⓥ 인사하다, 환영하다	□ clean	ⓥ 청소하다 ⓐ 깨끗한
□ typical	ⓐ 전형적인; 보통의	□ asleep	ⓐ 잠들어 있는

TO-DO LIST

□ MP3 듣기　　□ 표제어와 예문 읽기　　□ 파생어 외우기
□ Daily Check-up 풀기　　□ 누적 테스트 풀기　　□ 틀린 단어 복습하기
□ 　　□ 　　□

외운 단어에 V 못외운 단어에 ★

☐ hobby	ⓝ 취미	☐ biking	ⓝ 자전거 타기
☐ pastime	ⓝ 취미, 오락	☐ hiking	ⓝ 하이킹, 도보 여행
☐ leisure	ⓝ 여가	☐ camping	ⓝ 캠핑, 야영
☐ be into	~에 관심이 많다	☐ participate	ⓥ 참가[참여]하다
☐ pleasure	ⓝ 즐거움, 기쁨	☐ club	ⓝ 클럽, 동호회
☐ thanks to	~ 덕분에, ~ 때문에	☐ talent	ⓝ 재주, 재능
☐ interested	ⓐ 관심[흥미] 있어 하는	☐ sign up for	~을 신청하다, ~에 등록하다
☐ stress	ⓝ 스트레스	☐ collect	ⓥ 수집하다, 모으다
☐ activity	ⓝ 활동	☐ volunteer	ⓝ 자원봉사자 ⓐ 자원봉사의 ⓥ 자원봉사하다
☐ outdoor	ⓐ 야외의	☐ magic	ⓝ 마술, 마법

TO-DO LIST

☐ MP3 듣기   ☐ 표제어와 예문 읽기   ☐ 파생어 외우기

☐ Daily Check-up 풀기   ☐ 누적 테스트 풀기   ☐ 틀린 단어 복습하기

☐   ☐   ☐

외운 단어에 V 못외운 단어에 ★

☐ sport	ⓝ 스포츠, 운동, 경기	☐ amateur	ⓝ 아마추어 (선수) ⓐ 아마추어의
☐ soccer	ⓝ 축구	☐ able	ⓐ 할 수 있는
☐ table tennis	ⓝ 탁구	☐ cheer	ⓥ 환호하다; 응원하다 ⓝ 환호; 응원
☐ track and field	ⓝ 육상 경기	☐ passion	ⓝ 열정
☐ stadium	ⓝ 경기장, 스타디움	☐ referee	ⓝ 심판
☐ player	ⓝ 선수	☐ goal	ⓝ 목표, 목적; 골; 골문
☐ coach	ⓝ 코치, (스포츠) 지도자	☐ beat	ⓥ (경기에서) 이기다; 두드리다, 때리다
☐ fan	ⓝ 팬	☐ lose	ⓥ 잃어버리다; (경기에서) 지다
☐ practice	ⓥ 연습하다 ⓝ 연습	☐ tie	ⓥ 묶다; 동점을 이루다
☐ member	ⓝ 일원; 회원	☐ champion	ⓝ 챔피언, 우승자[팀]

TO-DO LIST

☐ MP3 듣기   ☐ 표제어와 예문 읽기   ☐ 파생어 외우기
☐ Daily Check-up 풀기   ☐ 누적 테스트 풀기   ☐ 틀린 단어 복습하기
☐   ☐   ☐

Day 34 | 문학과 출판

외운 단어에 ✓ 못외운 단어에 ★

☐ novel	ⓝ 소설	☐ symbol	ⓝ 상징
☐ poem	ⓝ 시	☐ character	ⓝ 성격, 기질; 특징; 등장인물
☐ cartoon	ⓝ 만화	☐ name after	~의 이름을 따라 짓다
☐ magazine	ⓝ 잡지	☐ tragedy	ⓝ 비극
☐ series	ⓝ 연속, 일련; 시리즈, 연속물	☐ impress	ⓥ 감동을 주다, 깊은 인상을 주다
☐ title	ⓝ 제목; 직함	☐ writer	ⓝ 작가
☐ theme	ⓝ 주제, 테마	☐ copy	ⓝ 복사(본); (책 등의) 한 부 ⓥ 복사하다
☐ topic	ⓝ 주제, 화제	☐ correct	ⓥ 정정하다 ⓐ 맞는, 정확한
☐ describe	ⓥ 묘사하다, 말하다	☐ print	ⓥ 인쇄하다; 출판하다; (책·신문 등에) 싣다
☐ event	ⓝ (중요한) 사건; 행사	☐ publish	ⓥ 출판하다

TO-DO LIST

☐ MP3 듣기   ☐ 표제어와 예문 읽기   ☐ 파생어 외우기
☐ Daily Check-up 풀기   ☐ 누적 테스트 풀기   ☐ 틀린 단어 복습하기
☐   ☐   ☐

외운 단어에 V 못외운 단어에 ★

☐ since	**prep** ~부터[이래] **conj** ~이래 (줄곧); ~이기 때문에	☐ however	**ad** 하지만, 그러나
☐ because	**conj** ~ 때문에	☐ despite	**prep** ~에도 불구하고
☐ therefore	**ad** 그러므로	☐ although	**conj** ~이긴 하지만
☐ thus	**ad** 따라서, 그러므로	☐ unlike	**prep** ~와는 다른; ~와는 달리
☐ as a result	결국에, 결과적으로	☐ instead	**ad** 대신에
☐ such as	예를 들어, ~와 같은	☐ on the other hand	반면에, 다른 한편으로는
☐ for example	예를 들어	☐ otherwise	**ad** 그렇지 않으면 [않았다면]
☐ besides	**ad** 게다가 **prep** ~ 외에	☐ unless	**conj** ~이 아닌 한, ~하지 않는 한
☐ moreover	**ad** 게다가, 더욱이	☐ in short	요약하자면, 요컨대
☐ in addition	게다가	☐ that is	즉, 말하자면

TO-DO LIST

☐ MP3 듣기   ☐ 표제어와 예문 읽기   ☐ 파생어 외우기

☐ Daily Check-up 풀기   ☐ 누적 테스트 풀기   ☐ 틀린 단어 복습하기

☐   ☐   ☐

외운 단어에 ∨ 못외운 단어에 ★

☐ even	**ad** ~도[조차]; 훨씬, 더욱	☐ above all	무엇보다도; 특히
☐ actually	**ad** 실제로, 정말로; 사실은	☐ most of all	무엇보다도
☐ especially	**ad** 특히	☐ finally	**ad** 마침내, 결국; 마지막으로
☐ quite	**ad** 꽤, 상당히	☐ mainly	**ad** 주로
☐ really	**ad** 실제로; 정말로	☐ normally	**ad** 보통, 보통 때는
☐ hardly	**ad** 거의 ~아니다[않다]	☐ generally	**ad** 일반적으로; 보통
☐ never	**ad** 절대[결코] ~않다	☐ slightly	**ad** 약간, 조금
☐ neither	**ad** ~도 …도 아니다 **pron** (둘 중) 어느 것도 ~아니다	☐ gradually	**ad** 서서히, 차츰
☐ unfortunately	**ad** 불행하게도, 유감스럽게도	☐ totally	**ad** 전적으로, 완전히
☐ at first	처음에는	☐ completely	**ad** 완전히

TO-DO LIST

☐ MP3 듣기   ☐ 표제어와 예문 읽기   ☐ 파생어 외우기
☐ Daily Check-up 풀기   ☐ 누적 테스트 풀기   ☐ 틀린 단어 복습하기
☐   ☐   ☐

외운 단어에 ∨ 못외운 단어에 ★

□ object	ⓝ 물건, 사물; 목적 ⓥ 반대하다	□ wide	ⓐ 넓은; 폭이 ~인
□ shape	ⓝ 모양, 형태	□ narrow	ⓐ 좁은
□ circle	ⓝ 동그라미, 원 ⓥ 동그라미를 그리다	□ rough	ⓐ (표면이) 거친; 힘든
□ square	ⓝ 정사각형; 광장 ⓐ 정사각형의	□ smooth	ⓐ 매끄러운; 순조로운
□ triangle	ⓝ 삼각형	□ flat	ⓐ 평평한; 납작한
□ round	ⓐ 둥근, 원형의 ⓐⓓ 둥글게, 빙빙	□ sharp	ⓐ 뾰족한, 날카로운; 급격한
□ heavy	ⓐ 무거운; (양·정도 등이) 많은, 심한	□ tight	ⓐ 단단한, 단단히 맨; 꽉 조이는
□ light	ⓐ 밝은; 가벼운; (양·정도 등이) 적은, 약한	□ empty	ⓐ 비어 있는
□ thick	ⓐ 두꺼운; 빽빽한; 짙은	□ full	ⓐ 가득한; 배부른
□ thin	ⓐ 얇은; (몸이) 마른	□ separate	ⓥ 분리하다 ⓐ 분리된

TO-DO LIST

□ MP3 듣기	□ 표제어와 예문 읽기	□ 파생어 외우기
□ Daily Check-up 풀기	□ 누적 테스트 풀기	□ 틀린 단어 복습하기
□	□	□

외운 단어에 ✓ 못외운 단어에 ★

□ count	ⓥ (수를) 세다; 계산하다	□ bunch	ⓝ 다발, 송이
□ measure	ⓥ 측정하다	□ dozen	ⓝ 12개짜리 한 묶음
□ add	ⓥ 더하다, 추가하다	□ multiply	ⓥ 곱하다
□ far	ad 멀리; 떨어져 ⓐ 먼	□ twice	ad 두 번; 두 배로
□ length	ⓝ 길이; 기간	□ double	ⓐ 두 배의; 2인용의 ⓥ 두 배로 되다
□ thousand	ⓝ 1,000, 천	□ whole	ⓐ 전체의, 모든 ⓝ 전체
□ million	ⓝ 100만	□ divide	ⓥ 나누다
□ billion	ⓝ 10억	□ per	prep ~당[마다]
□ couple	ⓝ 부부, 한 쌍; 두 어 명/개, 몇 명/개	□ half	ⓝ 반, 절반 ⓐ 반의
□ pair	ⓝ 한 벌; 한 쌍	□ quarter	ⓝ 1/4; 15분; 25센트짜리 동전

외운 단어에 V 못외운 단어에 ★

☐ amount	ⓝ 양; 액수, 총액	☐ size	ⓝ 크기; 치수
☐ enough	ⓐ 충분한 adv ~할 만큼 (충분히)	☐ tiny	ⓐ 아주 작은
☐ a lot of	많은	☐ average	ⓐ 평균의; 보통의 ⓝ 평균
☐ many	ⓐ 많은 ⓝ 다수의 사람/것	☐ huge	ⓐ 거대한
☐ much	ⓐ 많은 adv 매우; 훨씬	☐ enormous	ⓐ 거대한, 막대한
☐ plenty	pron 많음, 풍부	☐ total	ⓐ 전체의, 총 ⓝ 합계, 총액
☐ little	ⓐ 작은; 어린 adv 별로[거의] ~ 않다	☐ entire	ⓐ 전체의, 온
☐ few	ⓐ (수가) 많지 않은; 약간의	☐ several	ⓐ 몇몇의 pron 몇몇
☐ bit	ⓝ 조금; 한 조각	☐ piece	ⓝ 조각, 부분
☐ least	ⓐ 가장 적은[작은] ⓝ 최소(의 것)	☐ equally	adv 똑같이, 동등하게

TO-DO LIST

☐ MP3 듣기   ☐ 표제어와 예문 읽기   ☐ 파생어 외우기
☐ Daily Check-up 풀기   ☐ 누적 테스트 풀기   ☐ 틀린 단어 복습하기
☐   ☐   ☐

외운 단어에 ✓ 못외운 단어에 ★

☐ god	ⓝ 하느님; 신	☐ devil	ⓝ 악마
☐ belief	ⓝ 믿음, 신념	☐ ghost	ⓝ 유령
☐ heaven	ⓝ (대문자로) 천국	☐ history	ⓝ 역사
☐ church	ⓝ 교회	☐ origin	ⓝ 기원, 유래
☐ temple	ⓝ 신전, 절, 사찰	☐ century	ⓝ 100년; 세기
☐ bless	ⓥ (신의) 가호[축복]를 빌다	☐ treasure	ⓝ 보물
☐ miracle	ⓝ 기적	☐ tribe	ⓝ 부족, 종족
☐ myth	ⓝ 신화	☐ kingdom	ⓝ 왕국
☐ spirit	ⓝ 정신, 마음; 영혼	☐ palace	ⓝ 궁전
☐ soul	ⓝ 영혼	☐ class	ⓝ 학급; 수업; 계층; 계급

TO-DO LIST

☐ MP3 듣기   ☐ 표제어와 예문 읽기   ☐ 파생어 외우기

☐ Daily Check-up 풀기   ☐ 누적 테스트 풀기   ☐ 틀린 단어 복습하기

☐   ☐   ☐

외운 단어에 V 못외운 단어에 ★

□ society	ⓝ 사회	□ serious	ⓐ 심각한; 진지한
□ disabled	ⓐ 장애를 가진	□ violent	ⓐ 폭력적인
□ homeless	ⓐ 노숙자의	□ murder	ⓝ 살인 ⓥ 살해하다
□ human	ⓐ 인간의 ⓝ 인간	□ risk	ⓝ 위험 ⓥ ~을 위태롭게 하다[걸다]
□ remain	ⓥ 계속[여전히] ~이다; 남다, 남아 있다	□ proper	ⓐ 적절한, 제대로 된
□ accident	ⓝ 사고	□ fair	ⓐ 타당한; 공평한, 공정한
□ fault	ⓝ 잘못; 결점	□ trust	ⓝ 신뢰 ⓥ 신뢰하다
□ cheat	ⓥ 속이다; 부정행위를 하다	□ safe	ⓐ 안전한
□ steal	ⓥ 훔치다, 도둑질하다	□ opportunity	ⓝ 기회
□ thief	ⓝ 도둑	□ charity	ⓝ 자선; 자선 단체

TO-DO LIST

□ MP3 듣기   □ 표제어와 예문 읽기   □ 파생어 외우기

□ Daily Check-up 풀기   □ 누적 테스트 풀기   □ 틀린 단어 복습하기

□   □   □

외운 단어에 V 못외운 단어에 ★

☐ law	ⓝ 법	☐ scene	ⓝ (사건의) 현장; (영화·책 등의) 장면
☐ follow	ⓥ (뒤를) 따라가다; 뒤를 잇다; (지시 등을) 따르다	☐ look into	조사하다
☐ rule	ⓝ 규칙 ⓥ 통치하다, 지배하다	☐ innocent	ⓐ 무죄인; 순진한
☐ necessary	ⓐ 필요한, 필수의	☐ commit	ⓥ (죄·과실 등을) 저지르다, 범하다
☐ control	ⓥ 통제하다, 지배하다 ⓝ 통제, 지배	☐ break	ⓥ 깨다, 부수다; 고장 내다; 어기다
☐ permit	ⓥ 허용하다	☐ suspect	ⓝ 용의자 ⓥ 의심하다
☐ guard	ⓝ 경비 요원 ⓥ 지키다, 보호하다	☐ guilty	ⓐ 유죄의; 죄책감을 느끼는
☐ notice	ⓥ 알아채다, 인지하다 ⓝ 신경 씀, 알아챔	☐ fine	ⓝ 벌금
☐ proof	ⓝ 증거	☐ punish	ⓥ 처벌하다, 벌주다
☐ evidence	ⓝ 증거	☐ prison	ⓝ 교도소, 감옥

TO-DO LIST

☐ MP3 듣기	☐ 표제어와 예문 읽기	☐ 파생어 외우기
☐ Daily Check-up 풀기	☐ 누적 테스트 풀기	☐ 틀린 단어 복습하기
☐	☐	☐

43

Date 년 월 일

외운 단어에 ∨ 못외운 단어에 ★

☐ manner	⋒ (일의) 방식; 태도; (복수로) 예의	☐ share	ⓥ 함께 쓰다; 나누다
☐ etiquette	⋒ 예의	☐ support	ⓥ 지지하다; 지원하다 ⋒ 지지; 지원
☐ gentle	ⓐ 온화한, 부드러운	☐ praise	ⓥ 칭찬하다 ⋒ 칭찬
☐ favor	⋒ 친절한 행위; 부탁; 찬성	☐ respect	⋒ 존경 ⓥ 존경하다
☐ polite	ⓐ 예의 바른, 정중한	☐ deserve	ⓥ ~을 받을 만하다, ~을 누릴 자격이 있다
☐ thank	ⓥ 감사하다, 감사를 표하다	☐ apologize	ⓥ 사과하다
☐ warmhearted	ⓐ 마음이 따뜻한, 친절한	☐ pity	⋒ 연민, 동정(심)
☐ courage	⋒ 용기	☐ excuse	⋒ 변명 ⓥ (실수나 잘못 등을) 용서하다
☐ behave	ⓥ 행동하다, 처신하다	☐ forgive	ⓥ 용서하다
☐ behavior	⋒ 행동	☐ pardon	⋒ 용서 ⓥ 용서하다

TO-DO LIST

☐ MP3 듣기   ☐ 표제어와 예문 읽기   ☐ 파생어 외우기

☐ Daily Check-up 풀기   ☐ 누적 테스트 풀기   ☐ 틀린 단어 복습하기

☐   ☐   ☐

외운 단어에 V　못외운 단어에 ★

☐ industry	ⓝ 산업, 공업	☐ fishing	ⓝ 낚시; 어업
☐ farming	ⓝ 농업, 농사	☐ net	ⓝ 망, 그물
☐ grow	ⓥ 커지다, 증가하다; (사람·동물이) 자라다; 재배하다	☐ salmon	ⓝ 연어
☐ raise	ⓥ (들어) 올리다; 기르다; (돈을) 모으다	☐ shrimp	ⓝ 새우
☐ crop	ⓝ 농작물	☐ factory	ⓝ 공장
☐ rice	ⓝ 쌀; 밥	☐ produce	ⓥ 생산하다
☐ wheat	ⓝ 밀	☐ product	ⓝ 상품, 제품
☐ orchard	ⓝ 과수원	☐ pile	ⓝ 더미, 쌓아 놓은 것 ⓥ 쌓다, 포개다
☐ pick	ⓥ 고르다, 선택하다; (과일 등을) 따다	☐ set up	~을 시작하다; ~을 세우다
☐ harvest	ⓝ 수확; 수확량 ⓥ 수확하다	☐ major	ⓐ 주요한, 중대한 ⓥ 전공하다

TO-DO LIST

☐ MP3 듣기　　　　☐ 표제어와 예문 읽기　　　☐ 파생어 외우기
☐ Daily Check-up 풀기　☐ 누적 테스트 풀기　　　☐ 틀린 단어 복습하기
☐　　　　　　　☐　　　　　　　☐

외운 단어에 ∨ 못외운 단어에 ★

☐ company	ⓝ 회사	☐ hairdresser	ⓝ 미용사
☐ job	ⓝ 직장, 일, 일자리	☐ dentist	ⓝ 치과 의사
☐ office	ⓝ 사무실, 사무소	☐ baker	ⓝ 제빵사
☐ offer	ⓝ 제안, 제의 ⓥ 제안하다; 제공하다	☐ actor	ⓝ 배우
☐ hire	ⓥ 고용하다	☐ police officer	ⓝ 경찰관
☐ salary	ⓝ 월급, 급여	☐ professor	ⓝ 교수
☐ labor	ⓝ 노동	☐ businessman	ⓝ 사업가, 경영인
☐ experience	ⓝ 경험, 경력 ⓥ 경험하다	☐ detective	ⓝ 탐정, 형사
☐ skill	ⓝ 숙련; 기술	☐ chef	ⓝ 요리사
☐ successful	ⓐ 성공한, 성공적인	☐ creator	ⓝ 창작자, 제작자

TO-DO LIST

☐ MP3 듣기 ☐ 표제어와 예문 읽기 ☐ 파생어 외우기
☐ Daily Check-up 풀기 ☐ 누적 테스트 풀기 ☐ 틀린 단어 복습하기
☐ ☐ ☐

외운 단어에 ✓ 못외운 단어에 ★

☐ savings	ⓝ 저축, 예금, 저금	☐ lend	ⓥ 빌려주다
☐ allowance	ⓝ 용돈	☐ borrow	ⓥ 빌리다
☐ fortune	ⓝ 재산, 부; 행운	☐ sale	ⓝ 판매; (복수로) 매출(량); 할인 판매
☐ wealthy	ⓐ 부유한	☐ consume	ⓥ 소비하다; 소모하다
☐ economy	ⓝ 경제; 경기	☐ worth	ⓐ ~의[할] 가치가 있는[되는]
☐ export	ⓥ 수출하다 ⓝ 수출(품)	☐ effective	ⓐ 효과적인
☐ import	ⓥ 수입하다 ⓝ 수입(품)	☐ discount	ⓝ 할인 ⓥ 할인하다
☐ earn	ⓥ (돈을) 벌다	☐ change	ⓝ 변화; 거스름돈 ⓥ 변하다; 변화시키다
☐ budget	ⓝ 예산	☐ coin	ⓝ 동전
☐ purpose	ⓝ 목적	☐ bill	ⓝ 청구서; 계산서; 지폐

TO-DO LIST

☐ MP3 듣기   ☐ 표제어와 예문 읽기   ☐ 파생어 외우기

☐ Daily Check-up 풀기   ☐ 누적 테스트 풀기   ☐ 틀린 단어 복습하기

☐   ☐   ☐

외운 단어에 V 못외운 단어에 ★

☐ scientific	ⓐ 과학의; 과학적인	☐ tube	ⓝ 관
☐ scientist	ⓝ 과학자	☐ consist	ⓥ (부분·요소로) 이루어져 있다
☐ researcher	ⓝ 연구원	☐ form	ⓝ 종류; 형태 ⓥ 형성되다
☐ laboratory	ⓝ 실험실	☐ prove	ⓥ 증명[입증]하다
☐ test	ⓝ 시험, 검사 ⓥ 시험하다, 검사하다	☐ result	ⓝ 결과 ⓥ (~의 결과로) 생기다
☐ data	ⓝ 자료, 정보, 데이터	☐ specific	ⓐ 구체적인, 명확한
☐ basic	ⓐ 기본적인; 기초적인	☐ sudden	ⓐ 갑작스러운
☐ sample	ⓝ 샘플, 견본	☐ come up with	~을 생각해내다
☐ chemical	ⓐ 화학의; 화학적인 ⓝ 화학 물질	☐ discover	ⓥ 발견하다
☐ combine	ⓥ 결합하다	☐ invent	ⓥ 발명하다

TO-DO LIST

☐ MP3 듣기   ☐ 표제어와 예문 읽기   ☐ 파생어 외우기

☐ Daily Check-up 풀기   ☐ 누적 테스트 풀기   ☐ 틀린 단어 복습하기

☐   ☐   ☐

외운 단어에 V 못외운 단어에 ★

☐ technology	ⓝ (과학) 기술	☐ surf	ⓥ 파도타기를 하다; 인터넷을 검색하다
☐ technique	ⓝ 기법	☐ virus	ⓝ 바이러스
☐ automatic	ⓐ 자동의	☐ software	ⓝ 소프트웨어
☐ connect	ⓥ 연결하다; 접속하다	☐ develop	ⓥ 발달[발전]시키다; 개발하다
☐ machine	ⓝ 기계	☐ filter	ⓥ 여과하다, 거르다
☐ mechanic	ⓝ 정비공	☐ failure	ⓝ 실패
☐ file	ⓝ 파일, 서류철; (컴퓨터) 파일	☐ solution	ⓝ 해법, 해결책; 정답
☐ download	ⓥ 내려받다, 다운로드하다	☐ perfect	ⓐ 완벽한
☐ upload	ⓥ 올리다, 업로드하다	☐ useful	ⓐ 유용한
☐ post	ⓥ 올리다, 게시하다 ⓝ 우편	☐ achieve	ⓥ 이루다, 달성하다

TO-DO LIST

☐ MP3 듣기	☐ 표제어와 예문 읽기	☐ 파생어 외우기
☐ Daily Check-up 풀기	☐ 누적 테스트 풀기	☐ 틀린 단어 복습하기
☐	☐	☐

외운 단어에 V 못외운 단어에 ★

☐ Earth	ⓝ 지구	☐ detect	ⓥ 발견하다
☐ space	ⓝ 공간; 우주	☐ alien	ⓝ 외계인 ⓐ 외국의; 외계의
☐ air	ⓝ 공기, 대기	☐ darkness	ⓝ 어둠, 암흑
☐ life	ⓝ 생명; 생명체; 삶, 인생	☐ planet	ⓝ 행성
☐ layer	ⓝ 층	☐ Milky Way	ⓝ 은하계
☐ spin	ⓥ 돌다, 회전하다	☐ Mercury	ⓝ 수성
☐ magnet	ⓝ 자석	☐ Venus	ⓝ 금성
☐ astronaut	ⓝ 우주 비행사	☐ Mars	ⓝ 화성
☐ launch	ⓥ (우주선 등을) 발사 하다; 착수하다; (상품을) 출시하다	☐ Jupiter	ⓝ 목성
☐ shuttle	ⓝ 우주 왕복선; 정기 왕복 차량	☐ Saturn	ⓝ 토성

TO-DO LIST

☐ MP3 듣기   ☐ 표제어와 예문 읽기   ☐ 파생어 외우기
☐ Daily Check-up 풀기   ☐ 누적 테스트 풀기   ☐ 틀린 단어 복습하기
☐   ☐   ☐

외운 단어에 ✓ 못외운 단어에 ★

☐ environment	ⓝ 환경	☐ pure	ⓐ 순수한; 깨끗한
☐ energy	ⓝ 활기; 에너지	☐ matter	ⓝ 문제, 사안 ⓥ 중요하다; 문제 되다
☐ source	ⓝ 원천; 근원, 원인	☐ global	ⓐ 세계적인; 지구의
☐ power	ⓝ 힘; 동력, 에너지	☐ cause	ⓝ 원인 ⓥ 야기하다, 초래하다
☐ wave	ⓝ 파도, 물결 ⓥ (손을) 흔들다	☐ danger	ⓝ 위험
☐ heat	ⓝ 열; 더위 ⓥ 가열하다	☐ destroy	ⓥ 파괴하다
☐ pollute	ⓥ 오염시키다	☐ ruin	ⓥ 파괴하다, 파멸시키다 ⓝ 붕괴; 파멸
☐ waste	ⓝ 낭비; 쓰레기, 폐기물 ⓥ 낭비하다	☐ disappear	ⓥ 사라지다
☐ plastic	ⓝ 플라스틱 ⓐ 플라스틱으로 된	☐ save	ⓥ (재난·위험 등에서) 구하다; 모으다
☐ warn	ⓥ 경고하다, 주의를 주다	☐ solve	ⓥ (어려운 일을) 해결하다; (문제 등을) 풀다

TO-DO LIST

☐ MP3 듣기　　　　☐ 표제어와 예문 읽기　　　☐ 파생어 외우기

☐ Daily Check-up 풀기　☐ 누적 테스트 풀기　　　☐ 틀린 단어 복습하기

☐　　　　　　　　☐　　　　　　　　　☐